高职高专"十二五"规划教材

连锁经营管理系列

上海"十二五"重点图书出版规划项目

连锁企业物流与配送管理

刘 斌 主编

赵文竹 副主编

立信会计出版社

LIXIN ACCOUNTING PUBLISHING HOUSE

图书在版编目(CIP)数据

连锁企业物流与配送管理/刘斌主编. —上海:立信
会计出版社,2012.2
高职高专"十二五"规划教材.连锁经营管理系列
ISBN 978 - 7 - 5429 - 3193 - 1

Ⅰ.①连… Ⅱ.①刘… Ⅲ.①连锁企业-物资配送-
物资管理-高等职业教育-教材 Ⅳ.①F717.6

中国版本图书馆 CIP 数据核字(2012)第 014941 号

责任编辑 洪梅春
封面设计 周崇文

连锁企业物流与配送管理

出版发行 立信会计出版社
地　　址 上海市中山西路 2230 号　　邮政编码 200235
电　　话 (021)64411389　　传　　真 (021)64411325
网　　址 www.lixinaph.com　　电子邮箱 lxaph@sh163.net
网上书店 www.shlx.net　　电　　话 (021)64411071
经　　销 各地新华书店

印　　刷 浙江省临安市曙光印务有限公司
开　　本 787 毫米×960 毫米　　1/16
印　　张 18.25　　插　　页 1
字　　数 339 千字
版　　次 2012 年 2 月第 1 版
印　　次 2015 年 7 月第 2 次
印　　数 3 101—5 200
书　　号 ISBN 978 - 7 - 5429 - 3193 - 1/F
定　　价 30.00 元

如有印订差错,请与本社联系调换

"连锁经营管理"专业系列教材
编委会

主 任　冯伟国

副主任　乔 刚　曹 静

编 委（以姓氏笔画为序）

王胜桥　冯国珍　刘 斌　池丽华

汪 明　沈荣耀　易艳红　周 勇

郑 蓓　赵文竹　徐慧群　曹 静

"连锁经营管理"专业是 20 世纪 90 年代我国内地商业营运模式发生重大变革,并在上海市首先出现"连锁经营"模式的背景下,由上海商学院于 1998 年率先创设的,旨在培养商业管理高技能人才的高等教育专业。2001 年,该专业获批为上海市第一批高职高专教育教学改革试点专业,当年 10 月,经上海市教委报教育部批准为全国第二批高职高专改革试点专业。该专业在建设过程中,首创实质性"产学研"全面结合模式,联手行业专家首创全国连锁企业的行业标准,首创培养"连锁经营"高技能人才的主干课程教材系列,教学成果被全国有关高校广为应用,继荣获 2005 年高等教育上海市教学成果一等奖之后,又荣获 2005 年高等教育国家级教学成果二等奖。

随着连锁业态在我国各行各业的广为呈现,其内涵越来越清晰,模式越来越丰富,管理手段越来越先进和高效,有关研究也越来越深入。因此,高等教育必须对社会经济的发展予以及时反映,也应当在研究的基础上预判其发展趋势并通过教育教学和对企业实践的指导做出正确引领。

本教材系列由《连锁经营管理原理》、《连锁店营运管理》、《连锁企业商品管理》、《连锁店开发与设计》、《连锁企业物流与配送管理》、《特许经营原理与实务》、《连锁企业信息管理》和《连锁企业人力资源管理》组成,由上海市人力资源和社会保障局组建的上海商贸类专业理事会秘书长曹静老师领衔的专业教学团队具体开发和提升,其编写具有以下特点:

1. 基于校企合作、双证融通,彰显出鲜明的高等职业教育属性。上海是全国商业发达城市,志在打造国际贸易中心。根据近年的市场调研,在上海商业从业人员中,大专以上文化程度者尚不足 20%;目前大专层次的毕业生首次就业对应的职场岗位一般是店长助理、店长或营运助理、部门主管;其对应的职业资格等级证书可以是上海市人力资源与社会保障局颁发的“营业员”(三级),也可以是该局颁发的“营销师”(三级)。为此,根据社会企业对高职毕业生的人才培养规格要求,我们先期做了三项“提升”工作。首先是在集团常务副理事长、上海商学院副院长冯伟国教授主持下完成了“各级各类职业教育协调发展研究”①,作为上海市教委委托的“上海市中长期教育改革和发展规划纲要(2010—2020)”重点子课题,明确了职教、普职渗透、双证融通、校企合作、集团化办学、中高职贯通等关键词的内涵,对“协调发展”有了思想理念上的“提升”。其次是在集团理事长、原上海商学院院长方名山研究员的主持下,联手百联集团有限公司等行业专家完成了上海市人力资源与社会保障局委托的“营业员(五级)和营业员(食品)(四、三级)职业提升项目”;“营业员(日用百货、五金建材、家用电器)(四、三级)”职业开发项目;“营销师(三、二、一级)职业开发项目”和“营销师(国际商务)(四、三级)职业提升项目”,在完善和健全商贸类职业资格等级证书内涵上实现了“提升”。然后在上述基础上,完成了有关专业教学方案②以及核心课程标准的“提升”。进而得以基于校企合作、双证融通,组编体现培养高素质、高技

---

① 2011 年荣获上海市第十届教育科学研究二等奖。
② 2011 年荣获上海市第十届教育科学研究三等奖。

能人才需要的适用教材。

2. 吸纳了我国近年来连锁经营发展的最新理念和典型案例。连锁经营管理自20世纪90年代在我国内地出现以来,获得了突飞猛进的发展,特别是近10年来,各种零售业态和新型的连锁业种不断涌现,连锁经营管理的侧重点和发展趋势也有了新的变化。行业的迅速发展要求教材也必须不断地进行更新。本系列教材在原有教材第一版和第二版的基础上,进行了较大的调整,将近年来连锁经营发展的最新理念、趋势和典型案例融入其中,联合行业、企业专家,共同进行教材提纲的讨论和教材内容的编写,既兼顾教材必须具备的基础知识和原理内容,又具有一定的操作实战内容。

3. 体现了下衔中职、上接本科的职业教育协调发展的思想,是对国家和上海市中长期教育改革和发展规划纲要精神的贯彻和创新实践。由上海商贸职业教育集团牵头,集聚20多家校企单位、百余名专家学者研制和论证完成了包括"连锁经营管理"专业在内、体现"中高职教育有效衔接"思想的8个商贸大类专业教学方案,对各阶段人才培养规格、对应的职场岗位(群)、对应政府主导的职业资格等级证书(含等级)以及课程体系作了具体规划。同时通过对应用型本科的办学定位和人才培养规格研究和实践,勾勒出本科人才乃至未来向专业硕士人才提升的教育教学发展空间。目前,通过依法自主招生,已经在中职与高职教育的有效衔接、专科层次向应用型本科有效提升等方面开始了实质性的改革实践,本系列教材是这种改革探索的继续,也是这种改革探索的成果固化和推进的必要保证。

课程建设是专业建设的重要内容之一,是专业建设改革的核心,是教学研究的重要平台;教材建设是课程教改的重要内容之一,但由于教材编写总有一定的滞后性,同时教师在使用教材过程中也会有不同的把握和处理,因而对教材的认识也应当有较正确的尺度,即:它既是教材,又是学材;既是教学的依据,又是教学中举一反三的起点;既有以往经验成果的积聚意义,又有未来发展的局限性。而且,在主编负责制的教材编写过程中也难免会有不足和疏漏之处,这些都将在教学实践中逐步完善,同时也希望使用者批评指正。

上海商贸职业教育集团秘书长

上海商学院高等技术学院院长　　乔　刚

2011 年 9 月

前 言

随着全球经济一体化,企业之间、集团之间跨地区甚至跨国合作的趋势日益明显,许多产品的生产已转化成为一种物流化的合作生产方式;人们对产品及服务的需求变得越来越快,对交货服务质量提出了更高的要求,使流通体制发生了重大变化,企业之间的竞争已转化为供应链之间的竞争,物流与供应链管理成为当前经济发展和企业竞争中最引人注目的焦点。

现在越来越多的连锁企业已经从物流过程对自身经营进行重新审视。许多市场意识敏锐、营销观念更新的连锁企业已把物流管理作为提高市场竞争力和提升企业核心竞争力的重要手段,把现代物流理念、先进的物流管理技术和管理模式引入到连锁企业的整体战略系统中。但是,我国目前的物流教育还刚刚起步,物流人才大多停留在实践经验积累阶段,掌握现代物流管理知识的人才较缺乏。为了适应物流发展形势的需要,我们编写了《连锁企业物流与配送管理》一书。

本书的内容可分为十大主题:

1. 物流概述:主要包括物流的概念、物流管理的发展历程以及合理化物流的内涵。

2. 配送中心规划与设计:包括配送中心的功能、物流中心的布局规划与设计等内容。

3. 物流作业管理:介绍了配送中心从进货到出货的八大作业内容及管理要点。

4. 输配送管理:介绍了运输与配送的区别、运输的主要模式,以及配送规划的方法。

5. 物流信息系统：从物流、资金流与信息流的相互关系入手,介绍了物流信息的特点,并在此基础上介绍了物流信息系统规划的原则与方法,总结了物流信息系统的一般框架。

6. 低温物流管理：介绍了低温物流管理的特点以及低温物流软硬件规划的方法和要点。

7. 物流组织与人力资源管理：包括企业物流组织的发展过程、物流组织结构的种类以及物流人力特点和管理方法。

8. 物流成本管理：通过分析物流总成本的概念和物流中效益背反现象,说明以物流总成本视角管理成本的重要性。介绍了几种常用的物流成本的计算方法,特别提出以活动为基础计算物流成本的要求。

9. 物流绩效评估：介绍了物流内部评估、外部评估以及供应链评估的方法和步骤,突出了KPI方法在物流评估中的应用。

10. 物流信息技术,主要介绍了目前在物流管理中常见的现代化技术,包括GIS、GPS、EDI、增值网、RF等。

本书的第三章、第四章、第五章、第八章由上海商学院刘斌编写;第一章、第二章、第十章由中国交通运输协会赵文竹编写;第七章由上海商学院刘有鹏编写;第六章、第九章由上海商学院徐为明编写。本书在编写过程中得到了上海商学院领导的大力支持,在此表示衷心的感谢。

本书可以作为高等院校相关专业的专业课教材和选修课教材,也可以作为经济类、企管类专业的参考性教学读本,还可以作为企业物流管理培训用的参考书。本书教学课件可向立信会计出版社免费索取(Email：Lixinaph@163.com)"物流与配送管理"建议课时为54课时。

由于编者水平所限,书中错误和缺点在所难免,恳请广大读者批评指正。

编　者

2012 年 2 月

目 录

<<< Contents

第一章 物流概述

学习目标

1. 阐述物流概念的内涵;
2. 明确物流服务的内容;
3. 理解物流成本与物流服务的关系;
4. 概括企业经营中的物流合理化策略。

【引导案例】

东大化工有效开发第三利润源

山东东大化学工业(集团)公司(以下简称东大化工)是国家大型一类企业,现有职工2 200人,年销售收入5亿元,主要生产环氧丙烷、聚醚多元醇、离子交换树脂、医用胶塞、二乙烯苯、聚氨酯等产品,产量在全国同行业中名列前茅。

1998年,东大化工在濒临破产的严峻形势下,深刻认识到物流成本居高不下,已成为制约企业发展的"瓶颈"。据统计,1997年东大化工的采购成本、运输费用、仓储费用占制造成本的80%以上。为了挖掘深藏在物流环节中的利润,东大化工引入供应链管理和物流管理理念,实施开发第三利润源的物流管理整合,有效地降低了营运成本,取得了明显的经济效益。

加强物流管理以后,东大化工1999年扭亏为盈,2000年实现利税2 000万元,成为山东省5家扭亏典型企业之一;企业基础管理水平也稳步提高,走上了健康发展的轨道,成为淄博市化工行业的"龙头",并进入山东省重点企业行列。

那么,什么是物流的内涵? 它与以往的仓储运输在内涵上有何区别? 我们将在这一章中解答以上问题。

第一节　物流及其分类

一、物流的定义

"Distribution"最早出现在美国。1921年阿奇·萧在《市场流通中的若干问题》(Some Problems in Market Distribution)一书中提出"物流是创造不同需求的一个问题",并提到"物资经过时间或空间的转移,会产生附加价值"。这里,Market Distribution是指商流;时间和空间的转移是指销售过程中的物流。

1918年,英国的利费哈姆勋爵成立了"即时送货股份有限公司"。其公司宗旨是在全国范围内,把商品及时送到批发商、零售商以及用户的手中。这一举动被以后的一些物流学者誉为有关"物流活动的早期文献记载"。

20世纪30年代初,在一部关于市场营销的基础教科书中,开始出现实物配送这一名词,它涉及实物运输、储存等内容。该书将市场营销定义为:"影响产品所有权转移的实物流通活动"。这里所说的所有权转移是指商流,实物流通是指物流。

1935年,美国销售协会最早对物流进行了定义:"物流(Physical Distribution)是包含于销售之中的物质资料和服务于从生产地到消费地流动过程中伴随的种种活动。"

上述历史被物流界较普遍地认为是物流的早期阶段。

日本在1964年开始使用"物流"这一概念。在使用物流这个术语以前,日本把与商品实体有关的各项业务,统称为"流通技术"。1956年日本派出"流通技术专业考察团",包括早稻田大学教授宇野正雄等专家学者一行12人去美国考察,历时一个多月,弄清楚了日本以往叫做"流通技术"的内容,相当于美国叫做"Physical Distribution"(实物分配)的内容,从此便把流通技术按照美国的简称,叫做"P. D."。由此,"P. D."这个术语得到广泛使用。1964年,日本池田内阁"五年计划"制定小组的平原直谈到"P. D."这一术语时说:"比起来,叫'P. D.',不如叫做'物的流通'更好。"1965年,日本在政府文件中正式采用"物的流通"这个术语,简称为"物流"。

1981年,日本综合研究所编著的《物流手册》,对"物流"的表述是:"物质资料从供给者向需要者的物理性移动,是创造时间性、场所性价值的经济活动。从物流的范畴来看,物流包括:包装、装卸、保管、库存管理、流通加工、运输、配送等诸种活动。"

在我国,孙中山就曾主张"货畅其流",可以说是我国物流思想的起源。而开始使用"物流"一词,则始于 1979 年。1979 年 6 月,我国物资工作者代表团赴日本参加第三届国际物流会议,回国后在考察报告中第一次引用和使用"物流"这一术语。曾有人认为"物流"一词来自国外,准备把"物流中心"称为"储运中心"。其实,储存和运输虽是物流的主体,但物流有更广的外延。物流作为"实物流通"的简称,既科学合理,又确切易懂。

1988 年我国台湾地区也开始使用"物流"这一概念。1989 年 4 月,第八届国际物流会议在北京召开,"物流"一词开始正式在全国使用。

"Logistics"一词出现在第二次世界大战期间。美国在对军火等进行的战时供应时,首先采取了"后勤管理"(Logistics Management)这一名词,并对军火的运输、补给、屯驻等进行全面管理。从此,后勤学逐渐形成了单独的学科,并不断发展为后勤工程(Logistics Engineering)、后勤管理(Logistics Management)和后勤分配(Logistics Distribution)。后勤管理的方法后被引入到商业部门,被人称之为商业后勤(Business Logistics)。定义为"包括原材料的流通、产品分配、运输、购买与库存控制、储存、用户服务等业务活动",其领域包括原材料物流、生产物流和销售物流。

在 20 世纪 50～70 年代期间,人们研究的对象主要是狭义的物流,是与商品销售有关的物流活动,即流通过程中的商品实体运动。因此通常采用的仍是"Physical Distribution"一词。

1986 年,美国物流管理协会改名为美国物流协会,其理由是因为 Physical Distribution 的领域较狭窄,后勤管理较宽广。改名后的美国物流协会(C. L. M.),对后勤管理作的定义是:"以适合顾客的要求为目的,对原材料、在制品、制成品及其关联的信息,从生产地点到消费地点之间的流通与保管,为求有成本—效益的最佳效果而进行计划、执行、控制"。

Logistics 与 Physical Distribution 不同,Logistics 已突破了商品流通的范围,把物流活动扩大到生产领域,包括从原材料采购、加工生产到产品销售、售后服务,直到废旧物品回收等整个物理性的流通过程。这是因为随着生产的发展,社会分工越来越细,大型的制造商往往把成品零部件的生产任务,包给其他专业性制造商,自己只是把这些零部件进行组装,而这些专业制造商可能位于世界上劳动力比较便宜的地方。在这种情况下,物流不但与流通系统维持密切的关系,而且与生产系统也产生了密切的关系。这样,将物流、商流和生产三个方面联结在一起,就能产生更高的效率和效益。近年来,日、美等国的进口批发及连锁零售业等,在运用这种观念方面积累了不少成功的经验。

由此可以看出,当前提到的 Logistics 的特点是:

(1) 其外延大于狭义的物流,因为它把起点扩大到了生产领域。

（2）其外延小于广义的物流（Business Logistics），它不包括原材料物流。

（3）其外延与供应链的外延相一致，因此有人称它为供应链物流。

"Logistics"一词的出现，是世界经济和科学技术发展的必然结果。当前物流业正在向全球化、信息化、一体化方向发展。一个国家的市场开放与发展必将要求物流的开放与发展。随着世界商品市场的形成，从各个市场到最终市场的物流日趋全球化；信息技术的发展，使信息系统得以贯穿于不同的企业之间，这使得物流的功能发生了质变，大大提高了物流效率，同时也为物流一体化创造了条件。一体化意味着需求、配送和库存管理的一体化。这些，已成为国际物流业的发展方向。

虽然世界上大部分国家把 Physical Distribution 改为 Logistics，但我国和日本仍把 Logistics 译为"物流"，并未直译为"后勤"。1973 年 6 月在日本召开国际物流筹备会议以来，以及之后每两年定期召开的国际物流会议，1989 年 4 月在北京召开的第八届国际物流会议和 1997 年 6 月在北京召开的"'97 亚太国际物流会议"，也都把 Logistics 译为"物流"。

在"'97 亚太国际物流会议"上，日本山九株式会社顾问河野力提出"对物流应该树立一个新的观念——综合物流管理"。综合物流管理概念的确立，要求在组织物流工作时，注意把物流作为一个完整的系统进行综合管理，协调各个环节之间的联系，达到低成本、高效率的目标。与会人士认为，这一概念的确立，标志着对物流的含义和目标有了新认识，对拓展物流研究和发展将会起到十分重要的作用。会后，日本后勤系统协会专务理事稻束原树在东京会见上海仓储赴日代表团成员，介绍 Logistics 这一概念时，也提到综合物流这一概念，又说 Logistics 还通常被称为"战略物流"（Strategic Physical Distribution）。

我国自 80 年代以来，并未把 Physical Distribution 直译为"实物分配"或"物的流通"，而是译为"物流"。近些年来，也开始使用 Logistics 一词。1996 年国内贸易部将《物流术语》列入行业编制计划，1997 年国家技术监督局将其列入国家标准计划。经过一年多的工作，完成了《物流术语国家标准（征求意见稿）》。其中将 Logistics 仍译为"物流"，定义是："以最小的总费用，按用户要求，将物资（注：包括原材料、半成品、产成品、商品等）从供给地向需要地转移的过程。主要包括运输、储存、包装、装卸、配送、流通加工、信息处理等活动"。"物流中心"英译为"Logistics Center"；配送中心英译名为"Distribution Center"。

我国台湾地区物流界同样也把 Logistics 译为"物流"，1996 年台湾物流协会拟订的物流定义是："物流是一种物的实体流通活动的行为，在流通过程中，通过管理程序有效结合运输、仓储、装卸、包装、流通加工、信息等相关物流机能性活动以创造价值，满足顾客及社会性需求"。并强调指出，这是台湾地区现阶段发展环境下的本土化的物流定义，今后将不断观察世界物流趋势，在适当时机对物流定义予以修订,以符合本土及国际化物流发展的潮流。

二、物流的分类

物流从空间方面来分,可以分为国际物流、区域物流、国内物流和地区物流。按性质来分可以分为社会物流、行业物流和企业物流。企业物流又可以分为生产企业物流和流通企业物流。按作用来分可以分为供应物流、生产物流、销售物流、回收物流和废弃物流(如图 1-1 所示)。

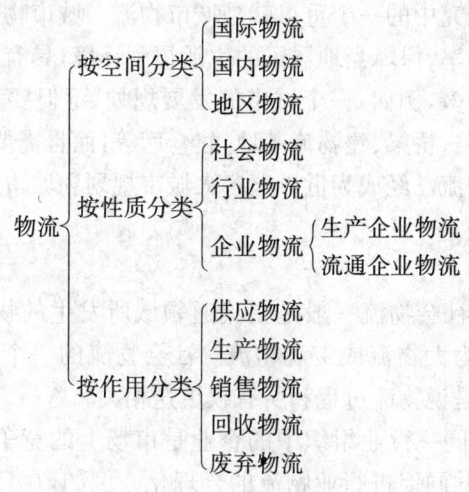

图 1-1 物流分类图

1. 按空间分类

(1) 国际物流。国际物流指不同国家之间的物流。随着贸易国际化,不仅跨国公司需要进行国际物流,一般企业也要面临国际物流的问题。在第二次世界大战以前,企业主要关心内部物流。到了 20 世纪 60 年代,出现了大量物流的情况,于是生产出 20 万吨的油轮和 10 万吨的矿石船。到了 70 年代初期,国际货物运输量增大,同时货物以中小杂货为主。随着集装箱的发展,多品种、小批量的国际货物运输成为可能,突出物流服务水平。在 70 年代后期,随着全面质量管理观念的出现,要求零缺陷运输货物,及时准确运输货物,于是国际联运大力发展。80 年代前中期要求精细物流,物流现代化、自动化,为小批量、高频率运输创造了条件。这个时期除了国际联运新物流方法外,还在物流作业中引入条形码、EDI、卫星定位等多种新技术。在发展国际物流的过程中遇到了许多困难,如在环境方面有法律、科技水平、标准和语言等问题;在系统方面强调现代化物流技术的使用,出现了大陆桥概念;在信息系统方面各企业的信息管理、投资水平不同,EDI 的使用程度也不同;在标准化方面,托盘、集装箱、条形码的应用也不统一。

(2)国内物流。国内物流是指一个国家内部物流的情况,是国家总体规划的内容。既然是全国的,就要从全局出发,清除部分分割、地区分割所造成的障碍。要发挥政府的作用,进行系统考察。具体工作有:基础设施的建设、制定政策法规、进行标准化工作、新技术开发引进等。

(3)地区物流。地区物流是指在同一区域内的物流情况。地区有不同的划分方法,例如可以按照行政区域划分,也可以按照经济区域划分,还可以按照地理位置划分。地区物流研究中的一个重点就是城市物流。城市物流系统对于提高该地区企业物流活动的效率,保障当地居民的生活福利环境,具有不可缺少的作用。城市物流研究的问题很多,例如,一个城市的发展规划,不但要直接规划物流设施及物流项目,例如建公路、桥梁、建物流基地,建仓库等,而且需要以物流为约束条件,来规划整个市区。物流已经成为世界上各大城市规划和城市建设需要研究的一项重点。

2. 按性质分类

(1)社会物流。社会物流一般是指流通领域所发生的物流,是全社会物流的整体,所以有人称之为大物流或宏观物流。社会物流的一个标志是:它是伴随商业活动发生的,也就是说物流过程和所有权更迭相关。

(2)行业物流。同一行业组织中的企业是市场上的竞争对手,但是在物流领域中常常互相协作,共同促进行业物流的合理化。例如,在日本很多行业中,企业联合起来建设共同的仓库,实行共同配送;建立共同的流通中心;统一物流容器等。

(3)企业物流。企业物流是指在企业经营范围内由生产或服务活动所形成的物流系统。企业物流又可以分为生产企业物流和流通企业物流。

生产企业物流是以购进生产所需的原材料、设备为起点,经过劳动加工,形成新的产品,然后供应给社会需要部门的全过程。具体过程如图1-2所示。

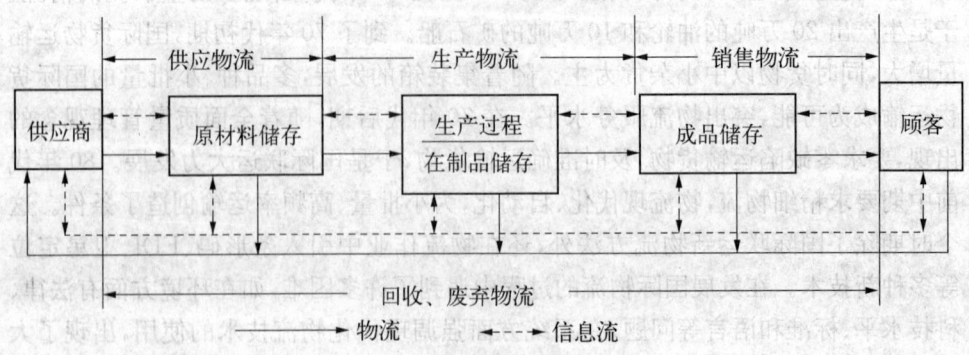

图1-2 企业物流的水平结构

供应物流：包括原材料等一切生产资料的采购、进货、运输、仓储、库存管理和用料管理。

生产物流：包括生产计划与控制，厂内运输（搬运），在制品仓储与管理等活动。

销售物流：包括产成品的库存管理，仓储发货运输，订货处理与顾客服务等活动。

回收、废弃物流：包括废旧物资、边角余料等回收利用，各种废弃物的处理。

第二节　物流管理的发展过程

物流管理经历了四个发展阶段：储运时代、配送时代、综合物流时代和供应链时代。当前，物流经理已经广泛地采用供应链系统分析、价值链分析、效益互换分析等技术来进行管理。我国的物流管理起步较晚，但进步很快，各个阶段界限不是很明显，所以下面以美国为例说明物流管理的发展概况。

一、第一阶段——储运时代

在 20 世纪 60 年代以前，物流的各项活动按不同的功能在不同的场所互不联系地分别进行，商品主要按销售部门和采购部门的要求进行保管和运输。随着经济的发展、需求的扩大，市场竞争日益激烈，为了确保收益，许多公司把目光投向了物流费用，物流成本意识开始出现，但在这个时期只有保管和发货部门在努力降低成本。

二、第二阶段——配送时代

在 20 世纪 60～70 年代间，美国和世界上其他许多公司都把注意力放在"实物配送"方面。这些公司系统地管理一系列的物流活动，如运输、仓储、配送、库存控制、包装、搬运等，以确保高效地递送商品。

那是一个充满挑战与变化的年代。有许多因素促使公司不得不采取更加有效的方法来管理配送。主要的因素如下：

（1）顾客购买需求的变化。过去，许多顾客采购商品时，只注重品牌，现在还要看商品的大小、形状、颜色等，因此顾客需求向着多品种、小批量、高频率的方向发展。这样的变化使企业不得不维持更多的库存、增加运输成本，而且预测需求也变得越来越困难。解决的方法只能是增加市场份额，识别不同群体的顾客需求，满足他们的需求。但这样做必然会增加公司的成本，尤其是配送成本，这就需要公司以新的方法来进行管理。

（2）费率的增加。当时美国政府在运输市场中限制竞争，承运人只能通过提高运费与其他的运作收费来解决成本增加的问题。

（3）高价值的产品。由于内外因素的变化，美国许多公司都趋向于生产高价值的产品。这样就使得公司的库存成本、包装、运输等成本相应增加，从而导致更高的配送成本。通过总成本分析，公司意识到在运输与库存之间的效益互换关系，所以将这两项原本分离的物流功能，都归并在配送经理的管辖范围之内，这样就可以减少配送的总成本。例如，通过高运输成本的航空运输方式来递送商品，可以减少库存与仓库成本，与之相关的包装、搬运成本也降低了，而顾客服务水平却提高了。经过计算，虽然增加了运输成本，但最后的总成本还是降低了。

三、第三阶段——综合物流时代

在 20 世纪 70～80 年代，公司发现通过综合规划采购运输与配送运输可以进一步节省成本。于是将采购运输与配送运输都由运输经理管理。80 年代后，由于管制放松，可以与承运人谈判运费率，达到一定的运输批量，就会有优惠的运费和更好的服务。于是许多公司将商品采购、商品配送直至商品送至顾客手中，看作一个完整的系统，这样就会提高运作效率，当然也可以节省更多的成本。

四、第四阶段——供应链时代

在 20 世纪 80 年代后期到 90 年代，由于种种因素的影响，使公司对物流的关注扩充到整个物流过程，包括所有涉及的公司，从原材料供应商到最终顾客，以保证最终顾客能在准确的时间、准确的地点，收到准确的商品。

五、物流管理变化的驱动力

20 世纪 50 年代，技术与经济的结合在物流实践中引起巨大的变化，并且持续至今。然而，发展综合物流管理和供应链管理的做法却受到了多方面的极力反对。传统上负责具体功能的运输或采购的经理们，对综合物流过程所必须进行的组织变化，表示抵制。他们认为以传统会计方法衡量物流绩效时，通过增加某个特定的功能领域的经费，而减少另一领域的经费来减少整个总成本的基本想法是站不住脚的。例如，传统上是用运输开支占销售额的百分比来衡量运输经理的工作的。传统的会计方法认为，运输经费越多，越能取得更优越的顾客服务表现。因而运输经理把这种降低总成本的想法看做是运输管理的退化。这就不难理解，为什么不是所有的经理都以相同的热情来看待综合物流了。

另一个阻碍综合物流的因素是，难以对取得的投资报酬定量化。在某种程度上,无法定量化是由于对存货的实际成本缺乏清楚的理解。在传统的会计程序下,要计算减少存货投资带来的降低成本的效果,或要对优质的顾客服务表现进行量化等,都是很困难的。

由于这些基本因素和其他的自然阻力,使综合物流在开始时,就不能保证所有的努力都是成功的。有些公司想运用物流新概念的做法失败了,公司里认为这些积极推进物流新概念的物流人员是为了谋求个人利益。所有这些因素综合在一起,制约了物流思想在早期的普及。然而,另外由于一些公司通过综合物流,取得了卓越绩效,他们成了运用物流新概念的成功典范,同时在经济的压力下,使得综合物流的思想在全球快速流行起来。

在 20 世纪 80 年代末和 90 年代初期,有许多因素驱动各个公司进行物流改革,其中主要的因素有:① 规章制度的变化;② 信息技术物流领域的应用;③ 全面质量管理概念的普及;④ 贸易伙伴间合作关系的加强。下面将简要地讨论每一种变化对物流管理发展的影响,这可以帮助我们理解当前公司的物流实践处于何阶段,并判断公司的物流未来发展方向。

1. 规章制度的变化

1980 年,美国对运输经济和政治基础结构进行了大力度的改革,通过了《汽车承运人规章制度改革和现代化法案》以及《斯泰格司铁路法》。虽然这些法规是针对不同的运输方式的,在内容上有很大的区别,但基本思想都是创造一种运输改革的环境。在以后的法规中,都有这样的特点:行政诉讼和司法诉讼的范围放宽了,进一步放松公共承运人和契约承运人提供的有关服务、价格,以及承担义务方面的限制。全世界范围内都有类似的解除管制的努力。规章制度的修改也改变了私人运输的范围。从 1980 年起,美国的运输结构已有了根本性的改变。1993 年通过了《协议费率法》;随后在 1994 年 8 月 8 日,签署了《机场和航空通道改善法》,该法案优先于州内的汽车运输法规;1994 年 8 月 26 日出台的《卡车运输行业规章制度改革法案》进一步减少了联邦法规的约束,所有这一切都促进了运输业形成自由市场体系。

运输规章中的重大变化,对物流表现产生了巨大的影响。这些内容对托运人和承运人的作业产生了重大的经济影响,但是不可以忽略的是解除运输管制所带来的好处。政府将继续解除管制,这使得高级管理人员更加注意并以新的思路去判别传统的习惯做法。

2. 信息技术在物流领域的应用

信息技术对物流管理产生了重大影响。例如,在 20 世纪 80 年代期间,经理人员开始试验用条形码技术来改善物流表现。他们还开始使用电子数据交换(EDI),以方便商务间的数据传输。各种类型的电子扫描和传输的出现,提高了有关的物流表现,而且可以得到各个方面及时、可靠的信息。许多厂商开始与顾客和供应商进行计算机与计算机之间的联结,这有助于及时、精确地传输信息和存取数据。

到了20世纪90年代初期,连计算机技术都接近于商业化了。传输图像、声音和文字信息越来越普遍而且经济。许多厂商开始试验用声控技术,精确而又轻松地存取数据。传真成为被广泛使用的通信模式,提供了易用、低成本的交换硬拷贝文件的方法。这种快速、精确和全面的信息技术形成了以时间为基本条件的物流。以迅速而又可靠的信息交换为基础的作业安排,为取得出色的物流绩效的新战略提供了基础。这可以从准时化战略(JIT)、快速反应战略(QR)、连续补充战略(CR),以及自动化补充战略(AR)等方面得到证明。所以信息技术提供了提高物流性能的途径,同时也使存货量降到最低。

在不久的将来,信息技术对物流实践的影响将会继续提供改善过程一体化的机会。今后,物流中能够继续有效地降低成本的一个方面就是信息技术。

3. 全面质量管理概念的普及

物流变化的一个最重要的驱动力之一,就是整个行业普遍采用的全面质量管理(Total Quality Management,简称TQM)。面对全球激烈竞争的挑战,工业化国家被迫认真地考虑利用质量来参与竞争,从而使产品和服务中的"零缺陷概念"迅速地在物流作业中蔓延开来。厂商们开始认识到,在其他方面都有出色表现的产品,一旦交付延迟或损坏,都是不可接受的。这就是说,劣质的物流表现毁灭了产品的质量创新理念。然而,当W·爱德华兹,丹敏和约瑟夫·M·约兰等质量先锋在世界范围内帮助经理们去理解"质量探索"时,却没有指明如何去获得物流过程中的质量。

高级管理部门所奉行的质量首创理念正演变成一种希望提高物流性能的强大力量。用"一种尺码适全套"的观念来接近物流将不会满足质量需求。于是,厂商被迫重新设计其物流系统,以满足各种顾客的不同期望。例如,一位制造商有几个关键顾客,把他们合在一起,可占其全部销售额的80%以上时,他就必须懂得,同一水平的物流表现将不会充分满足所有客户的需求。为此,具有领先优势的厂商通常会实行一整套独特的物流解决方案,以适应每一个关键顾客以质量为动力的期望。因此,与质量有关的事情足以驱使最佳的物流思想把注意力从纯效率转向一种战略资源。

4. 贸易伙伴间合作关系的加强

20世纪80年代的10年间,发展伙伴关系和联盟关系的思想已成为最佳的物流实践的基础。过去的几十年,业务关系的特点就是建立在权力基础上的对手间谈判,如今,经理们开始注意合作的潜力。合作的最基本的形式是发展有效的组织间的作业安排。厂商们甚至更进一步,开始考虑将顾客和供应商都作为业务伙伴。这种想法是要减少重复劳动和浪费,把注意力集中在业务上,以有助于取得共同成功。

合作关系的发展超越了各种范围广泛的研究,并超越了业务组织之间及其与政府组织之间的作业领域。1984 年制定的《国家合作研究和开发条例》以及 1993 年的《生产修正案》,使发展合作性作业安排的普遍想法制度化。这部法规及其后的修正案发出信号,表示司法部门所执行的传统的反托拉斯法发生了根本性的变化。

厂商们对此迅速作出反应,采取了各种范围的创新安排。20 世纪 80 年代中,基于物流的联盟已成为最可观的合作安排的例子之一,专家们选择了物流活动作为其外延实践,而使之迅速发展。许多物流联盟是以提供有效的作业系统,把买方与卖方联系起来为目的,围绕着特定的服务厂商的能力建立起来的。

概括地说,从 1980~1995 年,这 15 年代表了物流的复兴时期。规章制度的标志性变化、低成本计算的可得性、信息技术革命、质量创新理念的推广,以及普遍接受的联盟等,所有这一切结合在一起在几乎每一个物流方面都产生了崭新的思想。

人们越来越清楚地看到,一些经理们从这 15 年中吸取的经验教训和受益远比其他一些经理多。那些接受经验教训最好的经理们能够在这种程度上重新铸造其公司的物流能力,也使潜在的优势变成其基本业务战略的一个至关重要的组成部分。

第三节　物流合理化

一、合理化是企业经营中物流策略的核心内容

1. 合理化的含义

合理化物流是指设备配置和一切活动趋于合理化的物流过程。所谓合理,即合乎事理,合理化就是对物流整体系统进行调整改进的优化,目的是达到以尽可能低的物流成本,获得尽可能高的服务水平。

"最高的服务水平和最低的物流成本",这只是一种理想化的物流模式,在现实中,"最高的服务水平"和"最低的物流成本"两者是不可能同时成立的。因为在高水平服务和低物流成本之间存在着"二律背反",高水平、高标准的服务要求有大量的库存、足够的运费和充分的仓容,这些势必产生较高的物流成本;而低的物流成本所要求的是少量的库存、低廉的运费和较少的仓容,这些又必然减少服务项目、

降低服务水平和标准。从连锁门店的角度来讲,要求物流系统提供尽可能高的服务水平和服务标准,而从配送中心来讲,为提高部门效益,又要求产生尽可能低的物流成本。这样,高水平的服务和低成本的物流就产生对立矛盾。

如何处理好降低物流成本与提高服务水平的关系就是合理化物流的过程,最终合理化的物流是要寻找一个既能让用户满意的服务水平,又能兼顾连锁企业利益的平衡点。

在某一项目标可以达到,而另一项目标却不能够同时达到的情况下,我们只能追求一种合理化物流的模式,通过权衡利弊,进行抉择,用综合方法来求得服务与成本之间的平衡,以取得最佳的综合经济效益。这种合理化物流旨在实现"有效率的系统",即"一个系统的产出与投入之比"合理。物流系统的产出是物流服务,产出的多少可以用服务水平高低来衡量与评价;物流系统的投入是为提高物流服务所消耗的活劳动与物化劳动,体现为物流成本。以最低的物流成本达到可以接受的物流服务水平,或以可以接受的物流成本达到最高的服务水平,这样的系统都是"有效率的系统",即合理化的物流系统。连锁经营中的合理化物流包括两层含义:

(1) 对于整个连锁企业来说,要保证其利润最大化。配送中心作为连锁企业这个大系统中的一个小系统,必须首先保证连锁整体的盈利性,这就要求将服务作为第一位。因为在当今产品差异性很小的市场中,要赢得市场份额,往往取决于服务能否跟得上销售的要求。如果是连锁企业自有的配送中心,就要牺牲本部门的利益,保证连锁系统的利润,因此这种配送中心一般是不盈利的,它的合理化是以保证整体连锁系统的利润最大化为前提的。

(2) 配送中心子系统的合理化。如果是专业化实施社会配送的配送中心,它独立经营,盈利是它唯一的目的,这种合理化物流是非常简单的成本与服务之间的平衡,为求得利润最大而进行系统的调整,选择合适的物流方式。

作为连锁内部系统的配送中心,要在保证连锁企业大系统利润最大化的前提下,实现物流子系统的合理化。这种合理化首先必须保证提供连锁盈利所需的物流服务水平,在此基础上,对配送中心的物流子系统进行优化,环节之间相互协调,减少浪费,提高作业效率,引入适当的科技手段,选择合适的运输方式,使子系统的总成本最小。

2. 合理化物流对连锁经营的作用

(1) 合理化物流,首先保证了连锁经营的利润。举个例子来说,各门店要求保证鲜活商品(如牛奶、鱼类、面包等)的限时快送。合理化物流在权衡了成本与服务关系后,使用快速运送实现高质量和新鲜度,增加了商品的价值,使额外的利润超过发生的成本,保证了盈利。

(2) 合理化物流,保证了基本的服务水平,如订货的准确性、配送的高效性和信息交流的通畅性,从而实现连锁企业规模效益。

(3) 通过对整体供应链的协调,实行大批量的统一采购和全方位的代理功能,可以通过在较大范围内选择有利资源,获得较大的价格优惠。同时,规模运输和合理配送的实现,可以降低商品进价和物流成本,从而实现连锁的整体价格优势。

(4) 合理化物流,通过对物流系统进行整体优化与合并,减少不必要的物流活动,消除物流中的作业浪费、时间浪费,提高设施、运输工具使用效率,提高物流多元化服务,可以解除各门店在库存调节、商品养护等非销售业务上的负担,从而可以提高连锁店的零售专业化水平,实现连锁企业资源的优化组合。

例如,配送中心可以利用系统批量、高效率的程序,在理货的过程中,考虑到门店销售的要求,贴标签、条形码、重新包装、促销商品搭配等,对商品作一步到位的加工,既实现了物流的标准化作业,降低了作业成本,提高了作业效率,又方便了门店销售,减少了二次包装的费用。

(5) 合理化物流,一般都必须有较高的机械化、自动化程度和较先进的专业技术经验,这样才能保持一定的服务水平,能够较大限度地保障配送商品质量,并且在限定成本的基础上有效地提高物流效率,从而实现连锁经营高效、节约、优质的服务。比如考虑引进比较切合实际的有效客户反映管理系统(ECR)是合理化物流的一部分,根据连锁规模及条件,选择不同档次的 ECR,既可以保证连锁自动化水平,又可以使信息系统的功能达到最大效用,降低经营成本。

3. 合理化物流系统的 5S 目标

(1) 优质服务(Service):无缺货,无损伤和丢失现象,且费用便宜。

(2) 迅速及时(Speed):按用户指定的时间和地点迅速送达。

(3) 节约空间(Space Saving):发展立体设施和有关的物流机械,以充分利用空间和面积,缓解城市土地紧缺的问题。

(4) 规模适当(Scale Optimization):物流网点的优化布局,合理的物流设施规模、自动化和机械化程度。

(5) 合理库存(Stock Control):合理的库存策略,合理控制库存量。

二、物流服务的层次与内容

既然合理化物流,是一种兼顾成本与服务的"有效率的系统",那么衡量一个物流系统是否合理的标准就在于它的效率:产出——物流服务与投入——物流成本之比。首先要明确物流成本与服务的内容。

连锁企业在制定物流服务战略的过程中,常常遇到这样的问题:为哪些顾客服务?是向所有的顾客提供一样的服务,还是针对不同的顾客提供不一样的服务?为了回答这些问题有必要先来了解物流服务的内容。按照物流服务的水平分类,物流服务一般可以分为基本服务、增值服务和零缺陷服务。

（一）基本服务

顾名思义，基本服务是指向所有的顾客提供的最低服务水准。一旦接受了订货，配送中心有义务按照基本服务的承诺向各个顾客服务。基本的物流服务包括三个方面的内容：可得性、作业绩效和可靠性。

1. 可得性

可得性是指当门店订货时企业所拥有的库存能力。存货储备计划通常是建立在需求预测基础上的，而对特定商品的储备战略还要结合其是否畅销、该商品对整个商品线的重要性、收益率以及商品本身的价值等因素考虑。存货可以分为两类：一类是取决于需求预测并用于支持基本可得性的基本储备；另一类是满足超过预测数的需求量并适应异常作业变化的安全储备。

存货可得性应以下述的三个物流绩效指标进行衡量：缺货频率、供应比率和订货完成时间。这三个衡量指标可以确定一个配送中心满足订货需求的能力。

（1）缺货频率。缺货频率指缺货发生的次数，就是用于衡量对某种商品需求超过其库存可得性的次数。例如门店订某一品牌的白酒，订货 50 次，由于库存不足，无法满足所需订货的次数有 5 次，那么缺货频率就是 5 次。将全部产品所有发生缺货的次数汇总起来，就可以反映配送中心基本服务的状况。

（2）供应比率。供应比率衡量缺货的程度。例如一位顾客订货 50 个单位，只有 47 个单位有库存，那么订货供应比率是 94%（47÷50×100%）。供应比率可以用来衡量对门店服务的情况。在对供应比率进行分析时要注意，一种商品缺货并不必然意味着门店的需求得不到满足。在判断缺货是否影响到服务绩效以前，首先要弄清门店的真实需求。所以供应比率绩效按对不同门店的服务目标而有所不同。对关键门店的供应比率可以定得高些，对一般门店可以定得低些，这是从成本角度来考虑的，这方面的分析将在后面详细讨论。

供应比率除了可以按顾客的重要程度来确定外，还可以根据商品的重要性来确定。例如对于有的商品，门店绝对不能容忍缺货，在这种情况下即使是 99% 的供应比率，也不能使门店满意。而对有的商品，门店能够容忍短时间的递送延迟甚至是长时间的递送延迟，这时即使能完成 90% 的供应比率，门店也是满意的。所以对连锁企业而言，重要的是识别重要商品，并在门店需求的基础上提高供应比率。

（3）订货完成时间。订货完成时间是指配送中心按门店订货要求准备好全部所需商品的时间。这是一种最严格的衡量，因为门店认为配送中心应该拥有充分的存货，门店在订货时能很快得到所需商品，并把它作为衡量配送中心服务水平的标准。如果要做到这一点，配送中心必然要维持高库存，所以就存在如何确定订货完成时间的问题。

2. 作业绩效

作业是指从完成顾客订货到交付订货整个周期内的具体物流活动。衡量作业绩效的指标主要有：作业完成时间、递送的一致性、作业的灵活性、作业故障与恢复。

(1) 作业完成时间。作业完成时间是指从订货开始到货物装运实际抵达时止的这段时间。这项指标的考察要从门店的角度来进行。因为每个企业根据自己的物流系统设计的作业完成时间会有很大的不同，因此即使在今天高水平的通信和运输技术条件下，有的企业订货周期可以短至几个小时，而有的企业可长达几个星期。加快速度的办法很多，如多备存货、采用较快的运输方式进行递送等。

订货完成时间往往与门店的存货计划有着直接关系。一般来说，订货完成时间越短，门店的存货就越少，投资也就越少。因此订货完成时间与库存投资之间的关系成为以时间为基础的物流战略考虑的主要内容。

(2) 递送的一致性。虽然门店希望订货完成时间越短越好，但他们更希望递送的一致性。不要出现有时送货提前，有时又送货延迟的递送不稳定现象。持续地按时递送是对物流作业最基本的要求。

(3) 作业的灵活性。作业的灵活性是指配送中心灵活处理门店对物流服务需求的能力。需要配送中心灵活作业的典型事件有：改变基本服务内容，例如改变装运交付的地点；支持特定的促销活动；滞销品清场；供给中断；返品的处理；不同地域不同市场中不同门店的有区别的物流服务；在物流系统中向门店提供增值服务。在许多情况下，物流优势的精华在于灵活，即配送中心的整体物流能力取决于满足门店需求时所拥有的"随机应变"的能力。

(4) 作业故障与恢复。不管配送中心的物流作业有多么完美，故障总是会发生的，故障使服务中断。配送中心应制定一些有关预防或调整特殊情况的方案，以防止故障发生。配送中心要有能力预测服务过程中可能会发生的故障，并有适当的应急计划来完成恢复任务。

3. 可靠性

可靠性是衡量物流质量的指标。物流活动中最基本的质量问题就是能否保证门店的订货，即存货的可得性如何，以及完成订货的一系列作业表现。除了这些服务标准外，质量上还包括配送中心是否愿意并能够迅速提供有关物流作业和门店订货状况的精确信息。研究表明，提供精确信息的能力是衡量配送中心服务能力最重要的一个方面。门店通常讨厌意外事件，如果他们能够提前收到信息的话，就能够对缺货或延迟递送等意外情况作出调整。因此，有越来越多的门店表示，有关订货内容和时间的事前信息与完美订货的履行相比更加重要。

（二）增值服务

增值服务是指在基本服务的基础上为门店提供的额外服务。增值服务需要更多的成本，所以配送中心希望通过提高服务收费或获得更多的业务予以补偿。增值服务能够巩固业务，但难以实际推广，因为顾客是特定的，所以增值服务的内容也有很大的不同。例如，在移动电话上设置个性化的页面；帮助顾客制作价格标签；在包装上按顾客的要求进行特殊包装，设定特定的标记；在运输中提供运输途中货物位置的信息，以及为顾客采用特别装运等。

（1）物流服务商提供的增值服务。UPS 公司是一家提供包裹递送服务的公司，它的基本服务就是提供包裹的递送，但是 UPS 公司利用它的物流网络以及物流专业化水平还为食品公司递送快餐。这就是一项增值服务的内容。另外还有 Exel 配送公司为有婴儿的家庭将宝洁公司的一次性尿布送货到家。除了传统的增值服务形式外，各种范围很广的服务都可以通过专业人员来提供，以支持所有的物流需求。有许多公司不仅承担运输服务和仓储服务，还提供一系列附加的创新服务和独特服务，诸如存货管理、订货处理、开票和回收商品处理等，覆盖了物流供应链的全域；有许多运输公司还提供全套的物流服务，向托运人提供类似于包干的物流服务。由于这些公司能提供连锁企业所涉及的绝大多数物流活动，大大减少了连锁企业需要打交道的公司，提高了效率。

（2）配送中心提供的与促销有关的增值服务。这些增值服务涉及销售点展销台的配置等，如销售点扩大宣传和促销材料的物流支持等。

（3）及时制（JIT）递送服务。在需要的时间，准确地将商品送到。这种以时间为核心的增值服务的一个特征就是排除不必要的仓库设施和重复劳动，以期最大限度地提高服务速度。这是基于时间的物流战略，是竞争优势的一种主要形式。

（三）零缺陷服务

零缺陷服务又称为完美订货。它是物流质量的最高标准，就是从订货开始正确地做每一件事。从收到订单到交付货物的各个方面，连同开票，都没有一点错误。这意味着存货的可得性和作业绩效得到了完美的履行，都是严格按照对顾客的承诺进行的。

在今天的物流领域之所以会出现零缺陷服务这一概念，是因为越来越多的企业都将物流作为企业的核心战略，以获得顾客的忠诚。连锁企业也不例外，投入各种资源，以实现高水准的服务能力，使竞争对手无法效仿。在这样的情况下，驱使顾客的期望全面增加。

绝大多数行业都有明确的或暗示的、被普遍接受的服务水准。但是这个服务水准的要求不断提高，实现的难度在加大。如图 1－3 所示，在美国 20 世纪 70 年代食品行业普遍接受的服务水准是：7～10天交货,存货供应比率是92%;现在已经上升至3～5天交货,供应比率是95%。服务窗口不断缩小。

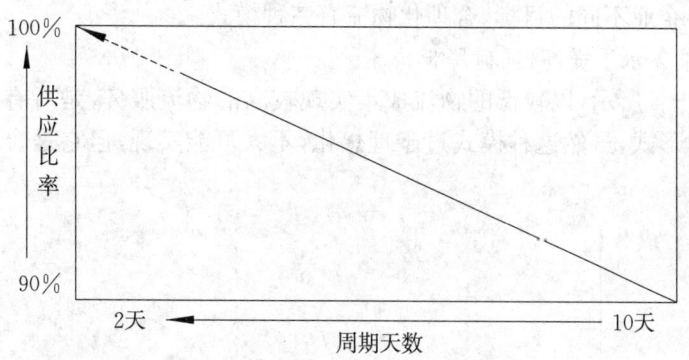

图1-3 缩小服务窗口

如果门店期望配送中心以及时、无差错的方式提供100%的存货可得性的话,那么这种服务就是零缺陷服务。

在今天的技术条件下,零缺陷服务完全可以实现,但代价是昂贵的。所以配送中心不会向所有的连锁企业、门店都提供这种服务,而把它作为一种服务战略。在实现零缺陷服务的过程中,最难的就是存货方面的支持。因为零缺陷服务一般要求很高的供应比率,这就要求很高的库存,以满足门店订货需求和作业的变化。所以要事先确定各种程序以便及时地适应各种服务需求。

履行零缺陷服务需要在管理上和作业上做出努力、耗费巨资,并且需要高水平的信息支持。这种卓越的服务要求配送中心必须能够识别那些愿意提高合作忠诚度的连锁企业,这是一种长期的合作关系,要求彼此间以建立供应链联盟的观点来看待这种优质服务。一旦配送中心决定展开零缺陷服务的战略,那么,它就必须充分了解潜在的风险和行情下跌的可能性。零缺陷服务的承诺是没有犯错误余地的。

综上所述,配送中心在形成服务战略时,首先要规定一个基本服务平台,其中包括服务在可得性、作业绩效、可靠性这几个方面的基本承诺,这是对所有顾客而言的。随着发展,为了进一步提高服务水平,对某些合作伙伴提出的额外服务要求,也应该满足,这就是在基本服务之外的增值服务。增值服务的内容因为是针对具体顾客的,所以不像基本服务,它很难有固定的模式。当这种增值服务发展到极致时,顾客的要求100%地得到满足,这就是零缺陷服务,它可以提高顾客的忠诚度,把竞争对手拒之门外。当然,对谁提供何种服务,包括哪些具体服务内容,是一种战略安排。

三、物流合理化策略的应用

根据各企业不同的目标,合理化物流有三种模式。

(一)服务水平提高,同时降低成本

如图1-4所示,以较低的物流成本实现较高的物流服务,是所有企业梦寐以求的合理化形式,虽然这种模式过于理想化,不太可能实现,但它是合理化物流的最高标准。

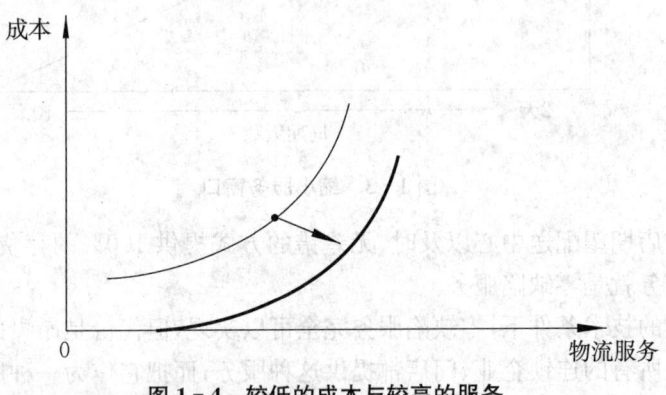

图1-4   较低的成本与较高的服务

随着物流服务水平的提高,物流成本中有一部分会随着服务水平的提高而上升,但也有一部分不受服务水平提高的影响。可以使后一部分成本的降低额不小于服务水平提高而增加的成本,以达到物流合理化的目的。

连锁门店多品种、小批量、高效率、及时的送货要求,使得连锁企业的平均流通费用占总费用的50%,而物流有关费用就占了一半,其中运输成本占了34.6%,库存费用占19.62%,这是很大的一笔费用,但往往由于门店地域太大,配送中心专业化水平低,中国的许多连锁店的统一配送率都在50%以下,更不用提运输的速度与可靠性了。

目前,很多欧美连锁店都大刀阔斧地裁减自己的运输队伍,以便快速、迅捷地满足不同地点连锁店的不同需求,从而加速了商业运输专业化的发展。它们利用专门为零售企业提供小件包裹快运服务的运输公司,使用连夜地面运输(Over-Nightground)、连夜空运(Over-Nightair)等形式,充分享受到廉价、便利、迅速的运输服务。

也许从表面上看,快递比地面运输价格昂贵,但实际却并非如此,连夜在特定城市周围300英里地区内的快件服务,绝不比标准地面运输(Standardground)花费更大,但前者速度更快,运送时更加精确,从而可以节省仓储、人工、监控等其他管理费用。通过空运或连夜地面快递把商品及时送到分店,可以使零售商在配送中心的空间用量和处理费用上节省大笔开支。另外,零售商在专业化分工的基础上开始减少自己的运输车队,更多地雇用专业运输公司,特别是对那些时令性很强的小包装货物。而且在此基础上,零售商有可能减少或完全放弃配送中心的使用,节约成本,却可以提高服务水平。

(二)提高服务水平,使增加的销售额远远大于增加的物流成本

合理化物流很大一部分是在成本与销售额之间进行的平衡,原则是保证连锁企业最大限度的利润。如图1-5所示,增加物流投入后,物流服务水平也随之提高,体现在数值上就是销售额的增长远远大于增加的成本。例如拥有7家分店的帝采连锁店在采用了新的配送中心后,商品从仓库到门店的时间由过去的2周减为2天,商品加工速度比原来增加45%,销售额上升20%,经营成本只增加了10%。

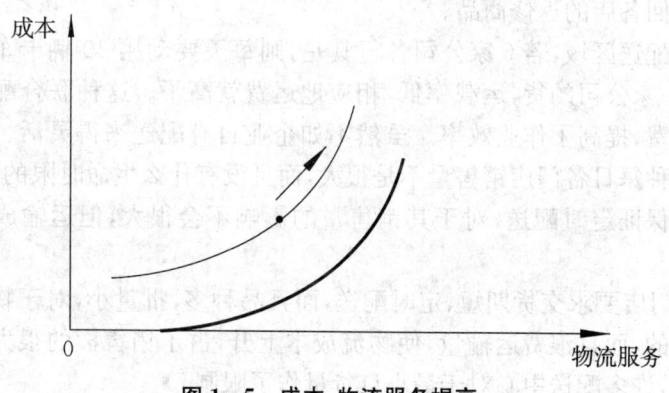

图1-5 成本、物流服务提高

而Wal-Mart在1996年改进了配送中心,使之更加完善高效,虽然投入的成本及管理费用增加了,但是经营费用占销售额的比重却不断下降,由1984年的19%降为1996年的14%,而它的主要竞争对手Kmart同一指标却高达22%,其中一个重要原因,就是Wal-Mart稳定的供货率以及快速反应的配送机制,使附加的高水准的服务增加了商品的价值,保证了利润最大。

据统计,Wal-Mart用于公司管理手段现代化的投入已累计达17亿美元。早在1981年就率先在其连锁店推广电子条形码技术,减少了人工操作的误差。它也是全美第一家使用自动订货系统的连锁企业。总部与各分店、配送中心以及供货商之间全部实行电脑联网,随时掌握各连锁店每天售货情况,保证及时、准确地供货。现在每年还拿出利润的1%用于科技投入,在1997年由美国FORTUNE公布的"全球500强"中的13家综合商业企业中,无论是营业额还是利润额都是第1

名,比第 2 位的美国西尔斯高出近两倍。

（三）保持原服务水平和适当降低服务,使成本下降的程度远远大于销售额的下降

这是许多连锁企业为降低成本而普遍采用的一种合理化方式。可以考虑采用的方式有:

（1）联合配送,这是缘于各家公司都在为运输费用的不断上升而烦恼,由此产生的一种省钱节能的物流方式。

日本东京江东区 A 运输公司的 14 辆面包车和二吨卡车每晚 7 点陆续驶入"江东流通中心",中心的地上堆满了货箱,箱上分别印着"佳能"、"宾德"、"尼康"等字样,这是 6 家照相机公司在东京都内的联合配送中心。6 家公司采用联合配送始于 1997 年 6 月,A 运输公司每天从各家公司的仓库提货,然后集中到"江东流通中心",再根据东京都 17 个区把货物分开,随后配送至 300 家零售店或二级批发店,回来顺便捎回各店的返修商品。

在上述配送区域,若 6 家公司各行其是,则每天要动用 40 辆卡车。照相机体积小,仅是一家公司的货,运载率低,相应地运费就高了。这种联合配送方式极大地降低了运费,提高了作业效率。虽然不如企业自有配送来得灵活、方便,但是对于照相机这种每日各门店销售量不是很大,而且没有什么生命时限的商品来说,联合配送可以保证定时配送,对于其销售量的影响不会很大,但运输成本却能显著下降。

（2）各门店要求交货期短、定时配送,而且品种多、批量小,对于物流配送来说是比较困难的,而且浪费运输量,使物流成本上升,占了销售额的很大一部分。在这种背景下,许多配送中心对于最小订货量作了限制。

英国传统的批发公司 Palmer & Harvey,拥有 3 000 多个门店,5 000 多品种,小批量订货尤其普遍,造成了运输成本不断增加,已占到总销售成本的 45%,而库存和管理成本只占 7%。这时降低小批量订货的运输成本成了首要问题。1990年,该公司引入了最小订货量 20outer 这么一个单位,顾客丧失了 5%,但总的销售利润并没有减少,而送货量的减少,销售成本也同时减少了。

这种采取扩大每一次订货量的方法,使运输量不致浪费,使订货次数不致太频繁,而配送中心向各分店配送,一次配送量较大,也可以节省费用。

这种方式最重要的是必须用帕累托方法进行顾客服务调查,集中注意 20% 的少数大客户,提高服务,重点满足这部分顾客的需求;对于 80% 的小客户也要重视,但可以适当降低服务水平,即区别不同的顾客提供适当的物流政策。

（3）进行商流、物流的合理化分离;根据商品的周转、销售对象的不同,将保管场所和配送方式差别化;作业、订货标准化以及物流计划化等方式,都是同一种合

理化物流的具体模式。

（4）建立完善高效的计算化、自动化和现代化的配送中心，这种成本的增加，虽然短期内看不出效益，但如果能对企业长远利益起很大的作用，那么也不失为一种合理化物流的方式。

大型连锁店将电子数据交换技术以及条形码技术应用于物流自动化，提高准确率，实现了需求、配送和库存管理一体化。无论是配送中心内部的订单处理，还是配送中心与连锁店之间的订单、价格变更、出货通知以及收发货物都可以自动处理。虽然短期内对销售的影响不大，而且投资成本很高，但一旦信息化系统运行稳定，对于连锁企业将来开拓成长空间、扩大规模都会带来巨大的潜在效益。

比如，生产商将产品的有关信息，如产地、生产日期、性能、规格等在出产的同时传递给连锁企业，而配送中心只需在货物运到后，扫描商品的条形码，便可完成入库验收的工作，从而使零售商的处理时间降为零。这对于迅速补充商品，大幅度降低长期成本，有本质的作用。

因此，只要是在保证连锁企业整体利润最大化的前提下，物流系统对于自身的改进，使系统总成本尽可能最小的方式都是合理化物流的模式。

本 章 小 结

物流是以适合于顾客的要求为目的，对原材料、在制品、制成品及其关联的信息，从生产业地点到消费地点之间的流通与保管，为求有成本—效率的最佳效果而进行计划、执行、控制。

物流从空间方面来分，可以分为国际物流、区域物流、国内物流和地区物流。按性质来分可以分为社会物流、行业物流和企业物流。企业物流又可以分为生产企业物流和流通企业物流。按作用来分可以分为供应物流、生产物流、销售物流、回收物流和废弃物流。

物流管理的发展经历了四个发展阶段，即储运时代、配送时代、综合物流时代和供应链时代。

合理化物流是指设备配置和一切活动趋于合理化的物流过程。所谓合理，即合乎事理，合理化就是对物流整体系统进行调整改进的优化，目的是达到以尽可能低的物流成本，获得尽可能高的服务水平。根据各企业不同的目标，合理化物流有三种模式。

思考题

1. 结合实际谈谈你对物流概念的理解。
2. 物流管理经历哪四个阶段？每个阶段的特点是什么？
3. 物流服务包括哪些内容？
4. 物流总成本的概念是什么？
5. 举例说明企业如何实施物流合理化策略？

实践应用

项目名称	调研商品的物流渠道	班级	
指导老师			
项目完成时间	2周		
项目实践地点			
目 的	1. 专业技能目标 使学生掌握绘制物流渠道图的基本方法，能够说明商流与物流的区别。 2. 通用技能目标 • 规划安排的能力 • 对数字、事实分析判断的能力 • 团队合作的能力 • 与外界的沟通能力 • 口头表达能力		
背景或任务	选择当地几家商业零售企业，学生分组后，组织学生实地调研，采访有关的采购人员与物流管理人员，了解主要商品的商流与物流渠道，并对这些渠道做出分析，提出改进渠道的建议。		
程 序	1. 了解项目的目的 2. 收集有关流通渠道的资料 3. 分析有关渠道的合理性 4. 完成对项目的评估		

（续表）

实施步骤	1. 了解项目的目的 2. 分组，将全班同学分成不同的小组，每组4～5个人 3. 确定调研的对象：然后根据该公司商品分类情况，每个小组自由确定所研究的商品类别 4. 起草调查流通渠道的计划（包括调查目的、范围、目标、内容和方法） 5. 起草会谈和调查的大纲 6. 上网查找第二手资料 7. 准备一份调查原始记录的复印件 8. 完成对调研结果的详细报告，调研报告格式见第一章附件1 9. 陈述：各小组委派一名同学在课堂陈述调研结果
评分标准	该项目成绩占学期成绩的　　%。 本次项目的成绩评定：教师与其他小组成员，根据评估标准（见附件2）对陈述小组的陈述表现及书面报告完成情况，评定该组成绩，并将结果填写在评分表（见附件3）中，其中教师评定成绩占总成绩的50%，其他小组评定的成绩占总成绩的50%，最后计算该组实际得分。

附件1：项目作业书面报告参考格式

封面内容	题目、组别（学号）、（组员）姓名、缴交日期
正文内容	1. 背景说明 2. 问题定义 3. 使用方法 4. 结果与分析 5. 结论与建议 6. 参考文献

附件2：评估标准

项目	报告内容35%	幻灯片制作25%	口头表述15%	报告的文字15%	分工合作情况10%	总分
A级别90～100	清晰明确描述该类商品的流通渠道、有图表、对该流通渠道进行了分析、提出了建议	精良	表述非常清晰、逻辑很清楚、概念正确	语言流畅、用词准确、结构清晰、论点明确、论据充分	分工很明确、组织很合理、工作效率很高	

（续表）

项目	报告内容35%	幻灯片制作25%	口头表述15%	报告的文字15%	分工合作情况10%	总分
B级别 80～89	描述该类商品的流通渠道、有图表、对该渠道进行了分析	良好	表述清晰、逻辑清楚、概念正确	用词较准确、结构清晰、论点明确、论据充分	分工较明确、组织较合理、工作效率较高	
C级别 70～79	描述该类商品的流通渠道，有图表	较好	表述较清晰、逻辑较清楚、概念正确	结构清晰、论点明确、论据充分	分工明确、组织不是很合理、工作效率一般	
D级别 60～69	描述该类商品的流通渠道	一般	表述一般、逻辑一般、概念正确	论点正确、论据充分	分工不是很明确，组织不是很合理、工作效率不高，勉强完成任务	
E级别 59以下	对商品的物流渠道没有正确描述	差	差	差	没有完成任务	差

附件3：评估表

作业题目：_____

项 目	报告内容35%	幻灯片制作25%	口头表述15%	报告的文字15%	分工合作情况10%
第一组					
第二组					
第三组					
第四组					
第五组					
第六组					
第七组					
第八组					
教 师					
最终成绩	∑ 各组评定成绩×50％＋教师评定成绩×50％＝				
评 语					

日期：_____ 填写小组编号：_____ 组长：_____

第二章 配送中心规划与设计

学习目标

1. 理解配送中心的功能；
2. 了解配送中心的主要设施；
3. 掌握配送中心设计的步骤与方法。

【引导案例】

新竹仓库的布置

新竹货运有 8 个仓库,其中 30% 是采用租赁方式。最大的仓库在新竹。此外,新竹在全台湾还有 15 个大物流中心、4 个转运中心和 41 个站所,其选址主要考虑的因素是交通是否便利,所以仓储地点都位于交通道口附近。

新竹仓库的布置中货品是放置在仓库的四周的(见图 2-1),而仓库正中

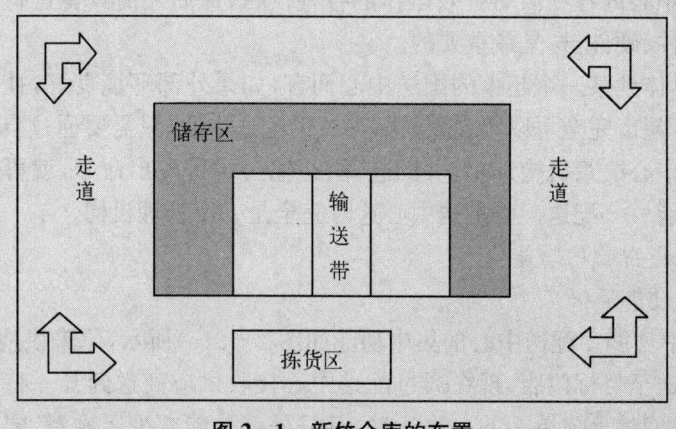

图 2-1 新竹仓库的布置

是自动化的拣货区,缺乏弹性,但符合向上的原则。整个仓库拥有数层钢板及防盗设施,提供了很好的安全保障。

第一节　配送中心概述

配送中心的规划、建立与运营在连锁企业的物流系统中起着举足轻重的作用。配送中心是提高连锁企业组织化程度、实现集约化经营、实现流通现代化的有利形式。

一、配送中心的定义和功能

(一)配送中心的定义

配送中心的设立主要是为了实现物流中的配送行为,因此配送中心是位于物流节点上,专门从事货物配送活动的经营组织或经营实体。例如,超市的配送中心的核心任务就是将货物送到需要的门店。围绕这一核心,配送中心除了配送外还必须进行一系列的收集信息、订货、储存等多项活动。正如前面所述,配送中心内基本上集中了所有的物流功能。

从配送中心是开展商品配送及其相关业务的场所这个角度来看,一个完整的配送中心的内部结构首先要有基本的硬件设施,如足够的场地和仓库;其次还需要有保障配送中心内各项活动有效运作的各种设备;最后还需具备进行现代化管理的计算机软件、硬件,这是最重要的。

当然,具体到某一个超市的配送中心而言,如果外部环境良好,社会化配送发展也较完善,超市完全可以不设置具体形式的配送中心,只需要通过自己的计算机网络系统和中心决策机构,向有关的仓库、运输公司等发出命令,就可完成配送中心的核心功能——配送。而配送中心这时完全是一个管理机构。

(二)配送中心的功能

1. 基本功能

(1) 集中功能。配送中心的集中功能如图 2-2(a)所示,原来供应商 A、B、C,分别将商品送至目标门店,现在通过配送中心接收供应商送到某一特定门店的商品,然后把它们整合成单一的一次运输,其好处就是能减少运输费,同时减少门店收货时的拥挤现象。

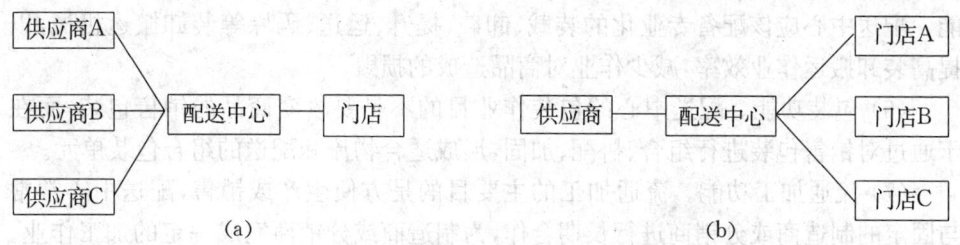

图 2-2 配送中心的集中、整理功能

（2）整理分类功能。大多数供应商对多个门店送货，这些门店可以同属于一个企业，也可以分属于不同企业。在没有配送中心的情况下，供应商只能小批量装载，分别将商品运至指定门店。如果有配送中心，就可以在那里将商品分类整理成个别的订货，并安排当地的运输部门负责递送至门店，如图 2-2(b)所示。由于长途运输转移的是大批量的装运，供应商的运输成本相对较低，连锁企业商品的进价也可以降低，同时对于大量运输的跟踪也不太困难。

流通型的配送中心把这方面的功能体现得更明显。目前，许多零售连锁店广泛地采用交叉站台作业来快速补充快速转移的商店存货。在这种情况下，配送中心先接受多个供应商整车运来的货物，然后按门店地点进行分配，接着商品被放置在去特定门店的托盘上，最后通过配载达到了车辆的合理容积，这些商品就运送到门店去。整个过程中，商品交叉穿过配送中心。于是，配送中心的经济利益体现在从供应商到配送中心的满载运输，以及配送中心到门店及客户的满载运输。对于流通型的配送中心，其经济利益更加明显，由于商品不需要存储，还降低了商品在配送中心的搬运和储存成本。此外，由于所有的车辆都进行了充分装载，更有效地利用了站台设施，使站台利用率达到了最大限度。

（3）运输功能。配送中心需要自己拥有或租赁一定规模的运输工具，具有竞争优势的配送中心不只是一个点，而是一个覆盖全国的网络。因此，配送中心首先应该负责为客户选择满足客户需要的运输方式，然后具体组织网络内部的运输作业，在规定的时间内将客户的商品运抵目的地。除了在交货点交货需要客户配合外，整个运输过程，包括最后的市内配送都应由配送中心负责组织，以尽可能方便客户。

（4）储存功能。配送中心需要有仓储设施，但客户需要的不是在配送中心储存商品，而是通过仓储环节保证市场分销活动的开展，同时尽可能降低库存占压的资金，减少储存成本。因此，配送中心需要配备高效率的分拣、传送、储存、拣选设备。

（5）装卸搬运功能。这是为了加快商品在配送中心的流通速度必须具备的功能。配送中心应该配备专业化的装载、卸载、提升、运送、码垛等装卸搬运机械,以提高装卸搬运作业效率,减少作业对商品造成的损毁。

(6) 包装功能。配送中心的包装作业目的不是要改变商品的销售包装,而在于通过对销售包装进行组合、拼配、加固,形成适合物流和配送的组合包装单元。

(7) 流通加工功能。流通加工的主要目的是方便生产或销售,配送中心常常与固定的制造商或分销商进行长期合作,为制造商或分销商完成一定的加工作业。配送中心必须具备的基本加工职能有贴标签、制作并粘贴条形码等。

(8) 物流信息处理功能。配送中心将在各个物流环节的各种物流作业中产生的物流信息进行实时采集、分析、传递,并向货主提供各种作业明细信息及咨询信息,这对现代配送中心是相当重要的。

2. 增值功能

从一些发达国家的配送中心具体实际来看,配送中心还具有以下增值性功能:

(1) 结算功能。配送中心的结算功能是配送中心对物流功能的一种延伸。配送中心的结算不仅仅只是物流费用的结算,在从事代理、配送的情况下,配送中心还要替货主向收货人结算货款等。

(2) 需求预测功能。自用型配送中心经常负责根据物流中心商品进货、出货信息来预测未来一段时间内的商品进出库量,进而预测市场对商品的需求。

(3) 物流系统设计咨询功能。配送中心要充当货主的物流专家,因而必须为货主设计物流系统,代替货主选择和评价运输商、仓储商及其他物流服务供应商。国内有些专业配送公司正在进行这项尝试,这是一项增加价值、增加公共物流中心竞争力的服务。

(4) 物流教育与培训功能。配送中心的运作需要货主的支持与理解,通过向货主提供物流培训服务,可以培养货主与配送中心经营管理者的认同感,可以提高货主的物流管理水平,可以将配送中心经营管理者的要求传达给货主,也便于确立物流作业标准。

以上功能中,前几项基本功能需要经验和实力,后几项需要智慧和远见。功能是靠设计而来的,每个配送中心集合都不会完全一样,有的配送中心可能只提供基本功能中的部分功能,但这些功能特别强大,这是完全可以的。要确定配送中心的核心功能和辅助功能,辅助功能可能会使配送中心不一定只做物流,还可能做商流、信息流、资金流。

因此,在设计配送中心功能时需要创新。随着信息技术在世界范围的普遍应用,物流成为制约商品流通的真正瓶颈,现代配送中心应该更多地考虑如何提供增值性物流服务,这些增值性物流服务是配送中心基本功能的合理延伸,其作用主要是加快物流过程。降低物流成本、提高物流作业效率、增加物流的透明度等。提供增值性服务是现代配送中心赢得竞争优势的必要条件。

（三）配送中心的分类

配送中心有多种分类方法，按照储存温度来分可以分为常温配送中心、低温配送中心和空调型配送中心。其中低温配送中心又可以分为冷藏配送中心和冷冻配送中心。另外，根据建立配送中心的主体不同可以有以下六种类型的配送中心：

由制造商成立的配送中心 M. D. C.（Distribution Center built by Maker），如光明乳业公司物流中心。

由批发商或代理商成立的配送中心 W. D. C.（Distribution Center built by Wholesaler），如捷强配送中心。

由货运公司成立的配送中心 T. D. C.（Distribution Center built by Trucker），如北芳物流中心。

由零售商向上整合成立的配送中心 Re. D. C.（Distribution Center built by Retailer），如联华便利店配送中心。

区域性的配送中心，负责特定小区域的业务的配送中心 R. D. C.（Regional Distribution Center）。

货品暂时存放的转运站，或为大车车辆转换成小车的中继站 F. D. C.（Frontier Distribution Center）。

二、配送中心的设施

配送中心的设施分为内部设施和外部设施。配送中心的内部设施一般由信息中心与仓库构成。信息中心起着汇集信息并对配送中心进行管理的作用；仓库根据各部分不同的功能又可分为不同的作业区。配送中心外部设施主要有停车场和配送中心内的道路等。下面主要介绍内部设施。

（1）信息中心。信息中心指挥和管理着整个配送中心，它是配送中心的中枢神经。它的功能是：对外负责收集和汇总各种信息，包括门店的销售、订货信息，以及与部分直接供应商联网的信息，并根据这些信息作出相应的决策；对内负责协调、组织各种活动，指挥调度各部门的人员，共同完成配送任务。信息中心一般是和办公室结合在一起的。

（2）收货区。在这个作业区内，工作人员需完成接收货物的任务和货物入库之前的准备工作，如卸货、检验等工作。因货物在接货区停留的时间不太长，并处于流动状态，因此接货区的面积相对来说都不算太大。它的主要设施有：验货用的电脑，验货场区和卸货工具。

（3）储存区（保管区）。在这个作业区里分类储存着验收后的货物。储存区一般分为暂时储存区和常规储存区。由于货物需要在这个区域内停留一段时间,并要占据一定位置,因此相对而言,储存区所占的面积比较大。在储存区一般都建有专用的仓库,并配置各种设备,其中包括:各种货架、叉车、起堆机等起重设备。从位置上看,有的储存区与接货区连在一起,有的与接货区分开。

(4)理货区。理货区是配送中心人员进行拣货和配货作业的场所。其面积大小因超市的类型不同而异。一般来说,拣货和配货工作量大的配送中心,其理货区面积较大。如负责对便利店进行配送的配送中心,按便利店的特点要求不但要对货物进行拆零,还要完成向多家门店以少批量、多批次的方式进行配送,所以这样的配送中心的拣货和配货区域的面积较大。

与其他作业区一样,在理货区内也配置着许多专用设备和设施。如果是以人工完成拣选任务的,一般有手推货车、货架等。如果采用自动拣选装置,其设施包括重力式货架、皮带机、传送装置、自动分拣装置、升降机等。

(5)配装区。由于种种原因,有些分拣出来并配备好的货物不能立即发送,而是需要集中在某一场所等待统一发货,这种放置和处理待发货物的场所就是配装区。在配装区内,工作人员要根据每个门店的位置、货物数量进行分放、配车和选择单独装运还是混载同运。

因在配装区内货物停留时间不长,所以货位所占的面积不大,配装区的面积比存储区小得多。

需要注意的是,有一些配送中心的配装区与发货区合在一起,称为分类区,因此,配装作业常融合于其他相关的工序中。

此外,因配装作业主要是分放货物、组配货物和安排车辆等,因此在这个作业区除了配装计算工具和小型装卸机械、运输工具以外,没有什么特殊的大型专用设备。

(6)发货区。发货区是工作人员将组配好的货物装车外运的作业区域。

(7)加工区。有些配送中心要对鲜活食品进行配送,因此配送中心在结构上除了设置一般性的作业区外,还设有配送货物加工区。在这个区域内对收进的生鲜食品进行加工,如对蔬菜去除老叶、清洗等,对鱼类食品进行剖腹去鱼鳞等,如果超市以经营生鲜食品为主,则配送中心的加工区域所占面积较大。

第二节 配送中心的设计

配送中心的规划设计,可以分成四个阶段,即计划准备阶段、系统规划设计阶段、方案评估阶段和细部规划设计阶段,如图2-3所示。

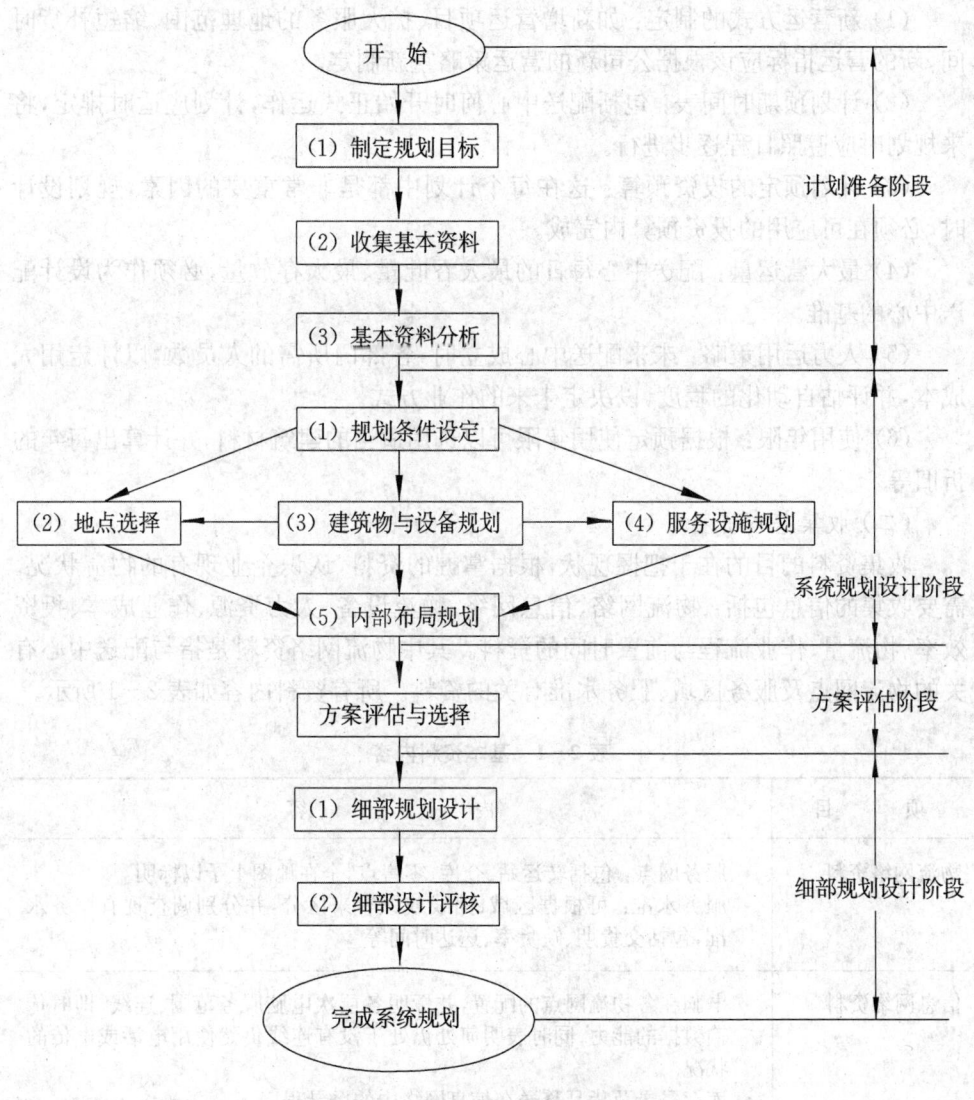

图 2-3 配送中心规划设计步骤

下面对前三个阶段作具体说明。

一、计划准备阶段

（一）制定规划目标

必须明确制定配送中心未来的功能与营运目标，以利于资料的收集与后续规划需要。营运目标应该包括：

（1）新营运方式的制定：如新增营运项目、扩大服务的地理范围、缩短补货时间，新的营运指标应该根据公司新的营运策略重新制定。

（2）计划预期时间表：包括配送中心何时开始正式运作，计划应适时排定，将来规划时应遵照日程逐步进行。

（3）计划预定的投资预算：这在每个计划中都是非常重要的因素，规划设计时，必须在可应用的投资预算内完成。

（4）最大营运量：配送中心每日的最大吞吐量、最大存放量，必须作为设计配送中心的基准。

（5）人力运用策略：未来配送中心成立时，各部门所需的人员数，以评定用人成本，并评估自动化的程度，以决定未来的作业方式。

（6）使用年限：根据预定使用年限可以选用适当的建筑材料，并计算出每年的折旧等。

（二）收集基本资料

收集资料的目的在于把握现状，根据掌握的资料，认识企业现有的物流状况。需要收集的信息包括：物流网络、信息网络、物流设备、人力资源、作业成本、投资效率、物流量、作业流程与前置时间的资料。其中物流网络资料是指与配送中心有关的物流网点及服务区域、服务水准有关的资料。所有资料内容如表2-1所示。

表2-1 基本资料内容

项　　目	内　　容
物流网络资料	• 服务网点：包括转运站、仓库、零售点，全在地图上予以标明 • 服务水准：可根据区域、路线或顾客来区分，并分别调查现有服务水准，包括交货期、缺货率、送达时间等
信息网络资料	• 电脑在各物流网点的配置，并标明各层次电脑服务范围、连线、即时传输数据的能力，同时表明何处仍处于没有连线仍然使用电话或电传的状况 • 库存登录及货品移送在信息网络中的登录程序 • 接单、紧急配送的频度及处理方法
物流设备资料	• 配送中心内部设备，如拖车、堆高机、吊车、货柜 • 输配送工具，如大货车、小货车等，同时也要根据个别的路线、地区分析各种运输工具的便利性、确实性、迅速性、安全性、经济性和可靠性
人力资源资料	人员配置情况，可以从配送中心的组织配置图获得，要对现有员工的教育程度、年龄、性别有充分了解

（续表）

项　　目	内　　　容
作业成本资料	• 土地成本：租金、地价税等 • 建筑物：折旧费、保险费、修缮费、租金等 • 设备、工具：折旧费、租金、保养费等 • 其他：水电煤气费、通信费、外包费、燃料费、盘损费、人事费、员工交通费等
投资效率资料	土地、建筑物、设备等的利用率
物流量	• 商品的种类、数量：包括商品特性、装运状态、装运尺寸、进出货频率、尖峰流量等 • 库存：包括库存量、库存金额、周转率、库存期限、规则变动情况、不规则变动情况、季节变动情况、容积模式
作业流程与前置时间	要从顾客角度为标准来看交货期，作业流程及其所需要时间大概可以分为： • 请购到供应商交货上架的时间 • 顾客下单到拣货完成的时间 • 上配送车辆到货品上顾客货架的时间

（三）基本资料分析

基本资料分析包括现状分析和与同行业比较分析。目的在于分析物流系统现状，发现问题。具体分析内容如表2-2所示。

表2-2　基本资料分析

分类	分析项目	具　体　分　析　的　内　容
现状分析	与商品品质有关的分析	环境：温度、湿度、光、酸、尘埃等，确定需要改善的环境条件 搬运状况：震动、相撞、压力、加速等，分析如何改善搬运方法，减少搬运次数
	交货的快速性分析	对交货期分析，把从接单开始到交货为止的详细时刻表记录下来，检查时间耗费在哪一段上，作业瓶颈发生在何处，以便明确提出改善方案

（续表）

分类	分析项目	具 体 分 析 的 内 容
现状分析	手续的简便性分析	信息交换的方法与手段： • 配送时使用的备忘录、传票、IC 卡、符号识别卡等 • 电话、电传订货的传票、表单、表格 • 电脑是否连线、即时处理还是批量处理 • 交货是否有交货的记录表 输配送的手段和方法： • 自用货车还是营业用货车 • 路线货运、回头车情况 搬运容器： • 是否使用一贯的栈板、标准化容器 • 栈板、容器的回收比率 • 是否使用笼车 • 是否协助回收油桶、空瓶、空篮
与同行业比较	实体条件的比较	• 竞争公司的物流网点的配置及其服务区域 • 配送中心内部的比较，包括空间大小、容积、设备、建设时期等 • 对配送中心所处地理位置的交通状况的比较，是否具有输配送的便利性，包括道路网是否位于服务范围的地理中心或交通中心等 • 信息网络的比较，含连线、即时性与信息服务内容等 • 建筑与用地是否有扩张性，建筑物本身的安全性、方便性等
	软件的比较	• 最小配送单位量的限制 • 接单的受理时间及紧急处理的比较 • 受理退货的各种条件 • 流通加工的深度与广度 • 交货指定时刻容许延缓的程度 • 输配送人员对交货条件的熟悉程度
	企业形象的比较	• 配送中心建筑物的外观与周边环境的景观设计 • 配送中心内部及设备颜色的调和度考虑 • 工作人员的服装仪容、语言文明情况的比较 • 大众传媒刊载次数与评价

二、系统规划设计阶段

（一）规划条件设定

经过对现状问题的分析及与同业的比较后，原有物流系统的弱点已经充分掌

握,新的配送中心的规划条件就可以设定了。一般新的配送中心的规划,分为以下几项课题:

(1)增加营运能量,能量的扩充不一定是全面增加设备或空间,主要是打破瓶颈。

(2)服务水准的提升,这需要软、硬件人员的全面配合,也需要整个物流系统的变更与整合。

(3)为了解决人力缺乏,应积极进行合理化、省力化或设备自动化、电脑化。

(4)为了应付多品种、小批量、多频率的物流环境,应规划设置弹性化、智能型的物流系统。

(5)配合企业的营运策略,扩增配送中心的功能,或增建配送中心。

(二)地点选择限制条件

在选择配送中心地点时,必须考虑配送中心的计划规模,其限制条件如表2-3所示。

表2-3 配送中心地点选择限制条件

限 制 条 件	具 体 内 容
土地	面积与使用限制条件
储存物品的性质	• 危险品、环境污染物质管制规定 • 防温、防湿、气密性的作业成本
竞争条件,即影响服务水准、营运成本的条件	• 与供应商及顾客的距离 • 交通便利性:包括配送中心与交通网的距离、附近交通是否顺畅、周围道路的宽度等 • 土地成本:各地地价不同,影响土地租金或税款金额,因而会影响营运成本
基础条件	• 劳动力是否充足,招聘是否容易,上班条件如何 • 基础建设如水电、道路、电讯设施、排水系统是否完备 • 电脑系统的软、硬件支援是否充分
自然条件	考虑设置配送中心的气候、温湿度、风向、地震、地质等
行政条件	包括当地政府的行政效率、产业政策与奖励优惠措施等

(三)建筑物与设备规划

建筑物与设备规划的内容如表2-4所示,具体说明如下:

表 2-4 建筑物规划表

	位置		1	建筑内部的其他（项目）		换气	26
	方向		2			照明	27
	构造		3			其他	28
建筑物	地板	尺寸	梁方向（宽）	4	雨棚	屋顶	宽、高、长	29
			柱方向（长）	5			构造、材料	30
			面积	6		柱	柱间隙	31
		柱间隙	梁方向	7	屋外建筑物	卡车月台	位置	32
			柱方向	8			长与宽	33
		地板高度	9			铺装	34
		地板耐荷重	10		庭院	位置	35
		地板表面处理	11			长与宽	36
		使用区分	12			铺装	37
	屋顶	屋檐高	13			其他	38
		梁高	14		停车场	位置	39
		斜度	15			长与宽	40
		屋顶材料	16			铺装	41
	侧壁	窗	位置、数目	17			其他	42
			大小	18		围墙门	位置	43
			构造	19			长宽	44
		门	位置、数目	20			构造	45
			大小	21		野外照明		46
			构造	22		排水沟		47
		壁	构造	23		给电设备		48
			外壁	24		防火设备		49
				25		其他		50

（1）位置。配送中心的选址是物流经理经常面临的问题。由于企业规模的扩大，以及对成本控制的要求，配送中心不仅仅是一个储存、配送商品的单纯意义上的建筑物，它在物流系统的成本—服务平衡的关系中，起着重要的作用。因此，选

址分析的重要性也大大增加了。

选址决策的中心问题主要集中在配送中心的数目和位置上。典型的问题有：连锁企业应该使用几个配送中心？位置定在哪里？每个配送中心服务哪些市场？在每个配送中心中主要配送哪些商品？配送中心的规模如何？这些问题都要进行综合分析。

选址分析问题的特征是需要大量的数据，必须使用复杂的模型和分析技术才能应付这种复杂和高密度的数据，从而确认最佳方案。这里重点介绍单一配送中心的选址方法。

用解析法对单一配送中心进行选址的方法就是用坐标和费用函数求出的由配送中心至顾客之间配送费用最小地点的方法。

设有 n 个用户，分布在不同坐标点 (x,y) 上，现假设配送中心设置在坐标点 (x_0,y_0) 处，如图 $2-4$ 所示。

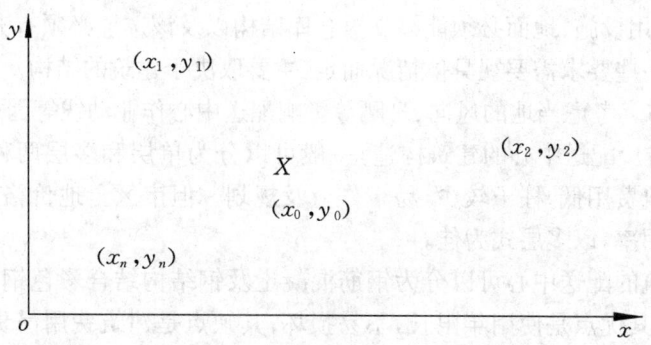

图 2-4　单一配送中心与多个顾客

以 e_i 记为从配送中心地到顾客 i 的运输费，则运输总额 H 为：

$$H = \sum_{i=1}^{n} e_i$$

设：a_i——配送中心到顾客 i 每单位量、单位距离所需要运输费；

w_i——到顾客 i 的运输量；

d_i——配送中心到顾客 i 的直线距离。

根据两点间距离公式

$$d_i = \sqrt{(x_0 - x_1)^2 + (y_0 - y_1)^2}$$

总运输费 H 为：

$$H = \sum_{i=1}^{n} d_i w_i a_i = \sum a_i w_i \{(x_0 - x_1)^2 + (y_0 - y_1)^2\}^{\frac{1}{2}}$$

希望求得 H 为最小的配送中心地点。

即使

$$\frac{dH}{dx_0}=0 \qquad \frac{dH}{dy_0}=0$$

成立的 (x_0, y_0) 即为适当选址地点。

选址分析中主要考虑的因素是服务的可得性和服务成本。配送成本是支配选址的重要因素。配送中心一般位于城市交通要道附近,正如人们所看到的许多配送中心位于城市外环线旁,这种现象并不是法律上所规定的,因为绝大多数配送中心都可以在对商业资产有限制的条件下经营。

除了考虑配送成本以外,还需要评估设备安装和作业费用,如税金、保险费率,以及公路通道费等。这类费用在不同的地点是有差异的。此外,在确定仓库的选址以前,还必须满足其他几个要求,其中包括该地点必须提供充足的可扩充的空间;必要的公用设施;地面必须能够支撑仓库结构以及该选址必须有充分的排水系统等。另外一些要求需要视具体情况而定,主要取决于建筑的结构。

(2) 方向。考虑当地的风向、日晒等影响配送中心作业动线等因素。

(3) 构造。配送中心的建筑构造,一般可以分为单层和多层两种形式。单层的优点是建筑费用低,柱子较少,易于作业及规划。但市区土地价格昂贵,为求较高的土地利用率,以多层式为佳。

一般建筑的配送中心可以分为钢筋混凝土及钢结构结合彩色钢板两种方式。钢筋混凝土,其优点是使用年限长,不易损坏;其缺点是建筑费用昂贵。钢结构结合彩色钢板方式,因型钢最大长度约 13 米,所以配送中心高度超过 13 米时,必须焊接使长度增加至所需的高度。其优点是建筑费用较低,建筑容易;其缺点是使用年限较短。

(4) 地板。梁的方向、大小与柱子的方向、大小,都会影响地板面积的利用,甚至会影响到作业程序。通常梁、柱子的大小是依建筑物高低,经过结构计算而得出的,因而在配送中心设计时,必须注意这一问题。

楼层的高度以梁下至地板距离为设计基准。一般需要考虑堆高机的最大行程并加上货品的高度,再加上堆高机作业时的宽裕以及照明、水电管路的空间,大约需要 5 米以上,堆高机的作业才会方便。

地板荷重是依据配送中心所储运的物品与作业区域的不同而设计规划的。参考值如下:

办公室　300 千克/平方米

服　装　300~500 千克/平方米

杂　货　500~1 000 千克/平方米

饮　料　2 000 千克/平方米

(5) 屋顶。屋顶最重要的是考虑材质、结构设计与造型设计。屋顶的主要功能是防止日晒雨淋，因此所选择的材料必须注意耐久性与透光性。

(6) 侧壁。窗户与门的数量、位置、大小应依据实际需要设计。现在配送中心的冷暖气设备都很完备，照明也很明亮，因此窗户与门的设计应针对温度、湿度、隔音等来考虑。

(7) 其他。换气部分应与空调设计一并考虑。月台的照明最好与家中照明相同，约 100 瓦。

(8) 柱。柱子间隔以前仅 40~50 米左右，但最近日本新技术可以达到 80 米左右。一般而言，梁的厚度为柱间隔的 1/10 左右。柱间隔也必须考虑卡车停放台数而加以计算决定。

(9) 卡车月台。在配送中心作业中，卡车的停放方式可分为直角方式、平行方式、30 度方式或 45 度方式。

直角方式停放：由卡车后面上、下货，可停放车辆数也最多。一般而言，11 吨车的回转空间约为 22 米，而 3.5 吨车的回转空间为 13.2 米左右，常常被规划为月台作业方式。

平行方式停放：由卡车的侧面来上、下货，虽然此种方式其空间较为经济，但是同时可停放的车辆数也较少，一辆卡车所需要的(月台)长度一般为 7~8 米左右。

30 度方式或 45 度方式停放：由卡车后面上、下货，属于以上两种方式的综合；空间需求大小介于直角方式与平行方式两种之间。

(四) 服务设施规划

服务设施是指支援配送中心作业系统连续运作的设施，除了配送中心所需要的动力间、配电室、设备维修间、器材室外，配送中心规划时，还应注意以下各种设施的规划：空调设备、安全管理、通信设备、搬运设备停放区、办公室及其他员工活动场所的规划。

(1) 空调设备是温湿度管理的基础，也是被储存商品，如食品、药品、高级电子零件等在配送中心储存时，品质是否可以维持良好的必要条件之一。此外，现代化的配送中心讲求舒适的工作环境，也很重视空调设备。设备规划时应考虑：① 商品本身对温度湿度的需求；② 流通加工、自动化、照明等设备的发热量；③ 作业人数的多少；④ 个别场所的不同需求；⑤ 空调设备具有分区调整的功能；⑥ 使用快速卷帘门、风门、塑胶门帘等防止冷气外泄，以节约能源。

(2) 安全管理应包括软、硬件的配合，软件指人员、车辆进出的管理，必须要有一定的核准程序与放行标准；硬件则应考虑设置自动监视系统及自动警报系统，以补充监视人力的不足,贵重物品宜集中保管以减少自动监视设备的投资。

（3）在通信设备方面,由于配送中心与外界的联系颇为频繁,包括与顾客的双向沟通、与配送车队的联络等,因此通信设备的装置,对配送中心作业品质的影响很大。在装置通信设备时,除了考虑通话量外,还应考虑资料的传送量,及将来电脑与通信结合和无线电通信等的趋势。

（4）搬运设备是配送中心常使用的工具,数量颇大,若没有充足的停放场所,容易产生管理与安全上的问题,因此,规划配送中心时,应考虑搬运设备的形式与数量,并给予充分空间,同时也应考虑搬运设备的充电场所及维护保养空间。

（5）在办公室及其他员工活动场所的规划方面要注意:

第一,办公室的占地面积为5～6平方米/人,如果把复印机、电脑、保险库、保管料架等都考虑进去,其占地面积为12平方米/人。

第二,电脑室的地板是高架地板,可以防磁而且地板下较容易布线;同时也要考虑空调、照明及强光的遮掩等。再考虑电脑、周边设备的修理、配线的空间,则一个工作站约为5～6平方米。

第三,规划更衣室要注意设置带锁的衣柜,地板层为能够装设备的地毯或是木头地板,在换衣服时不会弄脏。

第四,餐厅是员工的休息场所,桌椅用具最好能使用比家里更好的,使用空间为1～1.5平方米/人。

第五,规划会议室时,为了使音响效果与空调效果更好,可考虑在地上铺设地毯,天花板也要考虑使用能使音响效果好的材料。

第六,接待室的空间大小为15～20平方米,地板上铺设地毯、摆设沙发、衣架等。

此外还要考虑休息室。一般女性在30人以上,男性在50人以上,就要设置休息室了,当然也有与员工餐厅共用的,以减少费用。最后还要把厕所的设置考虑进去。

（五）内部布局设计

整体布局设计主要是估算各作业区域的大小,包括进货区、储存区、拣货区、出货区等,并按照各作业区域的作业关系,来决定各区的摆设位置。

由于配送中心内部的设计与经营直接与商品的结构和性质有关,所以每一种商品都应该按照年度的销售量、需求的稳定性、重量、容积以及包装等进行分析。此外,还需要确定商品通过配送中心进出的总规模、总容积以及订货处理的平均重量等。这些数据提供了必要信息,用以确定配送中心的空间、设计和布局、搬运设备、作业程序以及作业控制等方面的要求。设计程序如图2-5所示。

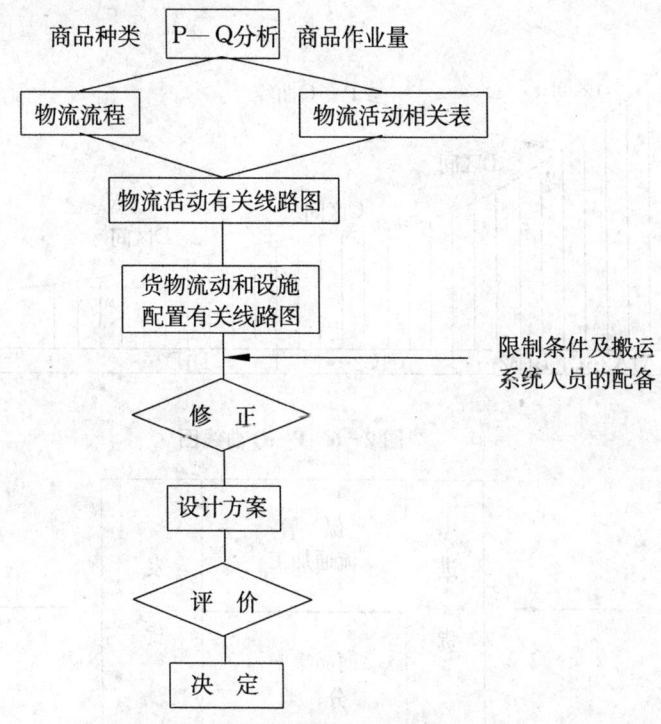

图 2-5 配送中心内部整体布局设计程序

(1) 对不同品种商品数量分析。制定配送中心设计规划时,"以何种产品、多大的作业量为对象",是确定设施计划的前提条件。为此,通常按如下顺序分析:

第一,对商品的类别,按商品出、入库的顺序进行整理,同时还按类似的货流加以分组。

第二,确定不同种类商品的作业量。

第三,以作业量的大小为顺序制作图表(见图 2-6 P—Q 曲线),图中横轴为种类 P、纵轴为数量 Q。如图所示,P—Q 曲线斜度大的 A 区间,可明显看出是商品的品种少、数量大、流通快的商品群,B、C 区间次之,而 P—Q 曲线倾斜缓慢的 D 区间为商品品种多、数量少的商品群。

(2) 物流分析。商品在配送中心内部的流程,一般类型如图 2-7 所示。在配送中心内,经由作业场所的流程,可以分为若干个基本类型。按照前面介绍的流程模式,以及前项所分析的作业量和出、入库次数等资料分析,编制商品流程的基本计划(见表 2-5)。也就是按作业设施的不同,表示流程线路图,同时记入货物数量比率(见图 2-8)。

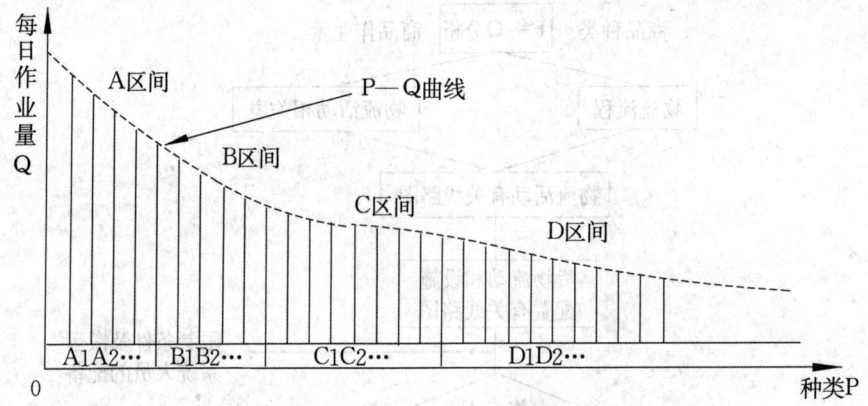

图 2-6 P—Q 曲线图

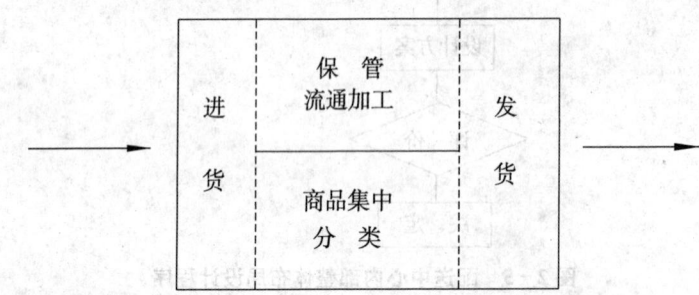

图 2-7 配送中心商品的作业流程模型

表 2-5 配送中心商品作业流程的基本计划

作业类别 ＼ 商品类别	A	B	C	D	…
入库	1	1	1	1	
验收	2	2	2	2	
分类	3	4	4		
流通加工			3		
保管		3			
特殊作业				3	
配送	4	5	5	4	
作业量					
比率					

注:1,2,3,4,5表示流程顺序。

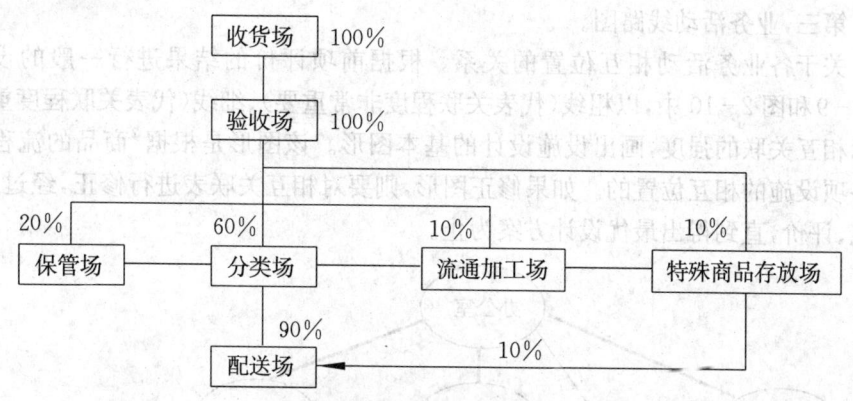

图 2-8　配送中心内商品流程的比率

（3）设施关联性分析。制定设计计划时,把作为设计对象的设施及评价项目总称为业务活动,所以,业务活动除建筑物内的收货场所、保管场所、流通加工场所及配送场所等设施外,还包括办公室、土地利用情况及道路等。这些设施密切关联,要相互靠近进行配置,这是很重要的事情。业务活动分析的顺序如下:

第一,列举必要的设施。除了正门、办公室、绿化地、杂品仓库、退货处理场所等外,还有配送中心的建筑物及其具体的各项内部设施,都要列举出来。

第二,业务活动相互关系表。虽然要求列出各项设施,但对于性质相似的设施,还是以汇总分析为好,所以对上述总的各项业务活动,应作靠近性分析。所谓靠近性分析是指不仅要研究商品的流程,还要研究票据流程、作业人员的管理范围,以及卡车的出入和货物装卸系统等,从不同角度进行合理的判断。表 2-6 以建筑物内部为例加以说明,表示各项业务活动相关的程度。

表 2-6　业务活动相互关系表

设施名称	验收场	分类场	流通加工场	保管场	特殊商品场	发送场	办公室
收货场	Aa	Aa	Ba	Ba	C	Ca	Ab
验收场		Ca	Ba	Ba	D	B	C
分类场			Ca	Ba	C	Ba	C
流通加工场				Ca	Bab	Aa	Cb
保管场					Ca	A	Cb
特殊商品场						C	Bb
发送场							Ab
办公室							

注:A,B,C,D 表示场所之间的接近程度,A 表示非常重要;B 表示重要;C 表示一般;D 表示不重要。a 表示对商品流程方便,b 表示对票据流程方便。

第三,业务活动线路图。

关于各业务活动相互位置的关系。根据前项评价的结果进行一般的设计。图 2-9 和图 2-10 中,以粗线(代表关联程度非常重要)、细线(代表关联程度重要)表示相互关联的强度,画出设施设计的基本图形。该图形是根据"商品的流程"决定各项设施的相互位置的。如果修正图形,则要对相互关联表进行修正,经过反复研究、评价,直到得出最优设计方案为止。

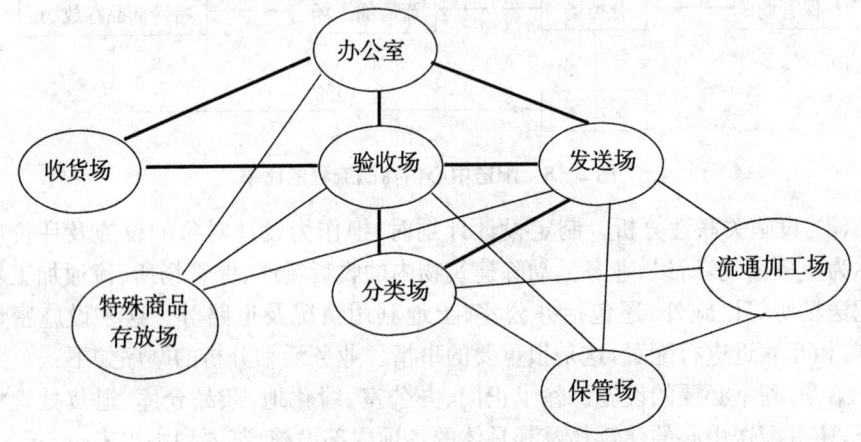

图 2-9 业务活动相互关系线路图

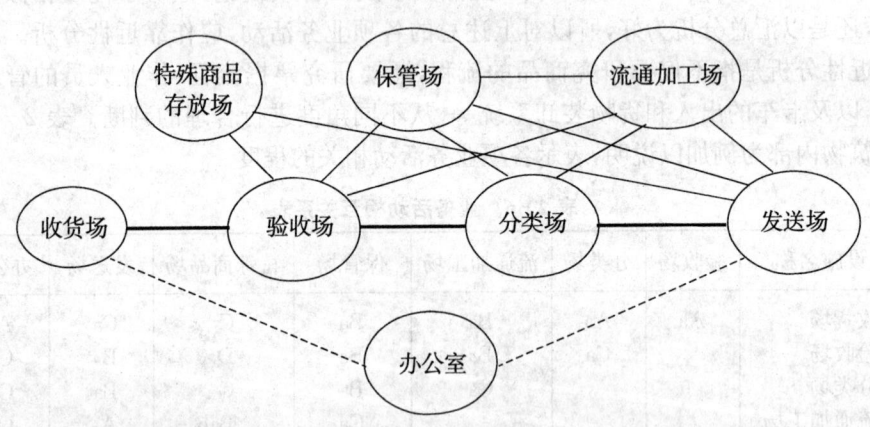

图 2-10 商品流程与设施配置相关的线路图

第四,设施面积的确定。按上述方法计算出设施关联方案后,再计算这些设施的需要面积。其面积是按作业量计算的,根据经验确定的单位面积作业量为:

保管设施:1 吨/平方米

处理货物的其他设施:0.2 吨/平方米

假如每日处理货物 50 吨的小规模配送中心,其面积计算如表 2-7 所示。

表 2-7 设施面积计算表

序 号	设 施 名 称	每日作业量 (吨)	单位面积作业量 (吨/平方米)	设施面积 (平方米)
1	收货场	25	0.2	125
2	验收场	(25)	收货场兼	
3	分类场	15	0.2	75
4	保管场	35	1.0	35
5	流通加工场	2.5	0.2	12.5
6	特殊商品存放场	2.5	0.2	12.5
7	发送场	25	0.2	125
8	办公室			30
合 计				415

注:本表所列处理货物量为入库量 25 吨,出库量 25 吨,仓库经常储备定为 7 天的需要量(5 吨/日)。

按上述方法计算出的各项设施的面积,以及它们之间的相互位置加以组合,则可制定出配送中心内部结构的基本设计方案。

上述设计顺序,是确定配置方案的主要因素,是一种理论设计方法。因而,还要根据其他条件加以详细地研究、设计。

另外,配送中心的作业,不可能像在工厂的作业过程那样明确地划分,往往一些设施是兼用的,只用理论方法无法解决所有问题。所以,采用科学方法所确定的设计方案,还要听取现场工作者的意见,根据实际情况研究、修正后,才能确定出最优的设计方案。

三、方案评估阶段

方案评估阶段中主要是进行方案的评估与选择。通常,一般的规划都有备选方案,完成后应该根据原规划的基本方针,以及原规划的基准,如预算、可能完成的期限、效益等来评估,并选择最佳方案。最常用的评估法是计算各方案的投资金额以及经济效益,以数字作为选择的基础。如表 2-8 所示。

配送中心的规划千头万绪,各方面的考虑也要很周密,真正进行规划时,应采用团队作业方式,由管理、建筑、机电、信息、物流等各方面的人才组成,互相取长补短。在规划过程中,应按照规划进程进行,以保证质量。

表 2-8 方案评估表

费			用	原配送中心	第一案	第二案	第三案
配送中心	设备成本	土地	所有	资本利息(低价)				
				资本利息(时价)				
				固定资产税				
			租借	地上权利资本利息				
		建筑	所有	租地费				
				资本利息				
				固定资产税				
				折旧费				
				火灾保险费				
			租借	押金的资本利息				
				房屋租金				
		设备		资本利息				
				折旧费				
				火灾保险费				
		设备成本合计(A)						
	营运成本	人工费						
		修缮费						
		水电、煤气、冷暖费						
		商品火灾保险费						
		杂费						
		营运成本合计(B)						
	自家仓库成本合计(A+B)=C							
委托配送营业中心	仓库费							
	其他费用							
	营业仓库成本合计(D)							
比较(C-D)								
房间容积								
每单位空间的投资额								
累计作业人员								

本 章 小 结

配送中心的设立主要是为了实现物流中的配送行为,因此配送中心应位于物流节点上,专门从事货物配送活动的经营组织或经营实体。配送中心具有集中、整理分类、运输、储存、装卸搬运、包装、流通加工、信息处理等主要功能。

建立配送中心的主体可以有五种类型。配送中心与各部分不同的功能又可分为不同的作业区。

配送中心的规划设计,可以分成 4 个阶段:计划准备阶段、系统规划设计阶段、方案评估阶段和细部规划设计阶段。

由于配送中心内部的设计与经营直接与商品的结构的性质有关,所以每一种商品都应该按照年度的销售量、需求的稳定性、重量、容积以及包装等进行分析。此外,还需要确定商品通过配送中心进出的总规模、总容积以及订货处理的平均重量等。这些数据提供了必要信息,用以确定配送中心的空间、设计和布局、搬运设备、作业程序以及作业控制等方面的要求。

思考题

1. 列举配送中心的主要功能和辅助功能。
2. 举例说明配送中心的主要设施。
3. 简述配送中心设计的步骤与方法。

实践应用

项目名称	××配送中心规划设计方案		
指导老师		学生姓名	
项目完成时间	2 周		
目　　的	1. 专业技能目标 使学生掌握配送中心规划的步骤和主要方法。 2. 通用技能目标 • 规划安排的能力 • 对数字、事实分析判断的能力 • 团队合作的能力 • 与外界的沟通能力 • 口头表达能力		

（续表）

背景或任务	接受某公司委托进行配送中心规划设计
程　　序	1. 了解项目的目的 2. 收集相关资料 3. 资料整理与分析 4. 形成初步方案 5. 完成最终方案,提交报告
实施步骤	1. 了解项目的目的 2. 分组,将全班同学分成不同的小组,每组4～5个人 3. 起草本次规划设计工作的计划 4. 开展调查,根据需要收集相关数据 5. 完成初步方案 6. 讨论,完善方案 7. 完成设计报告,格式见附件 8. 陈述:各小组委派一名同学在课堂陈述调研结果
评分标准	该项目成绩占学期成绩的　　%。

附件1：报告大纲

××配送中心规划设计方案

一、项目背景

（一）项目概述

（二）项目目标

（三）国内××物流发展现状与趋势

（四）上海××物流发展现状与趋势

二、项目建设的必要性与可行性

（一）项目建设的必要性

（二）项目建设的可行性

三、项目规划指导思想和实施目标

四、物流配送中心总体布局

（一）选址

（二）布局规划（包括数据分析、区域划分及面积需求、关联度分析、平面图）

（三）存储设备规划

（四）物料搬运设备规划

五、信息系统架构（包括系统结构、物流信息系统功能需求等）

六、组织机制和结构

七、项目实施工期进度

八、效益分析(包括社会效益和经济效益)

九、项目风险评估及应急方案

第三章 物流作业管理

学
习
目
标

1. 了解配送中心作业流程;
2. 了解进货计划的内容、货品编号的方法、进货分类的流程及货品验收的内容;
3. 运用搬运分析技术进行搬运规划,掌握搬运作业的运算方法;
4. 掌握储位指派原则、储存方式及计算合理库存的方法;
5. 概括盘点作业的步骤,明确盘点评估的内容;
6. 熟悉订单处理流程,明确订单处理过程的具体内容;
7. 掌握拣货作业规划的方法;
8. 掌握补货作业流程及补货方法;
9. 掌握出货作业内容及出货作业方法。

【引导案例】

联华便利配送中心成功改建

随着新形势的发展,上海连锁商业的竞争蔓延到了便利店。联华便利店发展势头迅猛,以每月新开 60 家门店的速度急剧扩张。但是规模的不断扩大也带来了新的问题——传统的物流已经不能为公司庞大的便利店销售网络中商品的顺畅流通提供保障。建立现代化物流系统、降低物流成本成为联华便利店在竞争中掌握先机的关键。然而,由于便利店商品价格低、物流中心投资有限,如何兼顾需求和投资合理性是项目成功的决定因素。

联华便利店在选择物流硬件设备和软件设计的整体方案时,最终选定了冈村制作所。冈村制作所充分考虑了上述实际情况,为联华便利店"量体裁衣",设计了一套完整的解决方案,即利用现有的建筑物改建成物流配送中心,采用 WMS(仓库管理系统)实现整个配送中心的全电脑控制和管理,而在具体操作中实现半自动化,以上海先达条形码技术有限公司提供的无线数据终端进行实时物流操作,以货架形式来保管货品,以自动化流水线来输送,以数字拣选系统(DPS)来拣选。另外,在设备的选择方面也采取进口货与国产货合理搭配的方式。这个方案既导入了先进的物流理念,提升了物流管理水平,又兼顾了联华便利店配送商品价值低、物流中心投资额有限的实际情况。在整个方案的设计里,设计方没有一味追求一步到位的先进性,而是力求使合理的投入得到较高的回报。

在细节方面,合作双方也考虑得非常周到。联华便利配送中心总面积 8 000 ㎡,建筑物共有 4 层楼。由于是多层结构,因此设计方对各层平台间的搬送自动化作了特别的考虑,采用了托盘垂直升降机和笼车垂直升降机。其中两台托盘垂直升降机能对以托盘为单位的进货物品进行各层平台自动分拣,并将空托盘自动回收至一层的进货区域。空笼车另有专用电梯送往各层平台。

为了提高拣选效率,配送中心被分成了 17 个分拣区域,利用笼车良好的流动性设计了区域拣选方式。在各个区域的起始位置装有商店号码显示器,拣选时会显示出库单上的商店号码,因此可进行多人拣选作业,即使逢年过节工作量增加也能大量出货、应对自如。物流中心采用托盘货架与流动式货架为主的布局设计。托盘货架保管整箱为单位的货物,流动式货架保管非整箱货物。为了提高分拣作业效率和正确率,托盘货架的最下端和流动式货架的外侧都装有数码拣选显示器。

第一节 配送中心作业流程

配送中心的作业流程是规划配送中心的基础。企业可以按照商品的不同配送要求,建立不同类型的配送中心,这在物流战略上有着重大意义。虽然不同的配送中心在特性或规模上不一样,其营运涵盖的作业项目也不完全相同,但其基本作业大致相同,主要有进货作业、搬运作业、储存作业、盘点作业、订单处理作业、拣货作业、补货作业、出货作业等,作业流程如图 3-1 所示。

通常,向上游供应商发出订单以后,供应商会根据订单的要求很快组织供货,

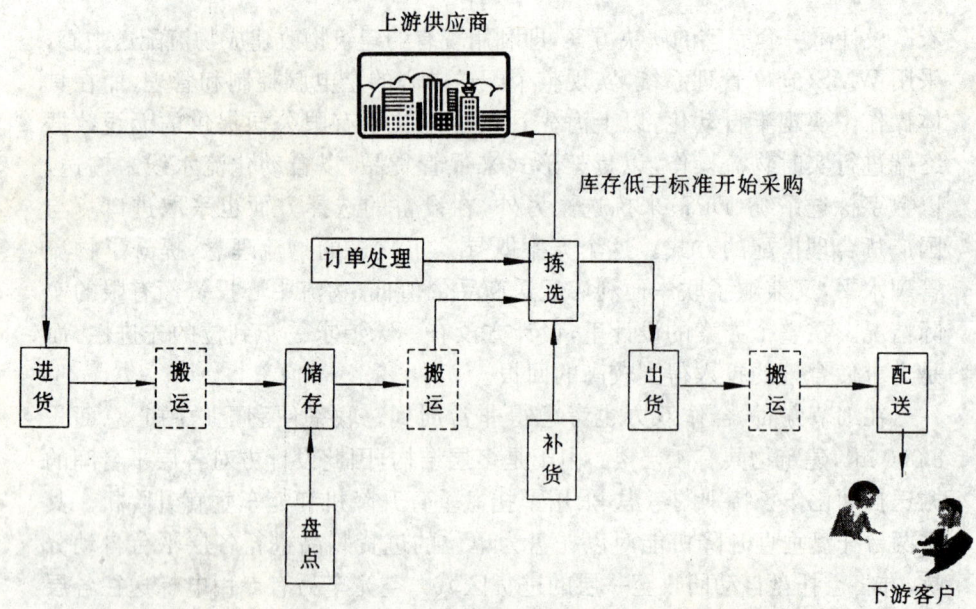

图3-1 配送中心作业流程

配送中心接到通知后，就会组织有关人员接货。从供应货车到达码头开始，经"进货"作业确认进货品后，便将货品"储存"入库；为确保在库货品受到良好的保护管理，要定期或不定期"盘点"检查。当配送中心收到并汇总门店的订货单后，首先要确定配送货物的种类和数量，然后要查询配送中心现有库存中是否有所需的现货，这就是"订单处理"作业。如果有现货，则转入"拣货"作业；如果拣货区现货数量低于标准，则必须由储存区来"补货"。如果整个储存区的存量也低于标准，则要及时通知总部采购部门，由采购部门向供应商发出订单进行订货。从配送中心拣出的货品经整理后即可准备"出货"，等到一切出货动作就绪，司机便可将出货品装上配送车，"配送"到各个客户点交货。另外，在所有作业中，都涉及"搬运"作业，在图中以虚线表示，下面将作为单独一种作业进行讨论。

第二节 进货作业

进货作业包括货品实体上的接收，即从货车上将货物卸下，并核对该货品的数量及状态（数量检查、品质检查、开箱等），以及将必要信息给予书面化等等。一般进货主要作业流程与内容如图3-2所示。

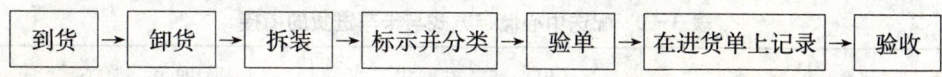

图3-2　一般进货主要作业流程图

一、进货计划

1. 进货系统设计原则

为让搬运者安全有效率地卸货,使配送中心能迅速正确地收货,在规划进货计划时要注意以下原则:

(1) 多利用配送车司机来卸货,以减轻公司作业员负担及避免卸货作业的拖延。

(2) 尽可能将多样活动集中在一个工作站,以节省必要空间。

(3) 尽可能平衡停泊码头的配车,例如按照进出货需求状况制定配车排程,不要将耗时的进货放在高峰时间。

(4) 将码头、月台至储区的活动尽量保持直线流动。

(5) 依据相关性安排活动,使距离最小化或减少步行的机会。

(6) 安排人力在高峰时间使货品能维持正常迅速地移动。

(7) 考虑使用可流通的容器,以减少更换容器的动作。

(8) 为方便后续存取及能方便查询的需要,应详细记录进货资料。

(9) 为小量进货准备小车。

(10) 在进出货期间尽可能省略不必要的货品搬运及储存。

2. 进货时考虑的因素

(1) 进货对象及供应厂商总数:一日内的供应厂数(平均,最多)。

(2) 商品种类与数量:一日内的进货品项数(平均,最多)。

(3) 进货车种与车辆台数:车数/日(平均,最多)。

(4) 每一车的卸(进)货时间。

(5) 商品的形状、特性。如散货、单元的尺寸及重量、包装形式、是否具危险性、栈板叠卸的可能性、人工搬运或机械搬运、产品的保存期限等。

(6) 进货场地人员数(平均,最多)。

(7) 配合储存作业的处理方式。

(8) 每一时刻的进货车数调查。

3. 进货储存方式

一般配送中心有栈板、箱子、小包三种储存方式,卡车进货也同样有此三种型式。连接进货与储存两作业间对此货品三种型式的转换,可分为表3-1所示的三种状况来说明。

表 3 - 1 配送中心储存方式与卡车进货的衔接

分　　类	包　装　方　式		采 取 的 措 施
状况一：进货与储存都以同样型式为单位	进货	栈板—栈板 箱子—箱子 小包—小包　储存	进货输送机直接将货品运至储存区
状况二：储存以小包为单位，但进货以栈板、箱子为单位；或储存以箱子为单位；但进货以栈板为单位	进货	栈板—小包 箱子—小包 栈板—箱子　储存	在进货点做卸栈或拆装的动作，再拆箱将小包放于输送机上
状况三：储存以栈板为单位，但进货以小包或箱子为单位；或储存以箱子为单位，但进货以小包为单位	进货	小包—箱子 箱子—栈板 小包—栈板　储存	小包或箱子必先堆叠于栈板上或小包必先装入箱子后再储存

此外，要确实做好进货管理，要事先制定可依循的进货管理标准，主要的进货管理标准应包含：订购量计算标准书，有关订购手续的标准，进货日期管理——进货日期跟催，进货日期变更的手续，有关订购取消及补偿手续，对进货源的支付货款标准、手续及购入合同书等。

二、卸货

卸货即是将货品由车辆搬至码头的作业，要注意车辆与月台间的间隙。一般卸货码头为作业安全与方便起见，常采用下列四种设施：可移动式楔块、升降平台、车尾附升降台和吊勾卸货。

除了使用以上四种设施来克服车辆与月台间的间隙外，若车辆后车厢高度与码头月台同高，则可考虑直接将车辆尾端开入停车台装卸货的方式，不但可让车辆与月台更紧密结合，使得装卸作业方便有效率，且对于货品安全也更能发挥保护效果。

三、货品的编号标示

进货作业是物流中心作业的第一阶段，为了让后续作业能够迅速正确地进行，并使货品品质及作业水准也能得到妥善维持，在进货阶段就将货品作好清楚有效的编号，是一项不可缺少的手续。编号就是将货品按其分类内容，进行有次序的编排，用简明的文字、符号或数字代替货品的名称、类别及其他有关信息的一种方式。

（一）货品编号的原则

（1）简易性：应将货品化繁为简，便于货品活动的处理。

（2）完全性：要使每一项货品都有一种编号代替。

（3）单一性：每一个编号只能代表一项货品。

（4）一贯性：要统一而有连贯性。

（5）充足性：其所采用的文字、记号或数字，必须有足够的数量来编号。

（6）扩充弹性：为未来货品的扩展及产品规格的增加预留编号，使编号能按照需要自由延伸，或随时从中插入。

（7）组织性：编号应有组织，以便存档或查询相关资料。

（8）易记性：应选择易于记忆的文字、符号或数字，或富于暗示及联想性。

（9）分类展开性：若货品过于复杂而使编号庞大，则应使用渐进分类的方式作层级式的编号。

（10）应用机械性：管理电脑化为目前趋势，因而编号应考虑与事务性机器或电脑的配合。

（二）货品编号的方法

（1）流水号编号法。此法由 1 开始按数字顺序一直往下编，是最简单的编号法，常用于账号或发票编号，属于延展式的方法。

例如：	编号	货品名称
	1	洗发精
	2	肥皂
	3	牙膏
	4	洗面乳

（2）数字分段法。这种方法把数字分段，让每一段数字代表共同特性的一类货品。

例如：	编号	货品名称
		1～5 预留给肥皂编号用
	1	4 块装肥皂
	2	6 块装肥皂
	3	12 块装肥皂
	4	……
	5	
		6～12 预留给牙膏编号用
	6	黑人牙膏
	7	中华牙膏
		……

(3) 分组编号法。此法依货品的特性分成多个数字组,每一数字组代表此项货品的一种特性,例如第一数字组代表货品的类别,第二数字组代表货品的形状,第三数字组代表货品的供应商,第四数字组代表货品的尺寸,至于每一个数字组的位数多少可视实际需要而定。

例如: 类别   形状   供应商   尺寸

编号   07   5   006   110

编号意义如表3-2所示。

表3-2   编号的意义

货　品	类　　别	形　　状	供应商	尺　　寸	意　　义
编	07				饮料
		5			圆筒
号			006		统一
				110	$4' \times 9' \times 15'$

(4) 实际意义编号法。此法依货品的名称、重量、尺寸、分区、储位、保存期限或其他特性的实际情况来考虑编号。这种编号法的特点在于由编号就能很快了解货品的内容及相关信息。

例如:编号 FO4915B1 的意义是:FO 表示 Food,食品类;4915 表示 $4' \times 9' \times 15'$,尺寸大小;B 表示 B 区,货品所在储区;1 表示第一排料架。

(5) 后数位编号法。此法运用编号末尾的数字,来对同类货品作进一步的细分,也就是从数字的层级关系来看货品的归属类别。

例如: 编号   货品类别

260   服饰

270   女装

271   上衣

271.1   衬衫

271.11   红色

(6) 暗示编号法。此法用数字与文字的组合来编号,编号本身虽不直接指明货品的实际情况(与实际意义编号法不同),但却能暗示货品的内容,这种方法的优点是容易记忆,但又不易让外人了解。

例如:编号 BY005WB10 的意义如下:

货品名称	尺　寸	颜色与型式	供　应　商
BY	005	WB	10
脚踏车(Bicycle)	大小型号 5 号	白色(White) 小孩型(Boy's)	供应商号码

四、货品的分类

如果只有货品编号而不事先将货品进行区分,作业员仍然要费力寻找目标。分类(Classification),就是将多种不同事物按其性质或其他条件分别逐次区分,将它们归纳于不同类别,并作系统排列的一种方法,经过分类可以使后续作业效率提高,收到事半功倍之效。

（一）货品分类的原则

适当的分类能让原本繁杂的作业变得有系统,因而进行货品分类时应注意下列原则:

(1) 分类应按照统一的标准,自大分类至小分类依同一原理区分,要合乎逻辑。

(2) 分类必须根据企业本身的需要,选择适用的分类型式。

(3) 分类必须有系统地展开,逐次细分,方能层次分明。

(4) 分类应明确而相互排斥,当一产品已归于某类,绝不可能再分至他类。

(5) 分类必须具有完全性、普遍性,分类系统应能包罗万象,适用于广大的地区类别,使所有物料均能清楚归类。

(6) 分类应有不变性,即货品一经确定其类别后,便不可任意变更,以免造成混乱。

(7) 分类应有伸缩性,以便随时可增列新货品或新产品。

(8) 分类必须确切实用,绝不可流于空想。

（二）货品分类的方式

货品分类的方式主要有六项:

(1) 为适应货品储存保管需要而按照货品特性分类。

(2) 为配合货品使用而按照货品使用目的、方法及程序分类,如需要流通加工者划分为一类,直接原料划分为一类,间接原料划分为一类。

(3) 为适应货品采购的便利而按照交易行业分类。

(4) 为便利货品账务处理而按照会计科目分类,如价值很高者划分为一大类,价值低廉者划分为一大类。

(5) 按照货品状态分类,如货物的内容、形状、尺寸、颜色、重量等。

(6) 按照信息方面分类,如货品送往的目的地别,顾客别等。

大体来说,出货前的分类以(6)为最多,而进货的分类则不一定,视公司的情况、性质、要求来做选择。

(三) 进货分类流程

进货分类流程见图3-3。

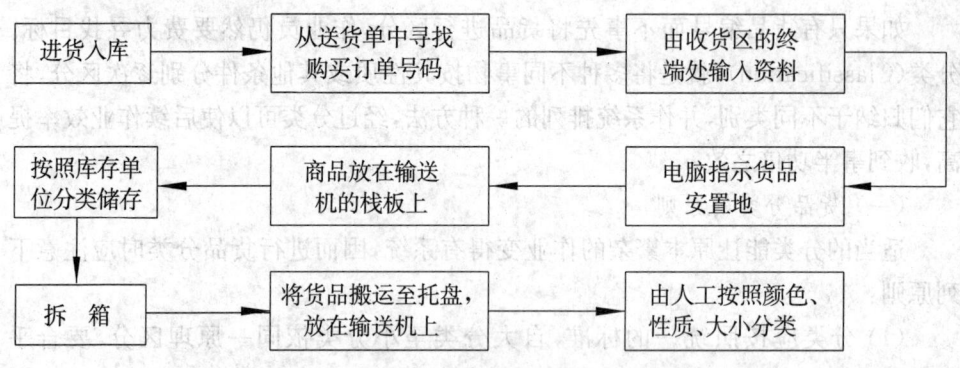

图 3-3　进货分类流程

五、货品验收检查

货品的验收工作,包括品质的检验和数量的点收双重任务。验收工作的进行,有两种不同的情形:第一种情形是先点收数量,再通知负责检验单位办理检验工作;第二种情形是先由检验部门检验品质,认为完全合格后,再通知仓储部门,办理收货手续,填写收货单。

验收货品时,基本上可根据下列几项标准进行检验:采购合约或订购单所规定的条件;以比价议价时的合格样品为准据;采购合约中的规格或者图解;各种产品的国家品质标准。

有了验收标准后就可针对标准着手验收,大致可分为两方面来进行:

(1) 在品质检验方面,包括物理试验、化学分析及外形检查等。

(2) 数量的点收方面,除核对货品号码外,还可依据采购合约规定的单位,用度量衡工具,逐一衡量其长短、大小和轻重。

验收时可以按照表3-3所示的货品验收处理程序表来处理。

表3-3 货品验收处理程序表

进货验收的情况		a. 货品数量正确吗?	b. 品质检验合格吗?	c. 能够维修吗?	d. 供应商愿意付维修费吗?	e. 物流中心急需这批货吗?	决策的类别	f. 退回这批货品	g. 使用这些货品但寻求新供应商	h. 维修缺点但仍使用	i. 从别处寻求紧急供应商
问题形态	1	○	○	○	○	○				✓	
	2	○	○	○	○	●				✓	
	3	○	○	●		●		✓			✓
	4	○	○	●		●		✓			
	5	○	○	○		○				✓	
	6	○	○	○		●		✓			
	7	○	●			○		✓			✓
	8	○	●			●		✓			
	9	●	○	○		○				✓	
	10	●	○			●		✓			
	11	●	○	●		●			✓		
	12	●	○	●		●		✓			
	13	●	●			●			✓		
	14	●	●			●		✓			

注:○=是 ●=否 ✓=采取此项行动

六、收集进货记录

既然进货是货品进入配送中心的第一阶段,因而为了后续作业的便利,对于入库品资料的掌握特别重要,可以按照各公司的进货表,有效地收集并记录进货资料。

第三节 搬运作业

搬运就是将不同形态的散装、包装或整体的原料、半成品或成品,在平面或垂直方向进行提起、放下或移动,或是运送、重新摆置物料,而使货品能适时、适量移至适当的位置或场地存放。搬运活动发生的区域如图3-4所示。

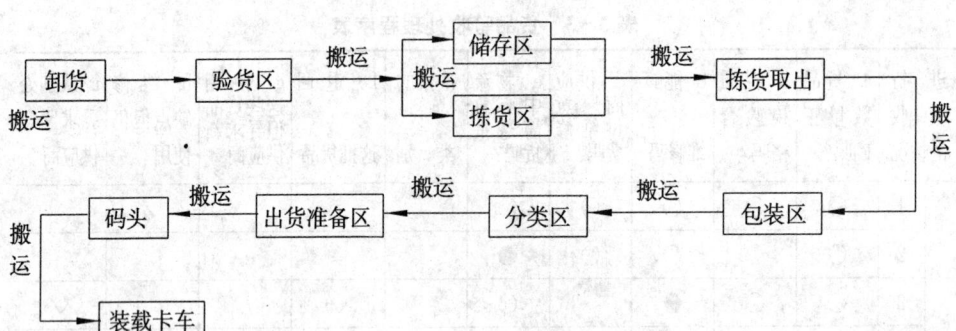

图3-4   搬运作业发生的区域

一、改善搬运效果

考虑货品搬运成本时,有两个很重要的基本原则:第一是距离的原则,要求距离越短,移动越经济;第二是数量的原则,要求移动的数量越多,每单位移动成本越低。

因此,搬运工作的改善,可从下列五个方面来考虑:搬运的对象、搬运的距离、搬运的空间、搬运的时间、搬运的手段。具体的改善办法如表3-4所示。

表3-4   改善搬运的原则与方法

	因　素	目　标	想　法	改善原则	改善方法
搬运	搬运对象	减少总重量、总体积	减少重量体积	尽量废除搬运	调整厂房布置
					合并相关作业
				减少搬运量	
	搬运距离	减少搬运总距离	减少回程	废除搬运	调整厂房布置
				顺道行走	
			回程顺载	掌握各点相关性	调整单位相关性布置
			缩短距离	直线化、平面化	调整厂房布置
			减少搬运次数	单元化	栈板、货柜化
				大量化	利用大型搬运机
					利用中间转运站

（续表）

	因素	目标	想法	改善原则	改善方法
搬运	搬运空间	降低搬运使用空间	减少搬运	充分利用三维空间	调整厂房布置
			缩减移动空间	降低设备回转空间	选用合适、不占空间、不需太多辅助设施的设备
				协调错开搬运时机	时程规划安排
	搬运时间	缩短搬运总时间	缩短搬运时间	高速化	利用高速设备
				争取时效	搬运均匀化
			减少搬运次数	增加搬运量	利用大型搬运机
		掌握搬运时间	估计预期时间	时程化	时程规划控制
	搬运手段	利用经济效益的手段	增加搬运量	机械化	利用大型搬运机
					并用机器设备
				高速化	利用高速设备
				连续化	利用输送带等连续设备
			采用有效管理方式	争取时效	搬运均匀化
					循环、往复搬运
			减少劳力	利用重力	使用斜槽、滚轮输送带等重力设备

二、搬运的分析技术

为了掌握搬运流程的情况，货品搬运可从过程、起讫点、流量和搬运高度四方面来分析。

（一）过程分析

过程分析的主要目的是观察收集货品由进货到出货的整个过程中有关的资料，以及在作业进行过程中相关的信息和相配合的设备情况。这种方法要考虑整个过程，所以一次只能分析一种产品，或一类材料，或一项作业。过程分析主要凭借过程图的运用将作业情况表示出来,而后再针对现状进行动作的改善。

为能简化货品的流动过程以及一些相对应的信息,基本上可利用五个符号来代为叙述每一步骤发生的事情。五个符号是:

○ 作业　　⇨ 搬运　　□ 检验

△ 储存　　▭ 延迟

表3-5以榨汁机进货入库过程为例说明过程分析的方法。

表3-5　榨汁机进货入库过程图——现成表格

货品名称及单位	活动符号	描　　述	每载重量(磅)	每次运送次数	距离(米)
1. 榨汁机(整栈)		进货存放在码头、月台			
2. 榨汁机(整栈)	⇨	以堆高机搬运至暂存区	360	3	5
3. 榨汁机	○	卸栈、拆箱			
4. 榨汁机(每盒)	□	数量、品质检验			
5. 榨汁机(每盒)	⇨	由输送机运送至加工区	2	540	20
6. 榨汁机(每盒)	○	流通加工			
7. 榨汁机	○	重包装			
8. 榨汁机(箱)	⇨	由输送机运至储区	12	90	30
9. 榨汁机(整箱)	▽	入库储存			

（二）起讫点分析

与过程分析不同的,起讫点分析无需观察过程中的每一状况,而是由每一次搬运之起点及终点,或是以各站固定点为记录目标,来对搬运状况作分析检讨。因而此项分析有两种不同的方法:

（1）路线图表示法:每次分析一个流通路线,观察并收集每一移动的起讫点资料,以及在这路线上各种不同货品流通的状况,即路线图是探讨每一路线中货品移动状况的,其一般格式如表3-6所示。

表 3 - 6　路 线 图

路线图　从＿＿＿＿＿　　制图员＿＿＿＿＿＿＿　　编号＿＿＿＿＿＿
　　　　　到＿＿＿＿＿　　日　期＿＿＿＿＿＿＿　　页数＿＿＿＿＿＿

货品类别		路线情况　距离＿＿＿＿			流量			
序号	类别代码	起点时间	经 过 路 线	终点时间	数　量	经过时间	流 量 强 度

注：流量强度指单位时间内的流量。

　　路线图适用于路线不多的场合，路线繁多反而成为管理上的一项负担。
　　(2) 流入流出图表示法：观察并记录流入或流出某一地区的各种移动状况。使用流入流出图(Flow-in, Flow-out Chart)来描绘不同货品在某一区域的流入流出情形，其格式如表 3 - 7 所示。

表 3 - 7　流 入 流 出 图

流入流出图
　制图员＿＿＿＿＿＿＿　　　　　　编号＿＿＿＿＿＿＿＿＿
　区域＿＿＿＿＿＿＿　　日期＿＿＿＿＿＿＿　　页数＿＿＿＿＿＿

货品代码	流入				流出			货品代码
	每天数量		从作业区域	到作业区域	每天数量		
	单位	数量			单位	数量	

（三）货品流量分析
　　货品在部门单位间移转往往呈现极不规则的方向，为追求时效，规划管理者必须尽量使所有移转工作都能以最简捷的方向、最短距离的方法完成。而货品流量分析就是将整个移转路径概略绘出，来观察货品移动的流通形态。其使用方法可分两类：
　　(1) 部门间直线搬运法：它是假设各部门间的直线流通并无障碍，以直线距离来做流量分析。此法与实际状况多少有些差距。
　　(2) 最短路径搬运法：此法为模拟实际搬运作业的方法，通常借电脑来协助处理,运用此法分析可得出：各单位间最短的搬运路径；各路径的货品流通量；在各配送计划下的总搬运量(图3-5),这三项结果将能协助管理者达到改善搬运的目的。

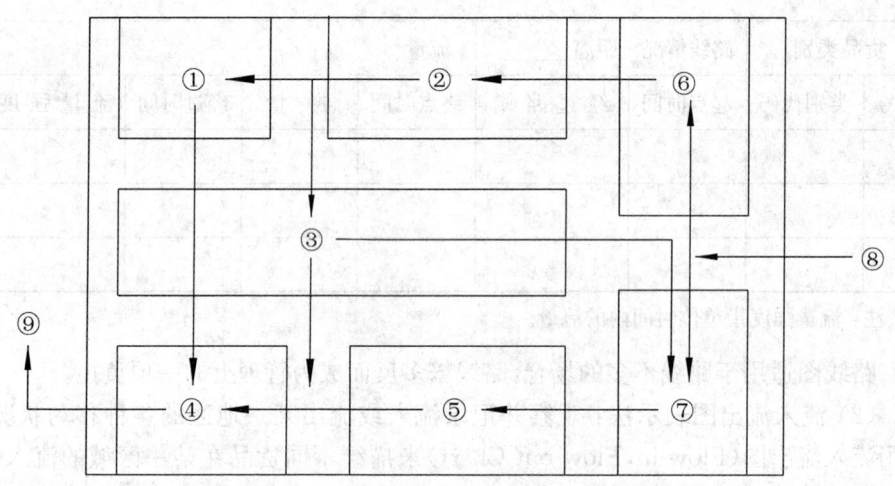

图3-5   最短路径搬运法模拟的货品流量

此外,为求更精确的计算,在进行货品流量分析时,也可以表3-8的形式来协助计算。

表3-8   货品流量分析表

起 迄	货 品	搬 运	各路径流量计算	
分 群	流 量	路 径	路径代号	流 量
___至___				
___至___				

（四）搬运高度分析——现状展开图分析法

搬运高度在上下变动时必须要有动作,如将物品提高、倾斜、拉下等等,很容易导致时间与体力的消耗,因而,厂房、设备等的配置应尽可能水平地规划。在搬运高度分析上,我们可先依目前设备、设施、搬运用具等的配置,画出现状的展开图,如图3-6所示。在这张展开图里,最好能将各有关事项逐一记载,如搬运手法、人员、场所的情形、设备名称等,而后再由此图进行调整改善,制定水平配置计划,图3-7便是改良后的高度展开图。最简单的水平调整方式是使用台子的设计将机械设备垫高,让货品能依大体上一致的高度移动,使上下坡的搬运情形减少。

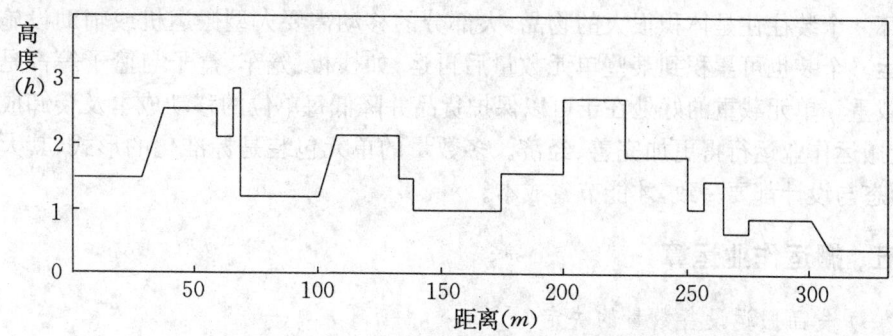

图3-6　搬运现状高度展开图

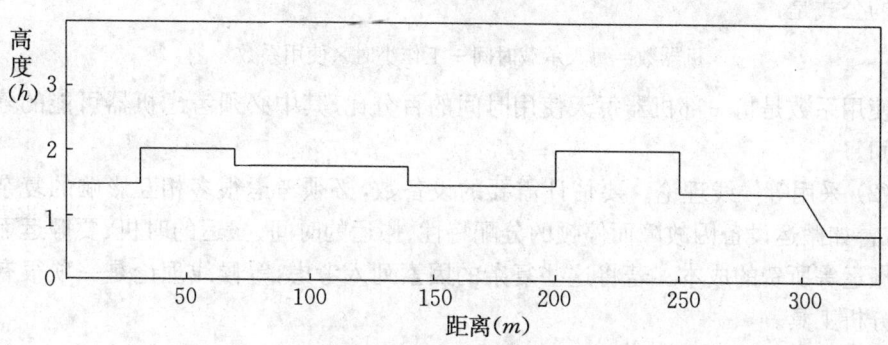

图3-7　改善后的搬运高度展开图

三、搬运形式

如果配合距离、流量等来考虑成本、选择搬运的机器设备,其选择依据如表3-9所示。

表3-9　选择搬运设备

	高 密 度 流 量	低 密 度 流 量
短距离	复杂搬运设备,如叉举车、抓举设备	简便搬运设备,如手推车
长距离	复杂运输设备,如无人搬运车、输送机等设备	简便运输设备,如动力托板车

四、搬运单位

货品移动的基本单位有三种型式:散装、个装或包装。散装是最简单且最廉价的货品搬运方法,每次的运送量较大,但散装的搬运较容易破坏货品或造成边缘的损坏。个装往往是体积很大的物品,大部分的移动需要大型搬运机或辅助设施来移运。个装也可累积到某些单元数量后再运,如栈板、笼车、盒子与篮子等都是单元载重。单元载重的好处在于可以保护货品并降低每单位的移动成本及装卸成本,让搬运作业运行得更加完善、经济。多数量的单元包装是标准化的形式,其大小、形态与设计都要一致,才能节省成本。

五、搬运作业运算

(一)货品搬运设备数量的决定

(1)用计算公式计算。作业过程中货品搬运设备需要的数量要事先计算,最简单的公式是:

$$机器数 = 每天承载时间 \div 工作小时 \times 使用系数$$

使用系数是指一部机器每天使用时间的百分比,其中必须考虑机器可能的停顿时间。

(2)采用等候线理论。要估计需要的设备数,必须考虑很多相互影响的复杂因素,譬如搬运设备因故障而停顿的分配特性、搬运的时间、搬运的时机、要搬运而未能搬运等所费的成本。若将这些复杂的因素列入考虑,等候线理论是一项很有用的分析工具。

(二)搬运系统能量的计算

(1)总运送能力计算:

$$运送能力 = 物流速率 \times 运送长度$$

$$总运送力 = \sum 运送能力$$

式中　物流速率——每单位时间搬运的货品量;

运送长度——搬运的距离。

(2)搬运效率的计算:

$$EH = [(LD/VC)/(LD/VC + TH + LE/VC)] \times FT$$

式中　LD——运送长度;

VC——搬运设备之速度;

LD/VC——负载时间;

LE——空运长度,即搬运设备空转的长度;

TH——装卸时间;

FT——交通因素,即搬运流通或阻碍的因素;

EH——搬运效率。

（3）搬运系统能力计算：

货品搬运系统能力＝总运送能力/搬运效率

（三）购置设备的成本效益考虑

在购置搬运设备时，还要考虑设备的购置成本、每年折旧额、维护修理费用、利息、税费、操作员薪资及设备残值等。若有关的成本因素可预先估计，则对于不同类型的设备，可以利用下面计算投资现值的模式，选择最佳的设备，公式如下：

$$PW = I + C[PWF] - S[PWF'] = I + C\left[\frac{(1+r)^{n-1}}{r+(1+r)^n}\right] - S\left[\frac{1}{(1+r)^n}\right]$$

式中　PW——在使用年限 n 年中的现值；

　　　I——最初投资额；

　　　C——每年的营运成本；

　　　PWF——按期定额支付的现值因素；

　　　PWF'——一次支付的现值因素；

　　　S——在 n 年时设备的残值；

　　　r——投资报酬率；

　　　n——设备使用年限。

第四节　储存作业

储存作业的主要任务在于把将来要使用或者要出货的物料保存，且经常要作库存品的检查控制，不仅要善于利用空间，也要注意存货的管理。尤其是配送中心与传统仓库的营运形态不同，储存更要注意空间运用的弹性及存量的有效控制。

一、储存作业的策略与方法

储存保管的目标是要做到最大化地使用空间；有效利用劳动力及设备；可以在任何时间方便地存取货物；安全经济地搬运货物；良好地保护和管理货物。

储存的一般原理是：依照货品特性来储存，大批量使用大储区，小批量使用小储区；能安全有效率地使适合储于高位的物品使用高储区；笨重、体积大的品项储存在较坚固的层架及接近出货区；轻量品储存于有限的载荷层架；将相同或相似的货品尽可能接近储放；跑量慢的货物或小、轻及容易处理的品项使用较远储区；周转率低的物品尽量远离进货、出货及仓库较高的区域；周转率高的物品尽量放于接近出货区及较低的区域；服务设施应选在低层楼区等。

　　储存策略主要在于拟订储位的指派原则,良好的储存策略可以减少出入库移动的距离、缩短作业时间,甚至能够充分利用储存空间。储存有四种方式:定位储存、随机储存、分类储存和分类随机储存。这四种方法的比较如表3-10所示。

表3-10　储存方法比较

分类	优　　点	缺　　点	使用范围
定位储存	每项货品都有固定储放位置,拣货人员容易熟悉货品储位 货品的储位可按周转率大小(畅销程度)安排,以缩短出入库搬运距离 可针对各种货品的特性作储位的安排调整,将不同货品特性间的相互影响减至最小	储位必须按各项货品的最大在库量设计,因此储区空间平时的使用效率较低	厂房空间大、多种少量商品的储放
随机储存	由于储位可共用,因此只要按所有库存货品最大在库量设计即可,储区空间的使用效率较高	货品的出入库管理及盘点工作的难度较高 周转率高的货品可能被储放在离出入口较远的位置,增加了出入库的搬运距离 具有相互影响特性的货品可能相邻储放,造成货品的伤害或发生危险	厂房空间有限,种类少或体积较大的货品
分类储放	便于畅销品的存取,具有定位储放的各项优点 各分类的储存区域可根据货品特性再作设计,有助于货品的储存管理	储位必须按各项货品最大在库量设计,因此储区空间平均的使用效率低	产品相关性大的,经常被同时订购的、周转率差别大的,产品尺寸相差大的
分类随机储存	具有分类储放的部分优点,又可节省储位数量提高储区利用率	货品出入库管理及盘点工作的难度较高	分类随机储放兼具分类储放及随机储放的特色,所需储存空间量介于两者之间

　　还有一种就是共同储存,即将各种储存方法综合运用。

二、储位指派原则

　　储存策略是储区规划的重要内容,只有配合储位指派原则才能决定储存作业实际运作的模式。储位指派原则可归纳出如下几项：

（一）可与随机储存策略、共用储存策略相配合

靠近出口原则：将刚到达的商品指派到离出入口最近的空储位上。

（二）可与定位储存策略、分类（随机）储存策略相配合

（1）以周转率为基础原则（Turnover Based Location）：按照商品在仓库的周转率（销售量除以存货量）来排定储位。首先依周转率由大自小排序列，再将此序列分为若干段，通常分为三至五段。同属于一段中的货品列为同一级，依照定位或分类储存法的原则，指定储存区域给每一级的货品。周转率愈高应离出入口愈近。

另外，当进货口与出货口不相邻时，可依进、出仓次数来做存货空间的调整，如表3－11所示，A，B，C，D，…，H 为八种货品进出仓库的情况，当出入口分别在仓库的两端时，可依货品进仓及出仓的次数比率，来指定其储存位置。

表3－11　A、B、C、D、…、H八种货品进出仓库的情况

货　品	进仓次数	出仓次数	进　仓　次 出　仓　次
A	40	40	1.0
B	67	67	1.0
C	250	125	2.0
D	30	43	0.7
E	10	100	0.1
F	100	250	0.4
G	200	400	0.5
H	250	250	1.0

（2）产品相关性（Correlation）原则：商品相关性大的在订购时经常被同时订购，所以应尽可能存放在相邻位置。

（3）产品同一性原则：指把同一物品储放在同一保管位置的原则。这种将同一物品，保管在同一场所来加以管理的管理方式。

（4）产品类似性原则：指将类似品比邻保管的原则，此原则系根据与同一性原则同样的观点而来。

（5）产品互补性（Complementary）原则：互补性高的物品也应存放在邻近位置，以便缺料时可迅速以另一品项替代。

（6）产品相容性（Compatibility）原则：相容性低的产品绝不可放置一起，以免

损害品质,如烟、香皂、茶不可放在一起。

(7) 先入先出的原则:指先保管的物品先出库的意思,这种原则,一般适用于寿命周期短的商品,例如:感光纸、软片、食品等。

(8) 叠高的原则:即像堆积木般将物品叠高。以配送中心整体的有效保管的观点来看,提高保管效率是必然之事,而利用栈板等工具来将物品堆高是一种有效的方法。

(9) 面对通道的原则:指将物品可识别的标号、名称面对通路让作业员容易简单地辨识。为了使物品的储存、取出能够容易且有效率地进行,物品就必须要面对通道来保管,这也是使配送中心内能流畅作业的基本原则。

(10) 产品尺寸原则:在仓库布置时,考虑物品单位大小及相同物品所形成的整批形状,以便能提供适当空间满足某一特定需要。所以在储存物品时,必须要有不同大小位置的变化,用以容纳一切不同大小的物品和不同的容积。

(11) 重量特性原则:按照物品重量的不同来决定储放物品在保管场所的高低位置。

(12) 产品特性(Characteristics)原则:产品特性不仅涉及产品本身的危险及易腐性质,同时也可能影响其他的物品,因此在物流中心布置设计时必须要考虑。

(13) 住居表示原则:指把保管物品的位置给予明确表示。此原则的主要目的在于存取单纯化,并能减少错误。尤其在临时人员、高龄作业员不少的配送中心中,此原则更为必要。

三、储位系统

从前,一般都只是使用记忆系统(Memory System)来帮员工简单地记住货品的大概位置,然而此种做法往往发挥不了多大功效。后来,使用品名、序号、记号或其他指示号码来记录品项位置,但因只考虑品项本身代号的系统,仍不够完全,也无弹性。因此,暗示性储位标号发展起来,其意义就是要能指出物流中心的每一个点,让员工能很肯定地指出什么东西被放在什么地方,使每品项皆有一"地址",以便于需要时马上可找到它。

例如:标签号码　103 - 15 - 723

"10——BLDG"指储存区域,由"1"开始标号

"3——FLOOR"指厂房楼层级

"15——STACK;柱"指较长列,又称 Cross Row,一般设定标号不超过"50",即 STACK 列数由左至右不超过 50

"72——ROW;架"指较短列,即以料架区分,又称 Main Row,一般由"51"开始标号,因 01~50 保留给较长列(柱)编号

"3——LEVEL"指每一料架由下向上数的层数

四、储存方式

按照储存量分类,储存方式可以分为以下几类:

(1) 大批储存:一般指 3 个栈板以上的存量。大批储存皆以栈板运作,多采用地板积存或自动仓库储存的方式。

(2) 小批储存:指小于一个栈板的储存,一般以箱为出货拣取单位。在储存区的小批量物品一般被存放于栈板料架、棚架、储物柜等。

(3) 中批储存:一般指 1~3 个栈板的量,可以栈板或箱为出货拣取单位。多采用栈板料架或地板堆积的方式。

(4) 零星储存。零星区或拣取区皆是使用储物柜或棚架储存小于整包货品的地方,一般订货拣取在此区域中进行。然而,若产品很小及整批的量并不占大空间,则整批产品也能储存在零星区。

零星拣货区一般包括检查与打包的空间,同时为了安全目的与大量储区分开。另外,此储区最好置在低楼层及居中的位置,以降低等候拣取时间及减轻出货时理货的工作量。

综合上述,配合储存要求及设备特性储存方式可归纳如下状况:

- 少样,高量——地板堆积储存、自动仓库。
- 多样,低量——栈板料架。
- 多量,不可堆叠——驶入式料架。
- 多样,小体积产品——棚架,储物柜。
- 小量——棚架,储物柜。

五、存货管理

存货具有调节生产与销售的作用,不适当的存货管理往往造成货物有形或无形的极大损失。尤其对于流通速度极快但客户订货无法事前掌握预测的物流中心,存货的管理更加不易,其重要性也就更不容忽视。所谓存货管理,是希望将货品的库存量保持在适当的标准内,以免存货过多造成资金积压、增加保管困难,或存货过少导致仓容浪费、货品供不应求的情况。因此存货管理具有两项重大意义:一为确保存货能配合销售情况、交货要求以提供客户满意的服务;二为设立存货控制基准,以最经济的订购方式与控制方法来提供营运所需要的供应。

(一) 存货管理的目的

(1) 减少超额存货投资:保持合理的库存量,减少存货投资,如此可灵活运用资金(固定资金减少),并使营运资金的结构保持平衡。

（2）降低库存成本：保有合理库存可减少由库存所引起的持有成本、订购成本、缺货成本等，降低库存成本。

（3）保护财务：防止有形资产被窃，且使存货的价值在账簿上的记录正确，以达到财务保护的目的。

（4）防止迟延及缺货，使进货与存货取得全面平衡。

（5）减少呆料的发生，使存货因变形、变质、陈腐所产生的损失减至最少。

前三者属于财务合理化的目的，而后两者则属于作业合理化的目的。

（二）存货管理的关键问题

（1）何时必须补充存货——订购点的问题。所谓订购点（Reorder Point），是指存量降至某一数量时，应即刻请购补充的点或界限。一旦订购点抓得过早，则使存货增加，相对增加了货品的在库成本及空间占用成本。倘若订购点抓得太晚，则会造成缺货，甚而流失客户、影响信誉。因而订购点的掌握非常重要。

（2）必须补充多少存货——订购量的问题。所谓订购量（Reorder Quantity），是指存量已达请购点时，决定请购补充的数量。按此数量请购，方能配合最高存量与最低存量的基准。一旦订购量过多，则货品的在库成本增加，若订购量太少，货品有可能供应间断，且订购次数必增加，也提高了订购成本。

（3）应维持多少存货——存量基准的问题。存量基准（Inventory Level）包括最低存量（Minimum Inventory）与最高存量（Maximum Inventory）。

● 最低存量：最低存量是指管理者在衡量企业本身特性、需求后，所订货品库存数量应予维持的最低界限。最低存量包括理想最低存量及实际最低存量两种。理想最低存量又称购置时间（Lead Time，自开始请购货物到将货物运入物流中心的采购周期时间）使用量，也就是采购期间尚未进货时的货品需求量，也称临界库存，一旦货品存量低于此界限，则有缺货、停工的危险。实际最低存量是为了保险起见，在理想最低存量外再设定的一个安全存量，以防供应不及发生缺货。实际最低存量也称最低存量是安全存量与理想最低存量之和。

● 最高存量：为防货过多浪费资金，各种货品均应限定其可能的最高存量，也就是货品库存数量的最高界限，以作为内部警戒的一个指标。

对一个不容易准确预测也不容易控制库存的物流中心，最好订定各品项的库存上限及库存下限（库存上限即最高存量，库存下限则是实际最低存量），并在电脑中设定，一旦电脑发现库存低于库存下限，则发出警讯提醒管理人员准备采购；一旦发现货品存量大于库存上限，则也要发出警讯提醒管理人员存货过多需要加强销售，或采取其他促销折价的活动。

（三）确定合理库存

确定合理库存是物流管理的重要内容之一。但是对库存管理还没有统一的模型,而且每个企业都有自己特殊的存货管理要求,所以企业只能根据自己的具体情况,建立有关模型,解决具体问题。

库存管理模型应抓住补充—存货—供给等这几个相互联系的过程。为了确定最佳库存的管理模型,需要掌握每日存货增减状态的情况和有关项目的内容。建立模型时,采用如图3-8所示的步骤。

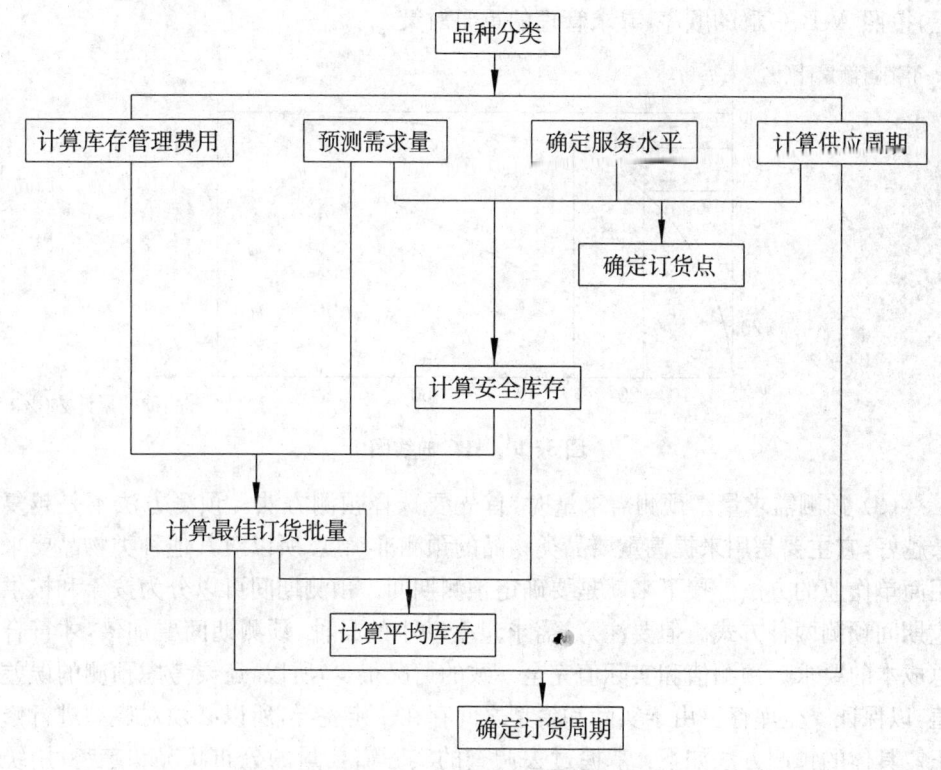

图3-8　确定最佳库存模型

(1) 把品种按管理单位进行分类。不同的企业对库存范围的理解不同,各企业没有必要规定完全相同的库存定义。企业在进行库存管理时,首先应根据本企业的具体情况,对库存作出具体规定,再根据需要进行管理。如有的连锁企业将配送中心、门店所有的商品都定义为库存对其进行管理,而另外的连锁企业则仅将配送中心中的商品定义为库存,不对门店的商品进行管理。当然,作为库存的商品,根据其特点、管理方法等还可以再进一步分类,这将有助于顺利开展库存管理工作。其中常见的分类方法是 ABC 分类法。

ABC 分类法,是指按一定指标(如销售量,配送中心的出货量、进货量等)对商品进行分类的方法。例如,根据每年销售额的多少,按各品类销售额指标的大小依次排列,并分别计算各项品种指标占综合品种指标的比例,再按大小顺序累计相加,然后描绘出这些品种的两种累计率的对应图,该图称为 ABC 曲线图,如图 3－9 所示。根据图中曲线倾斜的变化程度,可以看出上部品种群定为 A 群,A 群的销售量约占全体的 70％;其次品种群定为 B 群,B 群销售量约占全体的 20％,剩余的平坦线部分品种群定为 C 群,C 类群约占销售量总体的 10％。然后在分类的基础上,按照 A、B、C 群的顺序,寻求管理的重要对策。

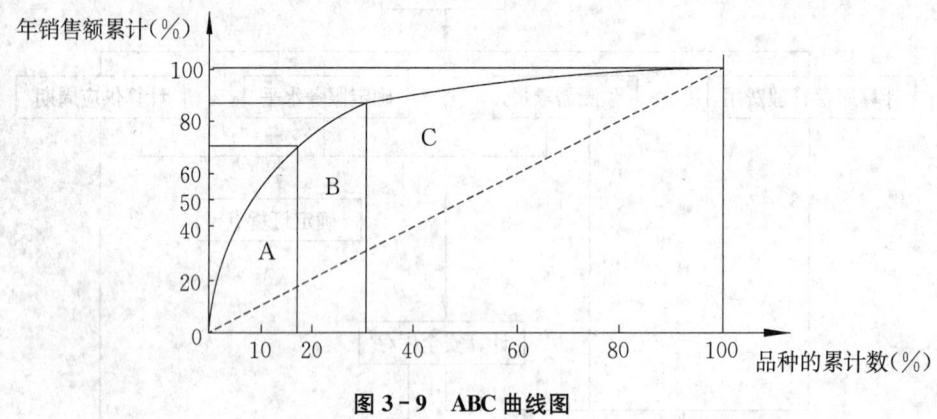

图 3－9　ABC 曲线图

(2) 预测需求量。预测需求量时,首先要选择预测方法。预测方法不是越复杂越好,它主要是用来提高重要品类物品的预测准确度,所以对其他种类物品要采用简单作业的方法。接下来就是要确定预测期间。预测期间可以分为按年和按供应期间预测两种方式。但要注意,需求量变动小的品种,预测期间要加倍,才符合总成本的要求。预测值和实际值完全一致的情况很少,所以,还要考虑预测的误差值,以保证安全库存。由于实际和模型之间存在一定差异,所以必须对模型进行修正。具体的预测方法如下:掌握过去调查的实际需要量的分布状况和趋势;用统计分布理论作近似模型,进行简单的预测;当用分步理论作不出模型时,使用指数平滑法进行预测。采用这种方法,更要注重历史资料。

(3) 计算与库存管理有关的费用。在划分商品品类的基础上,分两步计算各类商品库存管理费用:第一,要掌握库存管理中的所有费用;第二,对费用进行计算。

识别库存管理费用是很困难的。这是因为会计记录难以按品种种类划分费用,而且会计上的费用划分有一定的原则,它是固定的连续使用的,但是与库存有关的管理费用,却因周围情况和安排计划时期的长短而变更项目的内容。对于跨部门的费用和机会费用等,一般采用经验方法和统计手段。

库存管理费用一般包括与订货有关的费用和与保管有关的费用,如表 3－12 所示。

表 3 - 12　库存管理有关的费用

项　目	内　容
订货费	由于订货次数不同,费用也不同,以每次订货所用的费用来表示
1. 购入费	商品的进价,要掌握大量进货时有折价的情况
2. 事务费:通信费、运输费等	与订货有关的通信费、工作时间的外勤费、运输费、入库费等都属于订货费
保管费	根据库存量不同而发生变化的费用
1. 利息	利息可以是因库存占用资金要支付利息;也可以是为了增加库存而支付的费用;或企业对库存投资希望得到的利益等。在上述费用中取大的
2. 保险金	防止库存短缺而发生的费用
3. 搬运费	库存量发生变化时,而产生的库内搬运费
4. 仓库经费	包括建筑物设备费、地租、房租、修理费、光热费、电费、水暖费等
5. 盘点货物损耗费	货物变质、丢失、损耗的费用
6. 税金	库存资产的税金
库存调查费	为了顺利进行库存管理,必须进行需要量的调查、费用调查、库存标准调查等;库存调查费就是上述调查进行信息收集和分析的费用
缺货费	也称机会损失费。由于缺货,不能为顾客服务所发生的费用;或由于紧急订货而发生的特别费用等

　　(4) 确定服务率(或缺货率)。所谓服务率,是指在一定期间内,例如一年、半年,能做到不缺货的比率。服务率的相反面就是缺货率,两者之和为 1。服务率的大小,对企业经营有重要意义。服务率越高,要求拥有的库存量就越多。必须根据企业的战略、商品的重要程度来确定该指标。重要商品(如 A 类商品和促销品)的服务率可定为 95%~100%。对于次重要或不重要的商品的服务率,可以定得相对低些。应当注意的是,服务水平提高,库存管理费用随之增加。总之,服务水平最终取决于经营者的判断。

（5）确定供应间隔。供应间隔是指从订货到交货所需要的天数，又称供货期间。它主要是根据供应商的情况来确定的。如果是从生产商处直接进货，必须充分了解生产商生产工程、生产计划、工厂仓库的能力等，并进行全面的相互讨论后再确定供应间隔。对于其他供应商更有必要加深相互了解。供货期间长，意味着库存量增加，所以连锁企业希望供应期间短。还有，由于供应期间有变动，则要增加安全库存量（安全库存量与供应间隔的平方根成比例）。因此，为了满足交易条件，就要确定有约束的安全供应期间。作为模型所规定的供应间隔期，是平均供应间隔期和标准误差（如标准偏差）指标。如果达到正常的程度，那就是理想的、最大的供应间隔期。总之，供应间隔应当确定一个合理的数值。

（6）确定订货点。订货有两种方式：一是订货点订货方式；二是定期订货方式。定期订货方式是指在一定期间内补充库存的方式。这种方式适用于管理重要的品种。定期订货的做法是每周、每月或 3 个月为一个周期，进行预先确定订货，以防止缺货，其计算公式如下：

$$订货周期 = \frac{平均一次订货量}{单位时间内平均需求量}$$

订货点方式是指库存即将超过一定水平时马上发出订货指令的方式，通过它可以了解管理的效果。订货点是指在补充库存之前，补充库存物品订货的时点上，仓库所具备的库存量，如图 3 - 10 所示。

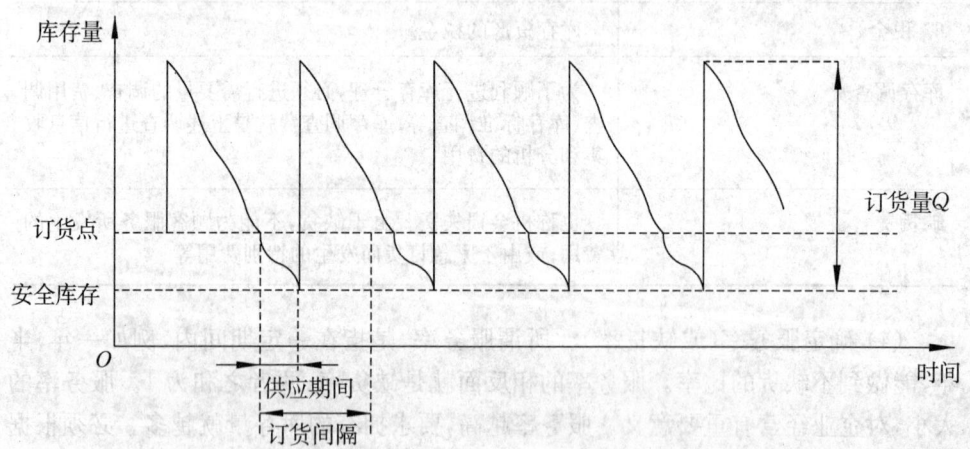

图 3 - 10　库存量的变化

订货点上所具有的库存量，要适应订货商品交货期间所需的量。其表示如下：
当需要量和供应期间没有变动时：订货点 = 供应期间中的需要量×供应

时间；

当需要量和供应时间发生变化时：订货点＝供应期间的需要量＋该期间变动所需要的预备库存量＝供应期间的一般需要量＋该期间不确定因素所需要的预备库存量＝（单位时间内平均需要量×供应时间）＋安全库存量。

（7）计算安全库存。安全库存是指除了保证在正常状态下的库存计划量之外，为了防止由不确定因素引起的缺货，而备用的缓冲库存（如图3-11所示）。如果不确定因素考虑过多，那么就会导致库存过剩。不确定因素主要来自两个方面：需求量预测不确定和供应间隔不确定。其计算公式如下：

安全库存＝安全系数×根据需要及供应期间等变动确定的库存量

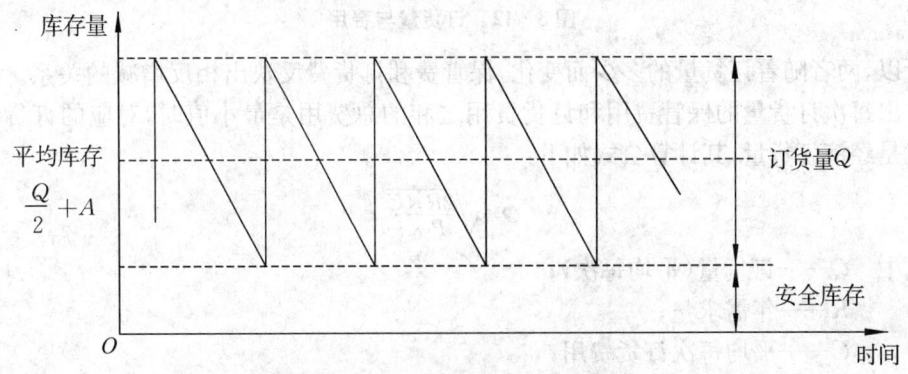

图3-11　库存量的变化与安全库存

（8）确定订货量。订货量的计算公式是求以最少的库存管理费用，达到十分满意的服务质量的订货量时，所用的计算公式。这种确定订货量的公式正是库存管理定型化的中心课题，该模型要能够适应多种情况的需要。在模型中要体现出与库存管理费用有关的损失函数；把确定最小损失函数值时的订货量，作为库存管理的方针。库存管理费用，包括需要量和库存定额不一致时发生的费用和随着库存定额的改变而变化时发生的费用。前者是指发生缺货或者库存过剩时产生的种种情况；后者包含与库存补充等发生的有关费用。因而，损失函数的表达式计算出的订货量就是经济订货量。在实际操作中，会因为实际情况的变化，而对该订货量进行调整。例如，当订货量集中，单价降低时的情况。式中包括与需要量、库存量、订货量等有关的因素。

研究经济订货量的方法，是用年库存管理的总费用和订货量的关系来表示的，如图3-12所示。订货量的变化越大，所增加的库存也越多，同时也增加与库存有关的保管费用。另外，由于订货次数的减少，与订货有关的各项费用也相应减少。

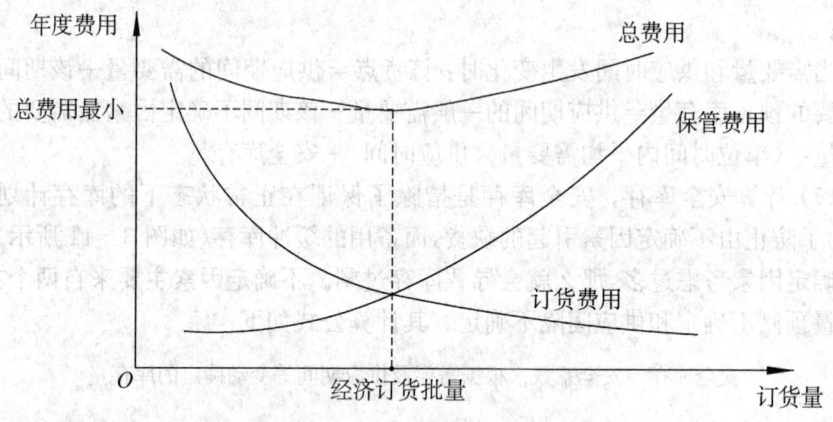

图 3 - 12   订货量与费用

所以,两者随着订货量的多少而变化,保管费和订货费反映出相反增减的关系。在求出每次订货量的保管费用和订货费用之和的总费用是最小值时,对应的订货量就是经济订货量,其计算公式如下:

$$Q=\sqrt{\frac{2R\times C}{P\times i}}$$

式中 Q——订货量(平均每次);

R——年需求量;

C——平均每次订货费用;

P——库存物品的单价;

i——年保管费与库存物品金额的比率。

(9) 确定平均库存。平均库存是指在某一期间内的平均库存,例如,一年中平均的库存量。库存量天天变化,一般采用下列公式计算平均库存量:

平均库存量＝(订货量÷2)＋安全库存量

第五节   盘 点 作 业

货物储存一段时间后,由于操作不当,如库存资料记录不确实、数量清点有误或盘点出错都会产生料账不符的错误。为了计算企业的损益,评价货品管理的绩效,都需要进行盘点作业。

一、盘点作业的步骤

一般盘点必须依循如图 3 - 13 所示步骤逐步实施。

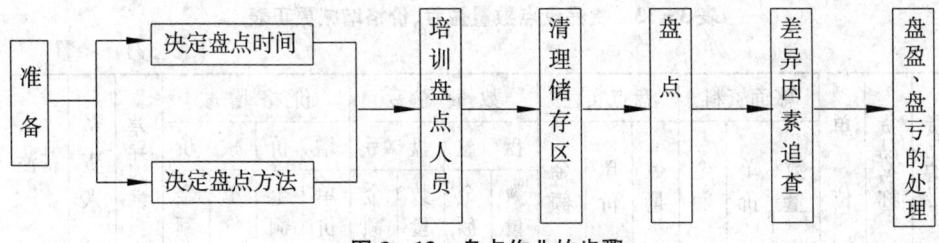

图 3-13 盘点作业的步骤

（1）准备。准备工作内容如下：明确建立盘点的程序方法；配合会计决算进行盘点；培训盘点、复盘、监盘人员；让受训人员熟悉盘点用的表单；印制盘点用的表格；结清库存资料。

（2）决定盘点时间。决定盘点时间时，既要防止过久盘点对公司造成的损失，又要考虑配送中心资源有限的情况，最好能根据配送中心各货品的性质制定不同的盘点时间，如 A 类主要货品每天或每周盘点一次；B 类货品每两周或三周盘点一次；C 类较不重要货品每月盘点一次即可。

盘点日期一般会选择在财务决算前夕和营业淡季进行。

（3）决定盘点方法。因盘点场合、需求的不同，盘点的方法也有差异，为满足不同情况的需要，所决定的盘点方法要对盘点有利，不至于在盘点时混淆。

（4）培训盘点人员。人员的培训分为两部分：一是针对所有人员进行盘点方法训练，让人员了解盘点目的、表格；二是针对复盘与监盘人员进行认货品的训练。

（5）清理储存区。这项工作具体包括：对厂商在盘点前送来的货物必须明确其数目；储存区在关闭前应通知各部门预领货品；整理储存场地，预先鉴定呆料、废品、不良品；整理、结清账卡、单据、资料，进行自行预盘，以便提早发现问题并加以预防。

（6）盘点。在盘点时，应加强指导与监督。

（7）差异因素追查。盘点结束后，发现所得数据与账簿资料不符时，应追查差异的主因。可能出现的原因有：

● 由于记账员素质不高，使货品数目记录不准确。

● 由于料账处理制度有缺陷，导致货品数目不准确。

● 由于盘点制度的缺点导致货账不符。

● 盘点所得的数据与账簿的资料所产生的差异不在容许误差范围内。

● 盘点人员不尽责。

● 产生漏盘、重盘、错盘等情况。

（8）盘盈、盘亏的处理。货品除了盘点时产生数量的盈亏外，有些货品在价格上会产生增减，所以在经主管审核后，用表 3-13 所示的更正表进行更正。

表3-13 货品盘点数量盈亏、价格增减更正表

年 月 日

货品编号	货品名称	单位	账面资料			盘点实存			数量盈亏				价格增减				差异因素	负责人	备注
									盘盈		盘亏		增价		减价				
			数量	单价	金额	数量	单价	金额	数量	金额	数量	金额	单价	金额	单价	金额			

二、盘点的种类与方法

盘点分为账面盘点及现货盘点。账面盘点又称为永续盘点,就是把每天入库及出库货品的数量及单价,记录在电脑或账簿上,然后不断地累计加总算出账面上的库存量及库存金额。现货盘点又称为实盘,也就是实际去点数调查仓库内的库存数,再依货品单价计算出实际库存金额的方法。

要得到最正确的库存情况并确保盘点无误,最直接的方法就是确定账面盘点与现货盘点的结果要完全一致。

现货盘点依其盘点时间频度的不同又分为期末盘点及循环盘点(见表3-14)。期末盘点系指在期末一起清点所有货品数量的方法;循环盘点则是在每天、每周即作少种少量的盘点,到了月末或期末则每项货品至少完成一次盘点的方法。

表3-14 期末盘点与循环盘点的差异比较

盘点方式比较内容	期 末 盘 点	循 环 盘 点
时间	期末、每年仅数次	平常、每天或每周一次
所需时间	长	短
所需人员	全体动员(或临时雇用)	专门人员
盘差情况	多且发现得晚	少且发现得早
对营运的影响	需停止作业数天	无
对品项的管理	平等	A类重要货品:仔细管理 C类不重要货品:稍微管理
盘差原因追究	不易	容易

三、盘点结果评估

可以通过六项指标来考察库存管理中存在的问题：

（1）盘点数量误差＝实际库存数－账面库存数。

（2）盘点数量误差率＝盘点数量误差/实际库存数。

（3）盘点品项误差率＝盘点误差品项数/盘点实施品项数。

当盘点数量误差率高，但盘点品项误差率低时，表示虽发生误差的货品品项减少，但每一发生误差品项的数量却有提高的趋势。此时应检查负责这些品项的人员是否尽责？这些货品的置放区域是否得当？是否有必要加强管理？相反，如果当盘点数量误差率低，但盘点品项误差率高时，表示虽然整个盘点误差量有下降趋势，但发生误差的货品种类却增多。误差品项太多将使后续的更新修改工作更为麻烦，还可能影响出货速度，因此要对此现象加强管制。

（4）平均每件盘差品金额＝盘差误差金额/盘差总件数。

如果该指标高，表示高价位产品的误差发生率较大，可能是公司未实施物品重点管理的结果，对公司营运将造成很不利影响。因此最好的改善方式是确实施行商品别 ABC 分类管理。

（5）盘差次数比率＝盘差误差次数/盘点执行次数。

如果比率逐渐降低，表示不论是货品出入库的精确度或平时存货管理的方式都有很大的进步。

（6）平均每品项盘差次数率＝盘差次数/盘差品项数。

若此比率高，表示盘点发生误差的情况大多集中在相同的品项，此时对这些品项必须提高警觉，要深入寻找导致这些情况出现的原因。

第六节　订单处理作业

由接到客户订货开始至准备着手拣货之间的作业阶段，称为订单处理，包括有关客户、订单的资料确认、存货查询、单据处理和出货配发等。

一、订单处理的步骤

订单处理的内容及步骤如图 3－14 所示。

二、订单处理作业内容

（1）接受订货。接受订货有传统订货方式和电子订货方式两种，其中又可各

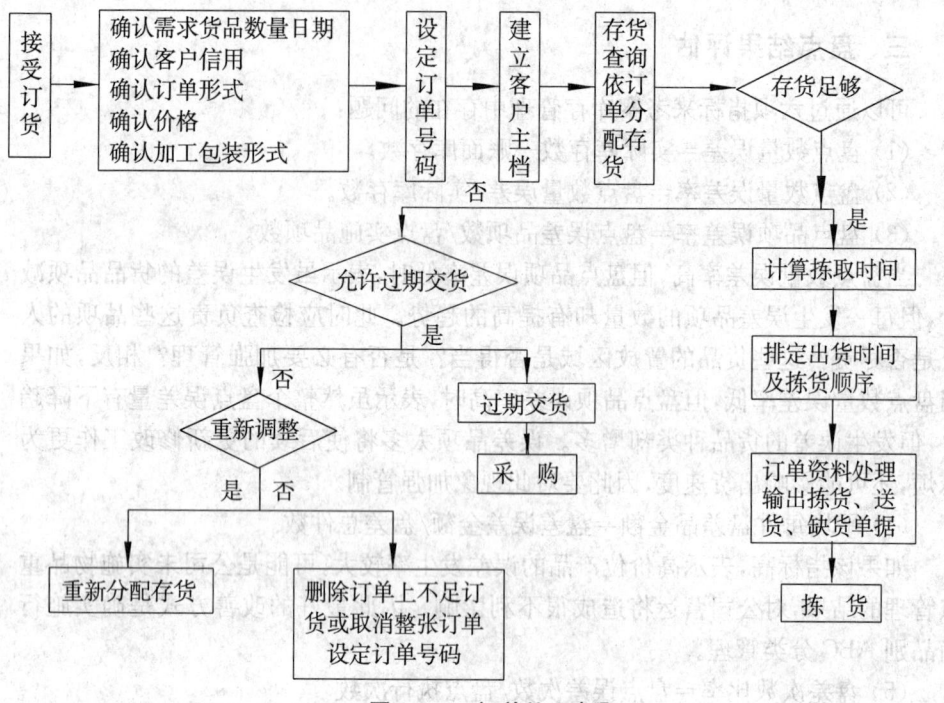

图 3 - 14　订单处理步骤

分为多种类型,如表3 - 15所示。

表 3 - 15　接受订货的方式

分　类		操　作　方　式	评　价
传统订货方式	厂商铺货	供应商直接将商品放在车上,一家家去送货,缺多少补多少	这种方式对于周转率较快的商品,或新上市商品较常使用
	厂商巡货、隔日送货	供应商派巡货人员前一天先至各客户处寻查需要补充的货品,隔天再予以补货。此方法厂商可利用巡货人员为店头整理货架、贴标或提供经营管理意见、市场信息等,也可促销新品或将自己的商品放在最占优势的货架上	这种方式的缺点是厂商可能会将巡货人员的成本加入商品的进价中,而且厂商乱塞货将造成零售业者难以管理、分析自己所卖商品
	电话口头订货	订货人员将商品名称及数量,以电话口述向厂商订货	因客户每天订货的品项可能达数十项,而且这些商品常由不同的供应商供货,所以利用电话订货所费时间太长,且错误率高

（续表）

分　类	操　作　方　式	评　　价
传真订货	客户将缺货资料整理成书面资料，利用传真机传给厂商	利用传真机虽可快速地传送订货资料，但其传送资料品质不良常增加事后确认作业
邮寄订单	客户将订货表单，或订货磁盘、磁带邮寄给供应商	近来的邮寄效率及品质已不符规定
客户自行取货	客户自行到供应商处看货、补货，这种方式多为传统杂货店因距离近所采用	客户自行取货虽可省却物流中心配送作业，但各别取货可能影响物流作业的连贯性
业务员跑单、接单	业务员至各客户处推销产品，而后将订单携回或紧急时以电话先联络公司通知客户订单	订货数量难以准确确定，并且容易造成商品管理混乱
订货簿或货架标签配合手持终端机及扫描器	订货人员携带订货簿及手持终端机巡视货架，若发现商品缺货则用扫描器扫描订货簿或货架上的商品标签，再输入订货数量，当所有订货资料皆输入完毕后，利用数据机将订货资料传给供应商或总公司	
POS订货	客户若有 POS 机则可在商品库存档里设定安全存量，每当销售一笔商品资料时，电脑自动扣除该商品库存，当库存低于安全存量时，即自动产生订货资料，将此订货资料确认后即可通过电信网路传给总公司或供应商。也有客户将每日的 POS 资料传给总公司，总公司将 POS 销售资料与库存资料比对后，根据采购计划向供应商下单	
订货应用系统	客户信息系统里如果有订单处理系统，可将应用系统产生的订货资料，经由转换软件功能转成与供应商约定的共同格式，在约定时间里将资料传送出去	

其中第一组（传真订货、邮寄订单、客户自行取货、业务员跑单、接单）属"传统订货方式"，第二组（订货簿或货架标签配合手持终端机及扫描器、POS订货、订货应用系统）属"电子订货方式"。

传统订货方式都是人工输入资料而且经常重复输入、传票重复誊写，并且在输入输出间常造成时间耽误及产生错误。而电子订货，由电子传递方式取代传统人工书写、输入、传送的订货方式，也就是将订货资料转为电子资料形式，由通讯网络传送，这就是所谓的电子订货系统。电子订货是传递速度快、可靠性及正确性高的订单处理方式，不仅可大幅提升客户服务水准，对于存货相关的成本费用也能有效地缩减。

（2）确认品项数量及日期。这是对于订货资料项目的基本检查，即检查品名、数量、送货日期等是否有遗漏、笔误或不符公司要求的情形。

（3）客户信用的确认。不论订单是以何种方式传至公司，配销系统的第一步骤即要查核客户的财务状况，以确定其是否有能力支付该件订单的账款，其做法多是检查客户的应收账款是否已超过其信用额度。

（4）订单形式。将各订单交易方式及对应的处理方式整理如表 3-16 所示。

表 3-16　订单形式及处理方法

分　类	交　易　方　式	处　理　方　式
一般交易订单	正常、一般的交易订单。接单后按正常的作业程序拣货、出货、配送、收款结案的订单	接单后，将资料输入订单处理系统，按正常的订单处理程序处理，资料处理完后进行拣货、出货、配送、收款结案等作业
现销式交易订单	与客户当场直接交易、直接给货的交易订单，如业务员至客户处巡货所得的交易订单或客户直接至配送中心取货的交易订单	订单资料输入后，因为货品已交予客户，故订单资料不再参与拣货、出货、配送等作业，只需记录交易资料，以便收取应收款项
间接交易订单	客户向配送中心订货，但由供应商直接配送给客户的交易订单	接单后，将客户的出货资料传给供应商由其代配。这种方式要注意客户的送货单是自行制作或委由供应商制作，以及出货资料（送货单回联）的核对确认
合约式交易订单	与客户签订配送合同的交易，如签订某期间内定时配送某数量商品	约定的送货日来临时，将该配送的资料输入系统处理以便出货配送；或一开始便输入合约内容的订货资料并设定各批次送货时间，以便在约定日期来临时系统自动产生需送货的订单资料
寄库式交易	客户因促销、降价等市场因素而先行订购某数量商品，以后视需要再要求出货的交易	当客户要求配送寄库商品时，系统应检核客户是否确实有此项寄库商品，若有，则出此项商品，并且扣除此项商品的寄库量。注意此项商品的交易价格依据客户当初订购时的单价核算
兑换券交易	客户兑换券所兑换商品的配送出货	将客户兑换券所兑换的商品配送给客户时，系统应查核客户是否确实有此兑换券回收资料，如有，依据兑换券兑换的商品及兑换条件予以出货，并应扣除客户的兑换券回收资料

（5）订货价格确认。不同的客户、不同的订购量，可能有不同的价格，输入价格时系统应加以检核。若输入的价格不符（输入错误或因业务员降价强接单等），系统应加以锁定，以便主管审核。

（6）加工包装确认。客户对于订购的商品，是否有特殊的包装、分装或贴标等要求，或是有关赠品的包装等资料都要详细确认记录。

（7）设定订单号码。每一订单都要有其单独的订单号码，号码由控制单位或成本单位指定，除了便于计算成本外，可用于制造、配送等一切有关工作，且所有工作说明单及进度报告均应附此号码。

（8）建立客户主档。将客户状况详细记录，不但能让此次交易更易进行，且有益于往后合作机会的增加。客户主档应包含订单处理用到的及与物流作业相关的资料，包括：客户姓名、代号、等级形态、客户信用额度、客户销售付款及折扣率的条件、开发或负责此客户的业务员、客户配送区域、客户点配送路径顺序、客户点适合的车辆型号、客户点下货特性、客户配送要求、过期订单处理指示等。

（9）存货查询及依订单分配存货。输入客户订货商品名称、代号时，系统就查对存货档的相关资料，看此商品是否缺货，如果缺货则提供商品资料或是此缺货商品已采购但未入库信息，这些便于接单人员与客户协调是否改订替代品或是允许延后出货等办法，以提高人员的接单率及接单处理效率。

订单资料输入系统确认无误后，最主要的处理作业在于如何将大量的订货资料，作最有效的汇总分类、调拨库存，以便后续的物流作业能有效地进行。存货的分配模式可分为单一订单分配及批次分配两种。

单一订单分配多为线上即时分配，也就是在输入订单资料时，就将存货分配给该订单。

累积汇总数笔订单资料输入后，再一次分配库存。物流中心因订单数量多、客户类型等级多，且多为每天固定配送次数，因此通常采用批次分配以确保库存能作最佳的分配。

采用批次分配时，要注意订单的分批原则，即批次的划分方法。作业的不同，各物流中心的分批原则也可能不同，总括来说有下面几种方法：按接单时序、按配送区域路径、按流通加工要求、按车辆要求等划分。

如果配送商品要用特殊的配送车辆（如低温车、冷冻车、冷藏车）或客户所在地、下货有特殊要求，这时可以汇总合并处理。

然而，如果以批次分配选定参与分配的订单后，若这些订单的某商品总出货量大于可分配的库存量，可依以下四原则来决定客户订购的优先性：具有特殊优先权者先分配，根据订单交易量或交易金额来取舍，将对公司贡献度大的订单作优先处理，根据客户信用状况将信用较好的客户订单作优先处理。

(10) 计算拣取的标准时间。由于要有计划地安排出货时程,因而对于每一订单或每批订单可能花费的拣取时间要事先掌握,对此要计算订单拣取的标准时间:

首先,计算每一单元(一栈板、一纸箱、一件)的拣取标准时间,且将它设定于电脑记录标准时间档,将此各别单元的拣取时间记录下来,则不论数量多少,都很容易推导出整个标准时间。

其次,有了单元的拣取标准时间后,即可依每品项订购数量(多少单元)再配合每品项的寻找时间,来计算出每品项拣取的标准时间。

最后,根据每一订单或每批订单的订货品项及考虑一些纸上作业的时间,将整张或整批订单的拣取标准时间算出。

(11) 依订单排定出货时程及拣货顺序。前面由存货状况进行了存货的分配,但对于这些已分配存货的订单,应如何安排出货时间及拣货先后顺序,通常会再依客户需求、拣取标准时间及内部工作负荷来拟定。

(12) 分配后存货不足的处理。如果现有存货数量无法满足客户需求,客户又不愿以替代品替代时,则应按照客户意愿与公司政策来决定对应方式。其处理方式归纳如下:

A. 重新调拨:如果客户不允许过期交货,而公司也不愿失去此客户订单时,则有必要重新调拨分配订单。

B. 补送:如果客户允许不足额的订货等待有货时再予以补送,且公司政策也允许,则采用补送方式;如果客户允许不足额的订货或整张订单留待下一次订单一起配送,则采用补送处理。

C. 删除不足额订单:如果客户允许不足额订单可等待有货时再予以补送,但公司政策并不希望分批出货,则只好删除订单上不足额的订单;如果客户不允许过期交货,且公司也无法重新调拨,则可考虑删除不足额订单。

D. 延迟交货:一是有时限延迟交货,即客户允许一段时间的过期交货,且希望所有订单一起配送;二是无时限延迟交货,即不论需要等多久,客户都允许过期交货,且希望所有订货一起送达,则等待所有订货到达再出货。

对于这种将整张订单延后配送的,也应将这些顺延的订单记录成档。

E. 取消订单:如果客户希望所有订单一起配送到达,且不允许过期交货,而公司也无法重新调拨时,则只有将整张订单取消。

(13) 订单资料处理输出。订单资料经上述处理后,即可开始打印一些出货单据,以展开后续的物流作业。

A. 拣货单(出库单)。拣货单的打印应考虑商品储位,依据储位前后相关顺序打印,以减少人员重复往返取货,同时拣货数量、单位也要详细确认标示。

B. 送货单。物品交货配送时,通常附上送货单据给客户清点签收。因为送货单主要是给客户签收、确认的出货资料,其正确性及明确性很重要。要确保送货单上的资料与实际送货资料相符,除了出货前的清点外,出货单据的打印时间及对于一些订单异动情形如缺货品项或缺货数量等也须打印注明。

C. 缺货资料。库存分配后,对于缺货的商品或缺货的订单资料,系统应提供查询或报表打印功能,以便工作人员处理。库存缺货商品,应提供依商品别或供应商别查询的缺货商品资料,以提醒采购人员紧急采购;缺货订单,应提供依客户别或外务员别查询的缺货订单资料,以便外务人员处理。

第七节 拣 货 作 业

将不同种类数量的商品由物流中心取出集中在一起,就是拣货作业。一般拣货作业程序如图3-15所示。由成本分析的角度来看,物流成本约占商品最终售价的30%,其中包括配送、搬运、储存等成本项目。一般而言,拣货成本约是其他堆叠、装卸、运输等成本总和的9倍,占物流搬运成本的绝大部分。因此若要降低物流搬运成本,由拣货作业上着手改进可达事半功倍之效。

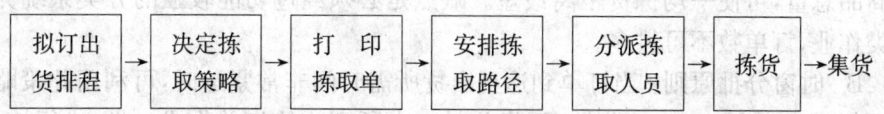

图3-15 拣货的主要作业流程图

一、拣货的要点和策略

(一)拣货的检查要点

拣货作业除了少数自动化设备逐渐被开发应用外,大多靠人工劳力密集作业,因此在拣货系统的构筑中,使用工业工程改善手法的应用相当普遍,可使生产力得到有效提高。尤其在进行拣货系统构筑或者现状掌握时,必须掌握下述七个检查要点:

(1)不要等待——零闲置时间;

(2)不要拿取——零搬运(多利用输送带、无人搬运车);

(3)不要走动——动线的缩短;

(4)不要思考——零判断业务(不依赖熟练工);

(5)不要寻找——储位管理;

(6)不要书写——免纸张(Paper-less);

(7)不要检查——利用条形码由电脑检查。

（二）拣货策略

拣货策略是影响日后拣货效率的重要因素，因而在决定拣货作业方式前，必先对可运用的基本策略有所了解，一般可作如下划分：

（1）订单别拣取。这种作业方式针对每一张订单，作业员巡回于仓库内，将客户所订购的商品逐一由仓库中挑出集中，是较传统的拣货方式。这种方式的优点是作业方法单纯、前置时间短、导入容易且弹性大、作业员责任明确、派工容易公平、拣货后不用再进行分类作业，适用于大量订单的处理。这种方式的缺点是商品品项多时，拣货行走路径加长，拣取效率降低、拣货区域大时，搬运系统设计困难。

（2）批量拣取。这种作业方式把多张订单集合成一批，依商品别将数量加总后再进行拣取，之后依客户订单别作分类处理。此种作业方式的优点是适合订单数量庞大的系统，可以缩短拣取时行走搬运的距离，增加单位时间的拣货量。缺点是对订单的到来无法做即刻的反应，必须等订单累积到一定数量时才作一次处理，因此会有停滞的时间产生。

批量拣取的订单分批有四项原则：

A. 合计量分批原则：将进行拣货作业前所有累积订单中的货品依品项别合计总量，再根据此总量选定拣取。它适合固定点间的周期性配送。优点是一次拣出商品总量，可使平均拣货距离最短。缺点是必须经过功能较强的分类系统完成分类作业，订单数不可过多。

B. 时窗分批原则：当订单到达至出货所需时间非常紧迫时，可利用此策略开启短暂时窗，例如 5~10 分钟，再将此时窗中所到达的订单作成一批，进行拣取。此分批方式较适合密集频繁的订单，且较能应付紧急插单的需求。

C. 定量分批原则：订单分批按先进先出（FIFO）的基本原则，当累计订单数达到设定固定量后，再开始进行拣货作业。优点是维持稳定的拣货效率，使自动化的拣货、分类设备得以发挥最大功效。缺点是订单的商品总量变化不宜太大，否则会造成分类作业的不经济。

D. 智能型的分批原则：订单汇集后，必须经过较复杂的电脑计算程序，将拣取路线相近的订单集中处理，求得最佳的订单分批，可大量缩短拣货行走搬运距离。优点是分批时已考虑到订单的类似性及拣货路径的顺序，使拣货效率进一步提高。缺点是软件技术层次较高不易达成，且信息处理的前置时间较长。

因此，采用智能型分批原则的配送中心通常将前一天的订单汇集后，经过电脑处理在当日下班前产生明日的拣货单，但若发生紧急插单处理作业较为困难。

订单别拣取和批量拣取是两种最基本的拣货策略，比较而言，订单别拣取弹性较大，临时性的生产能力调整较为容易，适合客户少样多量订货、订货大小差异较大、订单数量变化频繁、有季节性趋势且货品外形体积变化较大、货品特性差异较大、分类作业较难进行的配送中心。批量拣取的作业方式通常在系统化、自动化后生产能力调整能力较小,适用于订单大小变化小、订单数量稳定且货品外形体积较规则固定以及需要流通加工的配送中心。除这两项基本的拣货策略外,由这两策略引申出的拣货策略还包括下述五项:

（3）复合拣取。复合拣取为订单别拣取及批量拣取的组合;可依订单品项数量决定哪些订单适于订单别拣取,哪些适合批量拣取。

（4）分类式拣取。这是一次处理多张订单,且在拣取各种商品的同时,把商品按照客户订单别分类放置的方式。举例来说,一次拣取五六张订单时,每次拣取用台车或笼车带此五六家客户的篮子,然后边拣取边分客户。如此可减轻事后分类的麻烦,对提升拣货效益更有助益,较适合每张订单量不大的情况。

（5）分区、不分区拣取。不论是采用订单别或批量别拣取,从效率上考虑皆可配合采用分区或不分区的作业策略。所谓分区作业就是将拣取作业场地做区域划分,每一个作业员负责拣取固定区域内的商品。而其分区方式又可分为拣货单位分区、拣货方式分区及工作分区。事实上在作拣货分区时也要考虑储存分区的部分,必须先针对储存分区进行了解、规划,才能使系统整体的配合趋于完善,图 3-16 就是进行分区决策思考时的程序。

● **商品特性分区**:根据商品原有特性来划分储存区域。

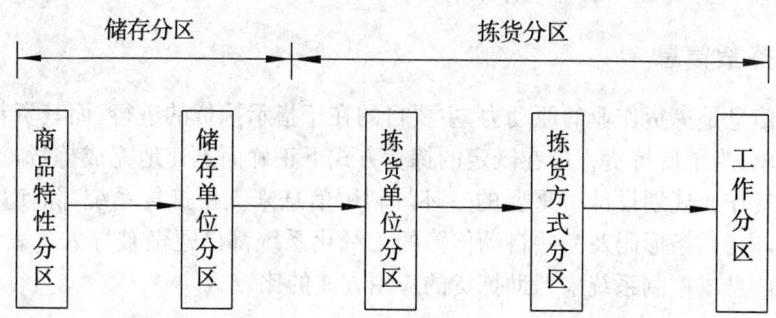

图 3-16　储存与拣货分区

● **储存单位分区**:将相同储存单位的商品集中便可形成储存单位分区。

● **拣货单位分区**:根据需求的拣货单位(拣取栈板或拣取箱)来做分区。

● **拣货方式分区**:在同一拣货单位分区内,若打算采用不同方式及设备的拣取,则需作拣货方式的分区考虑。

● **工作分区**:先订出工作分区的组合并预计其生产能力,再计算所需的工作。

（6）接力拣取。这种方法与分区拣取类似,先决定拣货员各自分担的产品项目或料架的责任范围,各拣货员只拣取拣货单中自己所负责的部分,然后以接力的方式交给下一位拣货员。

(7) 订单分割拣取。当一张订单所订购的商品项目较多,或打算设计一个讲求及时快速处理的拣货系统时,为了使其能在短时间内完成拣货处理,故利用此策略将订单切分成若干子订单,交由不同的拣货人员同时进行拣货作业以加速拣货的完成。订单分割策略必须与分区策略联合运用才能有效发挥长处。

以上七种策略可与搬运车或动力、无动力输送机相互配合形成不同组合的作业系统,而不同的拣货策略与各种储存策略的配合也有差异,如表 3 - 17 所示。

表 3 - 17   拣取策略与储存策略配合情形

储 存 策 略	拣 货 策 略						接力式拣取	订单分割拣取
	订单别拣取		批量拣取		分类式拣取			
	分区	不分区	分区	不分区	分区	不分区		
定位储存	○	○	○	○	○	○	○	○
随机储存	×	×	△	×	×	×	×	○
分类储存	○	○	○	○	○	○	○	○
分类随机储存	△	×	○	○	○	△	△	○

○:适合   △:尚可   ×:不适合

二、拣货信息

拣货信息是拣货作业的原动力,主要目的在于指示拣货的进行,而其资料来自客户的订单,为了使拣货人员在既定的拣货方式下正确而迅速地完成拣货,拣货信息成为拣货作业规划设计中重要的一环。利用信息来支持拣货系统,除使用单据的传达外,电脑、条形码及一些自动传输的无纸化系统都已逐渐被导入。表 3 - 18 即为利用信息或控制系统来辅助拣货的应用方式的比较。

表 3 - 18   拣货信息的分类与比较

分类	方 式	优 点	缺 点
传票	直接利用客户的订单(分页或影印本)或以公司的交货单来作为拣货指示凭据	不利用电脑等设备处理拣货信息,适用于订购品项数甚少或小量订单的情况,较配合订单别拣取方式	此类传票易在拣货过程中受污损,或因存货不足、缺货等注记直接写在传票上,导致作业过程发生错误,或无法判别确认 未标示储位的产品,必须靠拣货人员的记忆在储区中寻找存货位置,造成许多无谓的搜寻及走行

（续表）

分　类	方　式	优　点	缺　点
拣货单	将原始的客户订单输入电脑后进行拣货信息处理再打印拣货单的方式	避免传票在拣取过程中受污损。检品过程中再使用原始传票查对，可修正拣货过程或拣货单打印发生的错误 产品的储位编号显示在拣货单上，同时可按路径先后次序排列储位编号，引导拣货员循最短路径拣货 可充分配合分批、分区、订单分割等拣货策略，提升拣货效率	拣货单处理打印工作耗费人力、时间 拣货完成后仍经过检品过程，以确保其正确无误
贴标签	由印表机印出所需拣货之物品名称、位置、价格等信息的拣货标签，数量相当于拣取量，在拣取的同时贴标签于物品上，以作为确认数量的方式	结合拣取与贴标签动作，缩短整体作业时间 可落实拣取时即清点拣取量的步骤（如果拣取未完成标签已贴完，或拣取完成但标签却仍有剩，则表示拣取过程可能有错误发生），提高拣货的正确性	若要同时印出价格标签，必须统一下游销售点的商品价格及标签型式，价格标签必须贴在单品上，至于单品以上的包装作业则较困难

目前比较新的拣货信息传递方式有：电子标签、条形码、无线电辨识器等。电子标签通过在料架上装设液晶显示器，显示出应拣取数。利用扫描器来读取表示料架位置号码的条形码后，什么货品放在何处保管的信息即能轻易取得。这对缩短寻找货品时间有很大的帮助。无线电辨识器运作方式为：将资料传递器安装在移动设备上，将能接受并发射电波的ID卡或标签等的信息反应器安装在货品或储位上，当移动设备接近传递器时，传递器即读取反应器上的信息，通过天线由控制器辨识读出，再传至电脑作控制管理。必要时也可利用此法将反应器上的信息改写。无线通信是在堆高机上承载着无线通信设备，通过该套无线通信设备，把应从哪个料架位置的哪个栈板拣货的信息指示给堆高机上的司机，指导其完成拣货。电脑随行指示是在堆高机或台车上设置辅助拣货的电脑终端机，拣取前先将拣货资料输入此电脑，拣货人员即可根据电脑屏幕的显示到正确位置拣取正确货品。自动拣货系统是拣取的动作由自动的机械负责，电子信息输入后自动完成拣货作业，没有人工介入，这是目前国外拣货设备研究发展的方向。

三、拣货模式

拣货系统因各种仓库作业不同而千差万别,从货品包装单元来看,在储存方面有以栈板为单位、箱为单位,甚至从箱中取出单件的单件单位的保管;同样的,相对应这些储存单元也有许多不同的拣货模式,一般的拣货模式是这些储存单元的组合,如表3-19所示。

表3-19 拣货的出库模式

模　式	储　存　单　位	拣　货　单　位	记　　　录
Ⅰ	栈板	栈板	P→P
Ⅱ	栈板	栈板＋箱	P→P+C
Ⅲ	栈板	箱	P→C
Ⅳ	箱	箱	C→C
Ⅴ	箱	箱＋单品	C→C+B
Ⅵ	箱	单品	C→B
Ⅶ	单品	单品	B→B

P:栈板(Pallet)　C:箱(Case)　B:单品(散装,Bulk)

对应上述七种模式的设备也有所不同,简单介绍如表3-20所示。

表3-20 七种模式的设备选择

模　式	说　　　　　明
P→P	从储存单位为栈板的储区将货品以栈板为单位拣出
P→P+C	从储区单位为栈板的储区将货品以栈板或箱为单位拣出
P→C	从储存单位为栈板的储区将货品以箱为单位拣出
C→C	从储存单位为箱的储区将货品以箱为单位拣出,对应此模式的设备一般多使用流动棚架及输送机
C→C+B	从储存单位为箱的储区将货品以箱或单品为单位拣出
C→B	从储存单位为箱的储区将货品以单品为单位拣出,此模式为多种少量拣货的代表性模式
B→B	从储存单位为零散单件的储区将货品以所需的零散单品为单位拣出

四、拣货的布置模型

物流效率化的基本想法应是考虑合理化的动线,也就是希望货品由入库开始,至出库为止都能运行顺畅,即让进货、储存、拣货、出货等都能合理地流动。而拣货往往又是配送中心最费时的工作,因而配合选用的拣货方式作最佳的布置,可使配送中心的整体运作更为迅速。以下列出几种较常用的布置模型。

(一) 不需要补货搬运作业,储存与拣货的储料架并不分开的作业模型

这种模型又可分为以下三种基本布置。

(1) 使用两面开放式的棚、料架。这是一种合理的布置模型,进货→保管→拣货→出货都是单向通行的流动线。在进货区把货品直接从货车卸于入库输送机上,入库输送机就自动将货品送到储存区。在储存区采用流动棚架或料架来保管货品,作业员从流动棚、料架的补给侧将进货品置入,货品自动地流向拣货区域侧,提高了拣货效率。而在拣货区,所有物品都整齐排列,所以很容易进行拣货,之后将拣完的货品立即放在出库输送机上,让出库输送机自动把货品送到出货区。

此模型的优点在于:使用流动棚、料架,仅在拣货区的通路一侧行走就可拣出各种货品;使用出库输送机,不但作业员不必拿着货品走,而且还可减少拣货作业的走行;入出库输送机分开可同时进行入库、出库的作业。

这种模型较适用于小规模的物流中心,如果打算在规模较大的配送中心运用,则可并用多列这种模型。

(2) 使用单面开放式的棚、料架。使用单面开放式的棚、料架,其入库与出库必在棚、料架的同一面,因而入库、出库输送机是同一条,其布置方式虽与前述模型不相同,但其理念大致相似,也是要让整个布置动线合理顺畅地流动。

这种模型由于入库、出库输送机共享,因而入库、出库的时机有必要错开,以避免造成混淆及混乱,但相对的其空间需求较少。

(3) 棚、料架上下层分开作业的方式。针对上述两基本模型,如果打算在有限的空间处理大规模的货品,下层荷重高规划、较大型料架采用 P→C 的拣货模式,而上层负重轻、安排小型棚架采用 C→C 的拣货模式。如此利用上下层将不同作业性质分开处理的方式,不仅可善用空间,同时可依据资料分析将 P→C 与 C→C 两种拣货模型组合起来,因而此模型如今应用较多且利用价值高。

(二) 储存与拣货不在同一棚、料架,需要经由补货作业的拣货模型

这种补货的模型布置较适合进出货量差异大,或入库、出库单位形态不同的货品。这种模型与(1)的差别在于多了补货的步骤,但要注意补货的动线需要与储存、拣货一致,这样效率才不会受影响。

如果作业形态属于多样少量的出货方式(C→B 的模式),同一拣货员所拣取货

品品项可能分散在输送机的两方,如果仍采用上面所讲的布置,拣货员拣完一棚架后要再回头去拣取对面棚架上的货品,为求更高的出货效率,只要稍微调整输送机的设计布置即可,其特点在于:拣货区的出库输送机两侧多设置了无动力的拣货输送机。当作业开始时,拣货员由拣货区域的左上端开始拣货,利用拣货输送机一边推着空塑胶箱,一边按照拣货单依箭头方向在流动棚架前方边走边拣货,到达右端后再回过头沿着另一侧的流动棚架继续拣货。

按照这样的方式,拣货员可快速地把所有种类的货品拣出来,如果在拣货中途就完成拣货作业,也可把拣完货的塑胶箱由拣货输送机移至出库输送机上,如此一来,已完成拣货的塑胶箱就不会妨碍下一个拣货作业,而且已完成拣货的塑胶箱可依次迅速地送至出库区。

第八节　补货作业

补货作业包括从保管区域将货品移到为了做订单拣取的动管拣货区域,然后将此迁移作业作书面处理。

一般以栈板为单位的补货,其主要作业流程如图 3-17 所示。即使是以箱为保管单位,补货流程亦大致相同。

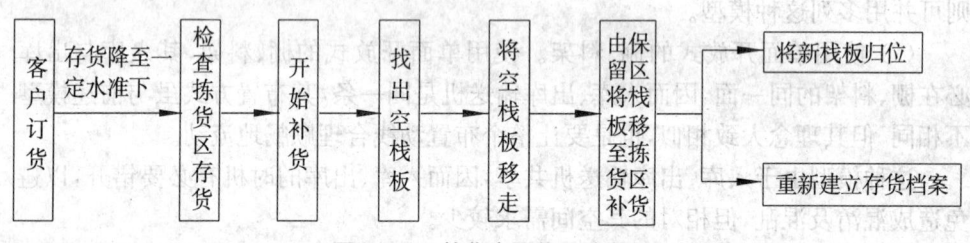

图 3-17　补货主要作业流程图

一、补货方式

(1) 整箱补货:由料架保管区补货至流动棚架的动管区。这种补货方式保管区为料架储放,动管拣货区为两面开放式的流动棚。拣货时拣货员在流动棚拣取区拣取单品放入浅箱(篮)中,而后放至输送机运至出货区。而当拣取后发觉动管区的存货已低于水准之下则要进行补货的动作。补货方式为作业员到料架保管区取货箱,以手推车载箱到拣货区,由流动棚架的后方(非拣取面)补货。这样保管动管区储放形态的补货方式较适合体积小且少量多样出货的货品。

(2) 整栈补货(一):由地板堆叠保管区补货至地板堆叠动管区。这种补货方式保管区为以栈板为单位地板平置堆叠储放,动管区也为以栈板为单位地板平置堆叠储放,不同之处在于保管区的面积较大,储放货品量较多,而动管区的面积较小,储放货品量较少。拣取时拣货员于拣取区拣取栈板上的货箱,放至中央输送机出货;或者,可使用堆高机将栈板整个送至出货区(当拣取大量品项时)。而当拣取后发觉动管拣取区的存货低于水准之下,则要进行补货动作,其补货方式为:作业员以堆高机由栈板平置堆叠的保管区搬运栈板至同样是栈板平置堆叠的拣货动管区。此保管、动管区储放形态的补货方式较适合体积大或出货量多的货品。

(3) 整栈补货(二):由地板堆叠保管区补货至栈板料架动管区。这种补货方式保管区为以栈板为单位地板平置堆叠储放,动管区则为栈板料架储放。拣取时拣货员在拣取区搭乘牵引车(Walkie Tractors)拉着推车移动拣货,拣取后再将推车送至输送机轨道出货。一旦发觉拣取后动管区的库存太低,则要进行补货动作,补货方式为作业员使用堆高机很快地到地板平置堆叠的保管区搬回栈板,送至动管区栈板料架上储放。这样保管、动管区储放形态的补货方式较适合体积中等或中量(以箱为单位)出货的货品。

(4) 料架上层至料架下层的补货。这种补货方式为保管区与动管区属于同一料架,也就是将一料架上两手方便拿取的地方(中下层)作为动管区,不容易拿取的地方(上层)作为保管区。而进货时将动管区放不下的多余货箱放至上层保管区。在动管拣取区进行拣货,而当动管区的货低于水准之下则可利用堆高机将上层保管区的货品搬至下层动管区补货。这样保管动管区储放形态的补货方式较适合体积不大,每品项存货量不高,且出货多属中小量(以箱为单位)的货品。

二、补货时机

究竟何时检查动管区存量,何时将保管区的货补至动管区,以避免拣货中途才发觉动管区的货量不够,再临时补货影响整个出货时间的情形。对于补货时机的掌握有如下三种方式,至于该选用哪一种应视公司的决策方向而定。

(1) 批次补货。在每天或每一批次拣取前,经由电脑计算得货品总拣取量,再相对查看动管拣货区的货品量,在拣取前一特定时点补足货品。这是一次补足的补货原则,较适合一日内作业量变化不大,紧急插单不多,或是每批次拣取量大,要事先掌握的情况。

(2) 定时补货。将每天划分为数个时点,补货人员于时段内检视动管拣货区货架上货品存量,若不足即马上将货架补满。这就是定时补足的补货原则,较适合分批拣货时间固定,且处理紧急时间亦固定的公司。

(3) 随机补货。指定专门的补货人员,随时巡视动管拣货区的货品存量,有不足随时补货的方式。这是不定时补足的补货原则,较适合每批次拣取量不大,紧急插单多,一日内作业量不易事前掌握的情况。

第九节 出货作业

将拣取分类完成的货品作好出货检查,装入妥当的容器,做好标示,根据车辆趟次别或厂商别等指示将物品运至出货准备区,最后装车配送。这一连串过程即为出货作业的内容。

一、分货

拣货作业完毕后,再将物品按客户别或配送路线别作分类的工作,就是分货。

分货大多依客户别或配送路线别为依据来做分类。分货的运用方式一般有下述三种:

(1) 人工目视处理。全由人工依订单或传票判断来进行分货,也就是不凭借任何电脑或自动化的辅助设备,拣取作业后按订单或传票信息将各客户的订购货品放入已贴好各客户标签的货篮中。

(2) 自动分类机。为适应近年来对物流快速、正确的要求,以及多品种少量订货的市场趋势,自动分类机兴起且正被广泛运用。自动分类机是利用电脑及辨识系统来达到分类目标的设备,具有迅速、正确、不费力的效果,尤其在拣取数量或分类数量众多时,更有效率。

(3) 旋转架分类。为节省成本,也有使用旋转架取代自动分类机的方式。分类时将旋转架的每一格位当成客户的出货篮,只要在电脑中输入各客户的代号,旋转架即会自动将其货篮转至作业员面前,让其将批量拣取的物品放入进行分类。同样,即使没有动力的小型旋转架,为节省空间也可作为人工目视处理的货篮,只不过作业员根据每格位上的客户标签自行旋转找寻,以便将货品放入正确储位中。

二、出货检查

出货检查作业包括把拣取物品依客户、车次对象等作产品号码及数量的核对,及实施产品状态及品质的检验。

在拣货作业后的物品检查,因耗费时间及人力,在效率上也是个大问题。出货检查属于确认拣货作业是否产生错误的处理作业,如果能先找出让拣货作业不会发生错误的方法,就能免除事后的检查,或只对少数易出错物品作检查。

出货检查最简单的做法就是人工检查,也就是将货品一个个点数并逐一核对出货单,再查验出货的品质水准及状态。以状态及品质检验而言,纯人工逐项或抽样检查的确有其必要性,但对于货品号码及数量核对来说,以纯人工方式就可能无效率也较难将问题找出,即使是采取多次的检查作业,耗费了许多时间,错误却依然存在。因此,从效率及效用考虑,如今在数量及号码检查的方式上已有许多突破,包括:

(1)商品条形码检查法。这种方法的基础就是要导入条形码,让条形码跟着货品跑。当进行出货检查时,将拣出货品的条形码以扫描机读出,电脑就会自动将资料与出货单比对,检查是否有数量或号码上的差异。

(2)声音输入检查法。声音输入检查法是一项新的技术,是由作业员发声读出货品的名称(或代号)及数量,之后电脑接收声音作自动判识,转成资料再与出货单进行比对。此方式的优点在于作业员只用嘴巴读取资料,手脚仍可做其他的工作,自由度较高。但要注意的是,声音的发音要准,且每次发音字数有限,否则电脑辨识困难,可能产生错误。

(3)重量计算检查法。它是先利用自动加总出货单上的货品重量,而后将拣出货品以计重器秤出总重,再将两者互相比对的检查方式。如果能利用装有重量检核系统的拣货台车拣货,则在拣取过程中就能利用此法来做检查,拣货员每拣取一样货品,台车上的计重器就会自动显示其重量作查对,如此可完全省去事后的检查工作,在效率及正确性上的效果将更佳。

三、出货时的包装

根据日本工业规格(JIS),可将包装分为销售包装、内包装及外包装三种。

(1)销售包装:指货品的个别包装,这是为了提高货品的商品价值及为美观或保护货品,考虑使用适当的材料或容器对货品所作的包装。

(2)内包装:指货物包装的内层,即考虑水、湿气、光热、冲击等对物品的影响,而使用适当的材料或容器对物品所作的包装。

(3)外包装:指货物包装的外层,即将物品装入箱、袋、木桶、罐等容器,或在无容器的状态下,将货物加以捆绑、施加记号及打包符号等。要注意,外装容器的规格也是影响物流效率的重要因素,因其尺寸与栈板、搬运设备尺寸是否搭配直接关系到进出货作业的运行速率,而且荷重、耐冲、抗压能力也关系到货品损坏程度。

内包装及外包装又可统称为运输(工业)包装,对于运输货物的包装,通常不求装潢美观,只求坚固耐用,以免货物经长距离辗转运输而遭受损失。

四、出货状况调查

有效掌握出货状况等于掌握了公司营运的效益,对于作业管理及服务客户有很大的帮助。以下列举出货状况调查表(见表3-21)与出货形式作业表(见表3-22),以详细了解货品及车辆的出货情形。

表 3-21　出货状况调查表(时间:日)

项　　目	平　均　值	极　限　值
出货对象数量		
一日内出货厂数	平均:	最多:
一日内出货品项数	平均:	最多:
配送车种	吨数:	
车辆台数/日	平均:	最多:
每一车装货(出货)时间	平均:	最多:
出货运送点数		
每一方面出货捆包数	平均:	最多:
出货所需人员数	平均:	最多:
一日出货的总重或总体积	总重:	总体积:
出货形式		
出货距离	平均:	最远:

出货时间带:(每一时刻出货的车数调查)

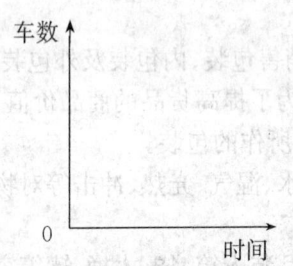

表 3-22　出货形式作业表

	拣货单位	经　由　作　业	出货单位
订单拣取	P	捆栈(上包装膜或绳索固定)	P
	P	卸栈→捆包	C
	C	捆包	C
	B	装箱	C
	B	无	B

（续表）

拣货单位	经 由 作 业	出货单位
P	1. 捆栈(栈板物属同一客户) 2. 卸栈→分类→叠栈→捆栈 (拣取的栈板物不属同一客户)	P
P	卸栈→分类→捆包	C
P	卸栈→拆箱→分类→包装	B
C	1. 分类→捆包(整箱属同一客户) 2. 拆箱→分类→装箱 (整箱不同一客户)	C
C	拆箱→分类	B
B	分类→装箱	C
B	分类	B

批量拣取

P: 栈板　C: 箱子　B: 单件

从配送中心的内容来看,在拣取方面一般有以栈板、箱、单品为单位的拣取。同理,出货的形式也由此三单位来运作,因此针对不同的拣货及出货形式,必须采用不同的作业方式。

在配送中心,物品经由入库作业,然后经过储存、搬运等作业,最后再由出库作业送至消费者手中,其中每一个环节的作业都对最后的物流效果产生影响。因此了解每个物流作业的内容及管理内容对于配送中心的运作管理是非常重要的。

本 章 小 结

配送中心的物流作业是一个有连贯性的操作过程,其基本环节主要有进货作业、搬运作业、储存作业、盘点作业、订单处理作业、拣货作业、补货作业、出货作业、配送作业等。

物流的交易起始于客户的询价、业务部门的报价,然后是接收订单,业务部门查询出货日的存货状况、装卸货能力、流通加工负荷情况、包装能力、配送负荷情况等,并根据这些内容来答复客户,当订单无法满足客户的要求时,业务部门就要对订单进行协调。

接收订单后,如果物流中心的货品不能满足最低需求时,物流中心就要向供货厂商或制造厂商订购商品。入库进货管理员即根据采购单上预定入库日期做入库作业排程计划和入库月台排程计划。在商品入库当日,当货品进入时做入库验收,同时做好退货工作。接着由电脑或管理人员根据仓库区域规划管理原则或商品生命周期等因素来指定储放位置,将商品入库上架。

仓库区的管理包括规划货品在仓库区域内的摆放方式、区域大小、区域的分布等。库存数量的控制是根据货品出库数量、入库所需时间等来确定采购数量和采购时点,并设置采购时点预警系统。此外,还要规定库存盘点方法,定期制作盘点清册,根据盘点清册内容清查库存数、修正库存账册并完成盘盈盘亏报表。

在出库日,当库存充足可以满足出货需求时,就根据需求数打印出库拣货单及各项拣货指示,同时进行拣货区域的规划布置、工具的选用及人员调派等工作。要使拣货作业做得流畅、不能缺货,这就需要靠补货作业来完成,补货作业包括确定补货水准、设定补货时点、对补货作业排程、调派补货作业人员等内容。完成货品的拣取及流通加工作业之后,就可以进行商品的出货作业了。

 **思考题**

1. 画图说明配送中心的主要作业环节。
2. 进货作业管理要点有哪些?
3. 储存的主要策略有哪些? 举例说明其应用方法。
4. 举例说明搬运的分析方法。
5. 什么是 ABC 分析法?
6. 画出订单处理流程。
7. 举例说明拣货作业的主要策略。
8. 说明出货检查要点。

 实践应用

项目名称	物流作业操作		
指导老师		学生姓名	
时 间		地 点	
目 的	1. 专业技能目标 使学生掌握主要物流作业操作流程及操作方法。 2. 通用技能目标 • 规划安排的能力		

（续表）

目　的	• 对数字、事实分析判断的能力 • 团队合作的能力 • 与外界的沟通能力 • 口头表达能力
背景或任务	在物流实验室或选择当地一家物流公司,组织学生进行现场作业操作。
程　序	1. 了解项目的目的 2. 收集实训企业有关基本资料 3. 分析物流主要的作业环节及操作流程和要点 4. 完成现场考核
实施步骤	1. 了解项目的目的 2. 分组,将全班同学分成不同的小组,每组4～5个人 3. 确定实践地点 选择当地一家物流公司,如自建有物流实验室则选择实验室。 4. 与物流公司工作人员一起设计进货、保管、出货作业流程,并准备有关单据道具 5. 根据分组,抽签决定不同的小组从事不同的作业内容,然后转换工作内容,现场考核学生物流作业的操作能力 6. 评分
评分标准	该项目成绩占学期成绩的　　 %。 　本次项目的成绩评定:该项目现场评分,评分由企业工作人员评定。

第四章 输 配 送 管 理

学习目标

1. 了解运输的功能与原理
2. 熟悉主要的运输方式
3. 掌握输配送服务的要点
4. 熟悉与输配送规划有关的表单
5. 知晓物流外包时输配送管理的内容
6. 了解配送中心车辆的营运管理内容

【引导案例】

送货服务需考虑的因素

Jerry 是一名刚毕业的物流管理专业的大专生,他正在一家大型综合超市的团购部门工作。为了更好地服务客户,公司决定为团购的客户提供上门送货服务。于是公司委派 Jerry 选择合适的运输公司来完成这项工作。为此,Jerry 首先要知道运输大约有几种方式,各自的优缺点是什么。其次他要在此基础上确定适合本公司团购商品的运输方式。再次他要弄清楚提供运输服务的供应商有几种类型。这样才能有针对地寻找一些潜在的运输公司,请他们报价。最后 Jerry 还需要了解选择评估运输公司的步骤和方法,并根据这些方法来最终确定合适的运输公司。下面一起随着 Jerry 来学习有关运输的知识。

第一节 运 输 概 述

输送与配送是完成货物流通的基本作业方式,也是构成物流网络的基本要素。

运输是指货物在主要据点间的运输服务,而配送是指货物在运输单位基地或主要据点与顾客间的运输服务。也有人将运输称为主线运输,将配送称为集散运输。对于连锁企业而言,一个完整的货物运输是经过配送(综合配送中心集货)→运输(将货物运至地区配送中心)→配送(地区配送中心配货)的基本程序,而完成的一项物流作业。

一、运输的功能与原理

运输是物流的关键功能之一。我们经常可以看到正在运送商品或停放在配送中心的运输工具,这为我们了解运输提供了一定的条件,但我们仍然需要必要的运输知识来深刻理解运输在物流中的重要作用。运输在物流活动中提供商品转移和商品储存两大功能。

(一)运输功能

(1)运送功能。商品在价值链中不断从上一级转移到下一级,这一切都离不开运输。由于运输要利用包括时间、资金、环境在内的各种资源,所以,只有当运输确实能提高商品价值时,这样的移动才是有价值的和重要的。

运输之所以涉及利用时间资源,是因为商品在运输过程中是难以存取的。这里的商品通常是指转移中的存货。各种供应链战略,如准时化和快速响应等战略都要考虑时间因素,以减少配送中心的存货。

运输过程中,不论企业使用的是自己的车队还是使用商业运输公司或公共运输承运人,都必须支出费用。这些费用包括驾驶员的工资津贴、运输工具的运行费用,以及一般杂费和行政管理费用。此外,还要考虑到商品灭失损坏的风险,以及因此而必须补偿的费用。

运输还使用环境资源。运输业是能源(即燃料和石油)消费大户。目前,政府正在积极推广燃效更高的运输工具及新型节能燃料,这样的实践虽然能够缓解运输中能源消耗水平,但由于全球化经营的快速增长,运距不断延长,在未来运输业中能源的消耗量仍可能稳定在一定水平上。同时,运输还会造成道路拥挤、交通效率下降、空气污染和噪声污染等问题,从而产生环境保护费用。

从以上分析可以看出,运输的主要目的是要以最低的时间、财务和环境资源成本,将商品从供应地点转移到需要地点。此外,还要保证商品完好率尽可能高。同时,在进行运输决策时,必须满足门店和客户的有关交付履行和装运信息的可得性等多方面的要求,从而保证物流服务质量。

(2)储存功能。把运输工具作为商品临时储存的场所体现了运输的储存功能,但这样的储存设施成本相当高。然而,在有些特殊情况下,这种决策还是有实际意义的。例如,送往上海的商品,在短时间后又要送往另一个地点,我们就可以将商品在仓库卸下来和再装上去的成本与储存在运输工具中的成本进行比较,也许储存在运输工具上的成本会更低。

在仓库空间有限的情况下,利用运输车辆储存也许不失为一种可行的选择。可以采取的方法是将商品装到运输车辆上去,然后采用迂回线路或间接线路运往目的地。因为迂回线路运输时间将大于直接的线路。当起始地或目的地仓库的储存能力有限时,这样做是合情合理的。这种情况下,运输车辆被用做临时储存设施,但它不是静止的而是移动的。

有时我们还可以采用改道的方法,解决商品临时储存的问题。这是当交付的货物处在转移之中,而原来的装运目的地被改变时才会发生。例如,假定某车商品最初计划从上海装运到北京,但是,在运输过程中,在信息系统中了解到天津对该商品的需求量更大,于是就有可能要求运输工具改道,将天津作为目的地。这类任务可以通过配送中心利用连锁企业总部与运输工具之间的卫星通讯来有效处理。

总之,虽然利用运输工具作为临时储存设施是高成本的,但如果考虑到装卸成本、固定设施有限的储存能力、营销机会、交付时间的约束等条件,从总成本的角度来看这样做有可能是正确的。

(二) 运输原理

指导运输管理和营运的两条基本原理分别是规模经济和距离经济。规模经济的特点是随装运规模的增长,使每单位重量的运输成本下降。例如整车装运的每吨成本低于零担装运(LTL,也即利用部分车辆能力进行装运)。也可以这么说,铁路或水路运输能力较大的运输工具,其每单位重量的费用要低于诸如汽车或飞机之类运输能力较小的运输工具。运输规模经济之所以存在,是因为与转移一票货物有关的固定费用可以按整票货物的重量分摊。因而,一票货物越重,就越能"摊薄"成本,由此使每单位重量的成本降低。与货物转移有关的固定费用包括运输订单的行政管理费用、定位运输工具的费用、开票以及设备费用等。这些费用之所以是固定的,是因为它们不随装运的数量而变化。换句话说,管理 1 千克货物装运的费用与管理 1 000 千克货物装运的费用一样多。例如,假定管理一票货物装运的费用为 10 元,那么,装运 1 千克货物的每单位重量成本为 10 元,而装运 1 000 千克货物的每单位重量的成本则为 1 分。于是,可以这么说,1 000 千克货物在装运中存在着规模经济。

距离经济的特点是指每单位距离的运输成本随距离的增加而减少。例如,800千米的一次装运成本低于 400 千米的两次装运(具有相同的重量)。运输的距离经济也指递减原理,距离越长,运费率越低。距离经济的合理性类似于规模经济。尤其是,运输工具装卸所发生的相对固定的费用必须分摊每单位距离的变动费用。距离越长,可以使固定费用分摊给更多的千米,导致每千米支付的总费用降低。

在评估各种运输战略方案或营运业务时,这些原理是重点考虑因素。其目的是要使装运的规模和距离尽量大,同时仍要满足顾客的服务期望。

二、主要的运输方式

(一)公路运输

改革开放后,公路运输迅速扩张。在很大程度上,公路运输的迅速增长归功于灵活的门对门服务和快捷的城市间城市内运输。

与铁路相比,公路运输公司在固定设施方面投资相对较少,因为运营公路由政府维修保养,但是公路运输运行成本相当可观。公路运输的主要成本有驾驶员的工资、购置车辆的费用、与营运里程有关的燃料费、轮胎磨损费、汽车维修费和行政管理费等,所以汽车常用于配送产品的短距离运输。尽管在公路运输中存在各种各样的问题,但是可以预见,公路运输将继续起着物流作业中的骨干作用。

公路运输,按照形态划分,可以分为单一货车运输及联合运输两种;根据经营方式划分,可以分为一般货车和集配车;根据运输方式又可以分为整车运输及零担运输;根据作业时间可以分为长途运输和短途运输。如表 4-1 所示。

表 4-1 公路运输的分类

划 分 标 准	项 目
按照形态划分	单一货车运输 • 一般卡车 • 曳引车及半拖车 • 全拖车 联合运输
按照经营方式划分	一般货车 • 特快车 • 直达车 • 普通车 集配车 • 按路线装运 • 按区装运
按照运输方式划分	零担运输 整车运输
按照作业时间划分	长途运输 • 直接运输 • 穿梭运输 • 交替运输 短途运输

(1) 单一货车运输。这种运输方式主要是由公路的单一运输工具来完成任务,且该运输工具可以在主线运输上进行调派与运用。单一运输的主要运输形式有以下几种:

● 一般卡车:就是一般厂商较常用的卡车或货车,体积比拖车小,载运量较小,一般适用于市区内的货物配送。

● 曳引车及半拖车:曳引车及半拖车通常联合使用,其载运量约为货车容量的2~3倍。半拖车与曳引车也可以分离使用,拖车可以先在场站装货,以减少司机等候装卸的时间。由于其容量大,故适合在较大运量时使用。半拖车又分为三车轴、四车轴和五车轴等三种。

● 全拖车:全拖车又称为后拖车或尾车。拖车两端都有轮子,可以挂钩,与一般货车联结成两节车厢,以增加载运容量,主要用于大站之间的运送。全拖车可以根据拖车车厢长度,分为双节拖车和大型双节拖车两种。

(2) 一般货车:一般货车又分为特快车和直达车、普通车。

● 特快车:由起点站到终点站直达,中途不再装卸,一般均使用曳引车及半拖车运送。

● 直达车:在行驶线路上仅停靠少数站点。

以上两种派车方式,均使用于大站间的运输。

● 普通车:沿线装卸货物,提供由小站到大站、大站到小站的运输服务;缺点是容易发生闲置容量。

(3) 集配车:集配车主要是收集需要托运的货物,以及将路线班车所卸下的货物送到收货人处所使用的货车,一般均使用小型货车。在城市中,调派装运零担货物的集配车,主要有以下两种方式:

● 按路线装运:将配送地点按运送的货物量排成顺序号,货物按顺序装卸(先上的后装卸)。

● 按区装运:将城市分成若干区域,当路线班车达到场站后,将货物按收货人所在位置的区域分别登记,并将货物送至等候的集配车上。因此,每一个区域都有共用的集配车,不必再卸放在站场上。

(4) 零担运输:零担运输属于路线运输,多承运小宗零担货运,具有固定班次,并行驶一定路线,根据各营业所、站的货物承运量,编制各种路线的派车表,其营业所、站相当于货物集配中心,便于货物的分类、储存和配送,其营运效率较高。但由于零担货运必须拥有自己的场站和固定的班次,因此投资额相当大,而且它必须占有相当的路线市场占有率,否则难以有效经营。

(5) 整车运输:整车运输大多以个别租赁的方式来承运货物,无固定的路线与班次,完全根据托运人的需求而定。由于市场零散,一般缺乏明确的营运组织,绝大多数货源通过自行寻找,或委托托运行转手方式获得。

由于城市交通拥挤的问题日益严重,政府经常实施"限时禁行大货车"的举措,因此在经营中应该考虑集配的概念,在高速公路交通道路附近设置转运站,以便装卸的货物能经由小货车在市区内配送。

(6)长途运输:大部分的作业时间用于车辆的行驶,而装卸货物时间相对较短,其作业方法又可以分为:

● 直接运输:是指一次运完,中途不经过转运,运输工具也不更换的方式。

● 穿梭运输:先以运输工具在两站间做往返运输,再用其他车辆继续转运完成。

● 交替运输:货物在运达后继续转运,中途不转车,仅更换牵引车或司机。

(7)短途运输:短途运输大部分作业时间用于装卸货物,而车辆行驶时间相对较短;常见于港口、空运站、配送中心间、铁路终点站的运输。

(二)铁路运输

铁路是陆地长距离运输的主要方式。我国从建立第一条淞沪铁路以来,至今铁路营业里程已接近6万千米,形成贯穿东西南北的铁路网络。以前,铁路在货运中占主导地位。可是随着经济的发展,消费需求的不断变化,铁路的不足之处逐渐显现出来。利用铁路进行短距离货运,运费昂贵,而且货车编组,转轨需要时间。与公路运输相比,铁路运输不能采取门到门的服务,车站固定,不能随处停车,货物滞留时间过长。所以铁路不适宜紧急运输。而且近年来,随着高速公路的建设,公路运输业蓬勃发展,使铁路的收入和吨·千米运输份额逐渐下降。

但是今天,随着人们对环境问题的日益关心,又重新开始认识铁路运输。铁路在运输市场中的份额逐渐趋于平稳。铁路之所以能够继续维持较高的运量,主要原因是铁路运行不受天气的影响,稳定安全,由于时刻表的约束,定时性好;由于运输距离经济的作用,中长距离的运费低廉;多节车厢可以进行大批量运输,更重要的是经过多年的建设,铁路网络已经几乎遍布全国,货物可以运往各地。

(三)水路运输

水路运输是最古老的运输方式。水路运输通常又可以分为海洋运输和内河运输。在过去的时间里,水路运输的市场份额有所增长,大批的产品运输逐渐从铁路和公路转移到成本更低的水路运输上。

水路运输的优点是能够运输量极大的货物,运费低,节能等。但水路运输的港口设施费用高,运输速度慢,易受天气的影响,运行时间不能保证。

对于今后的物流系统来说,水路运输仍将继续成为可利用的选择。但要将它融入整个物流系统中,与其他运输方式相结合,除了利用水路运输本身所具有的优点,还可以利用它中转存储的功能。

（四）航空运输

最新的、但利用程度也是最低的运输方式是航空运输，它主要的优点是运输速度快。用其他方式可能需要几天时间的运输，通过航空运输仅需几个小时。但也要看到航空运输的高成本，这是阻碍航空运输发展的主要因素。然而，这种高成本能够换来高速度，并因此可以减少或排除物流设计中的其他要素，例如库存。此外，航空运输能力受到飞机仓容和飞机可得性的限制。目前采用航空运输的主要是像联邦快递和 UPS 这类提供溢价运输服务的公司。所以对于高价值产品和对时间要求高的服务需求来说，航空运输还是一种理想的运输方式。

三、各种运输方式的评估

在评估各种运输方式时，要根据企业自身的需要对这些因素分配权重。一般认为运输费和运输时间是最为重要的因素。这里还需要注意的是运输服务与运输成本之间，运输成本与其他物流成本之间的"背反效益"。例如，若要减低仓储费用而频繁地使用飞机，运输成本就会增加。所以在选择运输方式时，应当以总成本作为依据，而不应仅仅考虑运输成本。

考察运输方式服务性的内容主要有以下十个方面：

- 运费的高低；
- 运输时间的长短；
- 可以运输的次数（频率）；
- 运能的大小；
- 运输货物的安全性；
- 运输货物时间的准确性；
- 运输货物的适用性；
- 能适合多种运输需要的伸缩性；
- 与其他运输方式衔接的灵活性；
- 提供货物所在位置信息的可能性。

为了说明运输方式的评估方法，现选取部分特征量：速度、灵活性、准时性、运输能力和频率对几种运输方式进行比较，如表 4-2 所示。

表 4-2　各种运输方式相关的服务特征比较

服务特征	铁　　路	公　　路	水　　路	航　　空
速度	3	2	4	1
灵活性	2	1	4	3

（续表）

服务特征	铁　路	公　路	水　路	航　空
准时性	2	1	3	4
运能	2	3	1	4
频率	3	2	4	1
合计得分	12	9	16	13

注：得分最低的排名最好。

四、运输服务供应商

以前大多数的运输服务供应商只提供单一的运输方式。运输市场中的竞争除了单一运输方式内各公司的竞争，还有各种运输方式之间的竞争。随着客户需求的变化，逐渐打破了单一运输方式的格局，形成多式联运、专门化运输等多种形式，能够更有效地满足顾客的需要。下面将分别讨论各种承运人提供的服务。

（一）单一运输服务

铁路局、公路局、航空运输公司等这些运输服务供应商仅利用一种运输方式提供服务。这种方式使承运人高度专门化、有足够的能力和高效率。然而，这种方式对多式联运来说却产生大量的困难，因为当需要多式联运时，需要与每个单一的承运人进行联系与谈判。此外，一系列的单一方式经营需要更多的管理工作，需要增加成本。

（二）专门化运输服务

由于铁路等承运人不提供小批量装运服务，于是专门化服务公司乘机进入小批量装运服务市场，解决小批量的运输需求。其中，包裹递送服务是重要的组成部分。因为在目前发展最快的营销方式之一就是无储存零售，这样就需要大量递送包裹。其次，企业间也有许多包裹要求递送，传统的邮寄方式要求企业将包裹先送至邮电局，而且递送的时间较长，也没有多种可选择的溢价服务，于是许多企业都利用专门的公司实现包裹递送。由于包裹递送公司的规模不断扩大，以及多式联运的发展，包裹递送服务正在运输市场中日益增长。在包裹递送服务的类别中既有提供定期递送服务，又有提供溢价运输服务，现将包裹递送服务的特点说明如下：

（1）基本包裹递送服务。从著名的专门化运输服务公司可以考察基本包裹递送服务的特点。包裹递送服务与传统的邮寄方式比较,更加强调服务性。要求在更短的时间内将包裹准确送至顾客手中。为了实现这些物流上的目标,必须采用专业化的技术才能使公司提供具有成本—效益的服务。

以 UPS 公司为例,该公司的基本包裹递送服务由两部分组成:一是按照重量、尺寸、要求递送的时间进行收费的货运服务;二是提供与货运服务相关的增值服务。在基本的货运服务方面,UPS 公司的做法是在全国范围内规定包裹的尺寸和重量的限制,将各种递送服务进行分类,以规范收费。增值服务主要有包裹实时跟踪、咨询服务、帮助顾客进行进口货物运费的支付等。

（2）溢价包裹递送服务。溢价包裹递送服务就是指在紧急情况下提供快速递送的服务。最先得到广泛认可的溢价包裹递送服务是由联邦速递公司于 1973 年提供的。联邦速递公司利用一支货物专用机队提供全国范围的通宵服务。联邦速递公司最初的服务之所以引人注目,是因为创新了长途运输计划,该计划将所有的包裹连夜用飞机送往位于田纳西州益菲斯的一个集散中心,在那里进行分类后重新配送。由于减少了包裹尺寸和重量限制,并增加了全球范围的目的地,使联邦速递公司所提供的服务得到了迅猛的发展。

今天,大多数像 UPS 公司、联邦速递公司等承运人都已进入了溢价包裹运输服务市场。除此外,包裹递送服务迅速增长的潜力还吸引了许多大型的汽车承运人和航空公司竞争对手进入了通宵的溢价包裹递送服务。

（三）多式联合运输服务

多式联运是指使用多种运输工具,利用各种运输方式各自的内在经济,在最低的成本条件下提供综合性的服务。这种设法把不同的运输方式综合起来的方式,也被称作"一站式"运输。最早的多式联运是铁路与公路相结合的运输方式,通常称作驮背式运输服务。现在,人们愈来愈强烈地意识到多式联运将成为一种重要的手段,以提供有效、高效的运输服务。

从技术上讲,在所有基本的运输方式之间都能够安排协调运输或多式联运。一些术语,如:驮背式运输、卡车渡运、火车渡船和运货飞机等,已成为标准的运输业行话。对于每一种多式联运的组合,其目的都是要综合各种运输方式的优点,以实现最优化的绩效。例如,一种常见的多式联运组合是公铁联运,它把汽车跑短距离的灵活性与铁路跑长距离的低成本综合起来去跑更长的距离。下面将叙述各种多式联运服务的特点,并说明各种类型的应用。

最著名的和使用最广泛的多式联运系统是将卡车拖车或集装箱装在铁路平板车上的公铁联运即驮背式运输。集装箱是被多式联运利用来储存产品的"箱子",并在汽车货运、铁路或水路运输之间进行转移。顾名思义,卡车拖车或集装箱被放在铁路平板车上作城市间长途运输,余下的行程则由卡车拖运完成。

卡车渡运、火车渡船和集装箱船等是最老式的多式联运例子。它们使用水路进行长途运输,也是最便宜的运输方式之一。卡车渡运、火车渡船和集装箱船等运输概念是指把卡车拖车、铁路车或集装箱装在驳船上或船舶上作长途运输。这类多式联运的另一种形式是"陆桥"概念,它是指通过海运与铁路相结合来运输集装箱,常用于从环太平洋到欧洲的货物运输。陆桥概念在远洋运输与铁路运输相结合的基础上,利用了单一费率的好处,它比各别费率计算的总成本要低。

多式联运的另一种形式是航空货运与卡车运输相结合。本地货运是航空运输重要的组成部分,因为航空货运最终要从飞机场运往最后交付的目的地。航空—卡车运输是溢价包裹递送服务常用的一种组合。

（四）运输服务中间商

运输服务中间商不进行运输作业操作,他们一般不拥有运输设备,但向其他厂商提供经纪服务。例如,运输服务中间商从各个托运人处汇集一定数量的装运任务,然后在大批量的基础上购买运输。这时运输服务中间商获得的运费率要低于他向各个托运人索要的运费率,那么中间商的利润就来自这两者之间的差额。运输服务中间商的主要类型有货运代理人、托运人协会、运输经纪人。

货运代理人是以营利为目的的,把来自各种顾客手中的小批量装运整合成大批量装载,然后利用公路、航空等公共承运人进行运输。

托运人协会在作业上类似于货运代理人,也是把小批量装载整合成大批量装载以获得成本经济。区别是,托运人协会是自愿组织起来的非营利性组织。

运输经纪人是替托运人、收货人和承运人协调运输安排的中间商,他们通过收取佣金获得利润。经纪人主要提供一系列的服务如:装运配载、费率谈判、跟踪管理等。

第二节　输配送系统

一、输送与配送的定义

运输一般分为输送和配送。关于它们的区分,有许多不同的观点。一般认为,所有物品的移动都是运输,输送是指利用交通工具一次向单一目的地长距离地运送大量货物的移动;而配送是指利用交通工具一次向多个目的地短距离地运送少量货物的移动。输送与配送的比较如表4-3所示。

表 4 - 3　输送与配送的比较

项　　目	内　　　容
输　　送	• 输送是作长距离大量货物的移动 • 输送是与距离无关的据点间货物的移动 • 输送是区域间货物的移动 • 以货车而言,一台货车对一个送货地点作一次往返的称为输送
配　　送	• 配送是作短距离少量货物的移动 • 配送是从企业送达顾客处的移动 • 配送是区域内货物的移动 • 以货车而言,一台货车对多处客户点作巡回送货称为配送

综合上述,货物的移动可总称为输送,而其中短距离的少量输送称为配送,以日本的研究来看,一般配送的有效距离最好在 50 千米半径以内,但对于国内知名的配送中心,专家建议配送半径在 30 千米以内最好。若以配送中心做据点划分,由工厂将货物送至配送中心的过程是输送,属于少品种、大量、长距离的运送;而由配送中心将货品送到客户手中的活动是配送,属于多频率、多样少量、短距离的运送。当然两者若能兼顾效率、服务原则将可得最佳绩效,但如果无法兼顾,则输送较重视效率,即尽可能以装载率优先,希望每次载愈多愈有利;而配送则多以服务为目标,在许可能力下以满足客户服务要求为优先。

随着经济活动范围的扩大,以及降低运输成本的要求,货物运输流程也适应需要而日益改善,以提高运输效率。在两地间的短程运输作业,输送与配送作业可以由单一运送者来完成,但在货物量大而路程又长的运输,则需要以输送和配送两段作业,并分由不同的运送者来完成货物的运输工作,以提高运输效率,降低运输成本。

输送与配送是为达成货物分配目的而进行的基本运输形态,通过对车辆、路线与管理方式的合理安排,形成输、配送系统。良好的输配送系统不但可以提高物流效率、降低物流成本,还可以提高运输服务的品质,增加顾客对运输服务的满意度。

输送与配送手段的适当选择与应用,将可以降低物流成本。当然,在选择输配送系统时,与其相关的配车计划及配送线路的最佳化,也要同时考虑,以提升装载率,并缩短距离及减轻营运成本。

二、输配送系统的构成

输配送系统是由运输网络中的运输路线和集散站的仓储设施结合而构成的。随着时间的变化,不同的货物在此系统中流动。在输配网络中流动的货物,不管是原材料还是提供消费的成品,只要是在两点中移动,均需要靠运输服务来完成。同时,由于范围逐渐扩大,以及有效经营观念的提升,加上运输方式已经逐渐改良,两地间连接运送方式增加运转作业,即货物流通网络也逐渐复杂,而输送和配送的两段运输更加明显。

因此,输配送系统便以配送→输送→配送的基本框架来完成货物的流程程序,如图4-1所示。由于顾客逐渐增加,顾客分布的范围逐渐扩大,需要运输服务的数量也不断增加,因此,输配送系统必须根据环境的变化进行调整,除了必须增加营业所外,运转站业应运而生,以使作业更加经济、有效,从而构成更复杂且更有效的现代化的输配送系统,如图4-2所示。

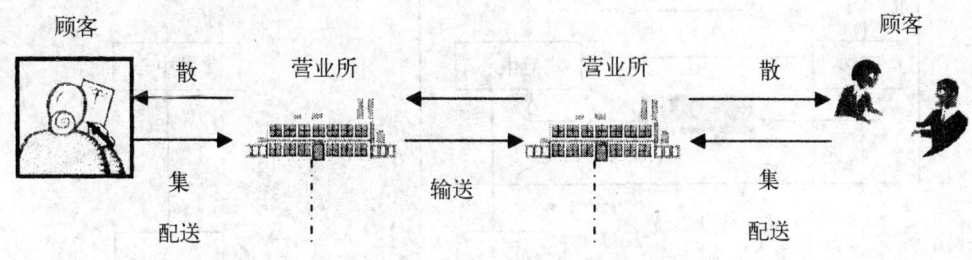

图 4-1 输配送系统基本框架

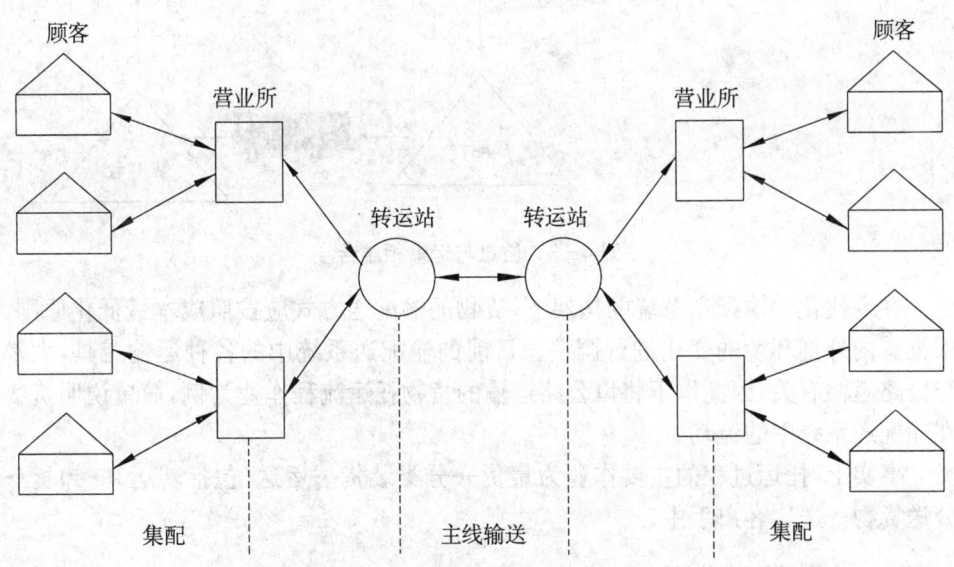

图 4-2 现代化的输配送系统

主线运输包括主线输送和集散输送,两者是为了对大量货物的流通而安排的。主线输送是指运转站间的运输,而集散输送是指转运站将货物分散至各营业所的运输,两者都不与顾客直接接触。至于所谓的集配,则是指营业所与顾客间的集货与配送作业。这种物流作业方式的改变,显示出运输作业较细的分工,也增加了运输效率。

为提高输配送效率,必须把握物流信息与车辆运行信息,将运输与信息结合在一起。在货物运输业中使用无线电通讯,一方面可以加速货物的收集与车辆的有效利用;另一方面可以加强车队的监督与管理,从而提高输配送系统的效率。信息与运输结合的关系,如图4-3所示。

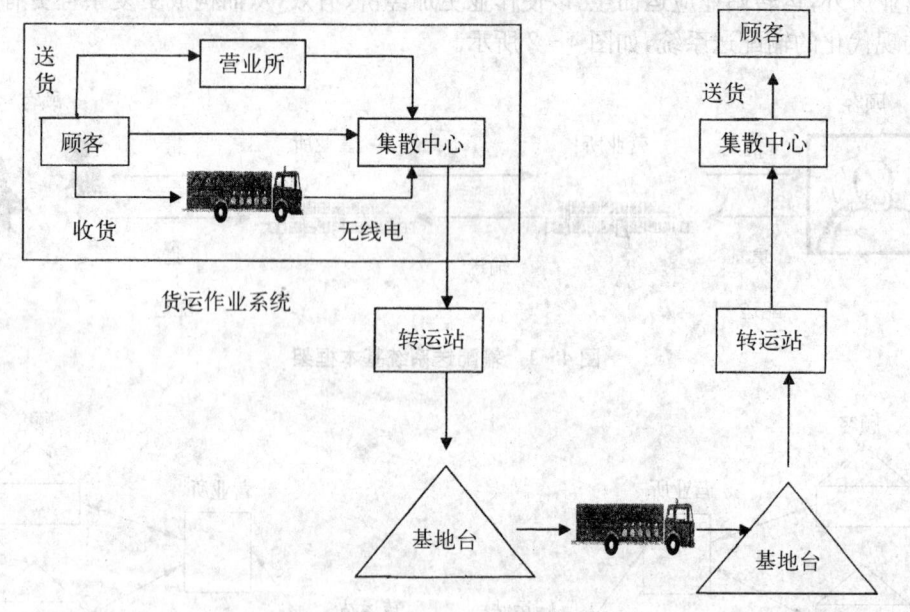

图4-3 信息与运输相结合

在现代化的输配送系统的构架下,货物的输配送方式应按照成本最低化原则,根据其内外部环境的变化进行调整。目前的输配送系统中的各种运输工具,大都与公路运输有关,因此以下将以公路运输的货物托运流程作业为例,简单说明货物在输配送系统中的流动。

事实上,托运过程的主要作业为集货→分类装货→运送(包括转运)→卸货→分送货物→送达客户手中。

三、车辆输配送服务要点

车辆输配送是物流中心作业最终及最具体直接的服务体现,其服务要点有下列各项:

(1)时效性。时效性是流通业客户最重视的因素,也就是要确保能在指定的时间内交货。由于输配送是从客户订货至交货各阶段中的最后一阶段,也是最容易无计划性延误时程的阶段(配送中心内部作业的延迟较易掌握,可随时与客户调整),一旦延误便无法弥补。即使内部阶段稍稍延迟,若能规划一个良好的配送计划则仍可能补救延迟的时间,因而输配送作业可说是掌控时效的关键点。

一般未能掌握输配送时效性的原因,除司机本身问题外,不外乎所选择的配送路径路况不良、中途客户点下货不易以及客户未能及时配合等问题,因此慎选配送路径,或加派助理辅助卸货,才能让每位客户都能在期望时间收到期望的货。

(2) 可靠性。可靠性指将货品完好无缺地送达目的地,这一点与配送人员的品质有很大关系。以输配送而言,要达成可靠性目标的关键原则在于:装卸货时的细心程度;运送过程对货品的保护;对客户地点及作业环境的了解;配送人员的职业道德。

如果输配送人员能随时注意这几项原则,货品必能以最好的品质送到客户手中。

(3) 沟通性。配送人员是将货品交到客户手中的负责人,也是客户最直接接触的人员,因而其表现出的态度、反应会给予客户深刻的印象,无形中便成为公司形象的体现,因而配送人员应能与顾客做相对的沟通,且具备良好的服务态度,如此必能维护公司的形象,并巩固客户的忠诚度。

(4) 便利性。输配送最主要的便是要让顾客觉得方便,因而对于客户点的送货计划,应采取较弹性的系统,才能够随时提供便利的服务。例如紧急送货、信息传送、顺道退货、辅助资源回收等。

(5) 经济性。满足客户的服务需求,不仅品质要好,价格也是客户重视的要项。因而如果能让配送中心本身运作有效率,成本控制得当,自然对客户的收费也能较低廉,也就更能以经济性来抓住客户了。

四、提高输配送运行效率的方法

在交通拥挤不堪的城市中,制造商渐渐改用汽车来运货,以实施及时(Just In Time)的目标,另外,由于产品包装、栈板容器及运货卡车还没有标准化,致使产品配送变得更为困难。为降低配送难度,将产品配合卡车的尺寸制造,而非卡车迁就产品,这已成为未来的趋势。再则,由于都市中的高楼大厦越来越多,客户交货点也渐往高楼层延伸,这样司机的劳动强度与日俱增并导致司机的劳力需求问题;小包包装必逐渐增加,以适合司机搬运至高处。所以,产品要按照卡车大小及驾驶员搬送意愿来决定配送车,为减低风险,许多日本公司除了将部分产品交由运输公司配送外,自己也成立另一家运输公司来配合,尤其类似化学仪器等的搬运,一定由具有专门知识技术的搬运公司负责。随着交通环境变动及安全的要求,以专门知识配合产品形状类别来配送的时代已经来临。以日本 YAMATO 运输公司为例,为提高服务品质及企业竞争力,提出全国统一价格、全国各地 24 小时送达及配送人员为专业人员的三大特点。

美国自 1960 年起,运费即不断地上升,尤其 1980 年下半年,运送公司的配送倾向变得明显,配送成本升高许多,工商界更是希望提高运配效率。以美国的福特汽车公司为例,其目标希望做到:在生产区域的任何时间购买零件及供给皆不超过 8 小时,同时,尽量做到最大的物流效率及弹性,但绝不向产品寿命及品质妥协。

综合上述,"距离最小"、"时间最少"、"成本最小"可以说是达成输配送效率化的三大诉求。而在此三大诉求目标之下,最基本的方向应由提高每次输配送量、提高车辆运行速率、削减车辆使用台数、缩短输配送距离及适当配置物流设施据点着手考虑,并同时注意下列几点限制:满足顾客的要求;各配送路线的货量不能超过车辆之能力;不可超过车辆的配送时间;不可超过配送点的收货时间。

为实现距离、时间、成本最小化,可采用的手段包括:

(1) 消除交错输送。在消除交错输送上,可采用缓和交错输送的方式,例如,将原直接由各工厂送至各客户的零散路线以配送中心来做整合并调配转送,这样可舒缓交通网路的复杂程度,且可大大地缩短输配送距离,如图 4 - 4 所示。

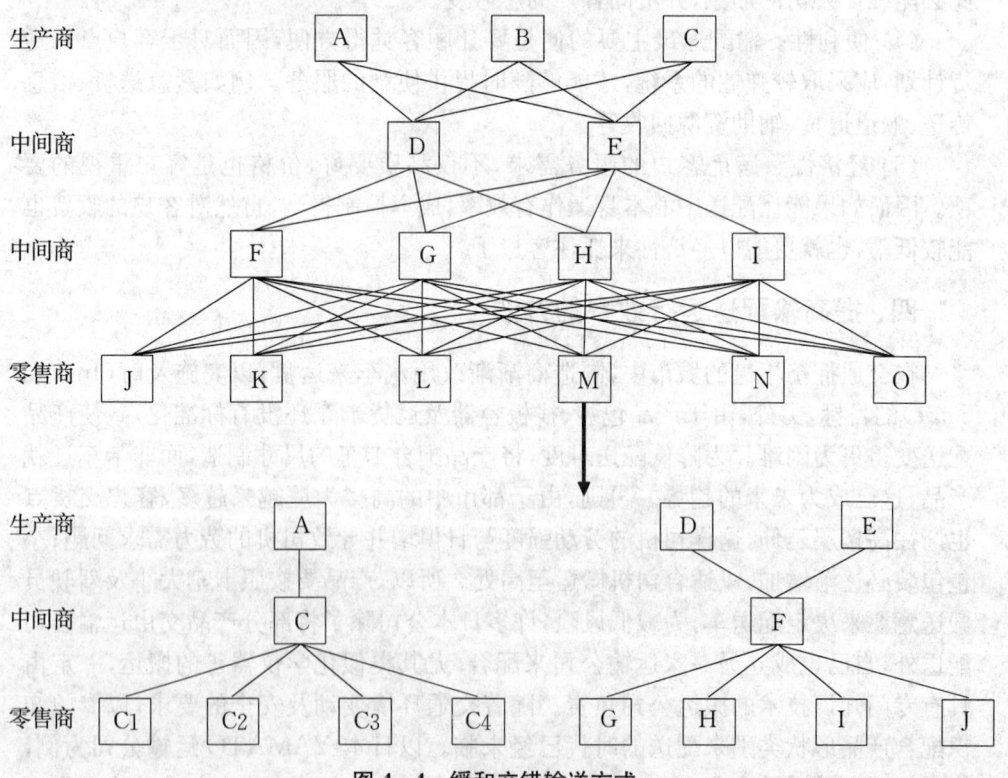

图 4 - 4　缓和交错输送方式

（2）直配、直送。美国由于大型零售店很多，所以厂商多与零售商做直接交易。以加工食品而言，厂商将产品直接送至零售商的比例约占68%，通过一次批发作业者占32%。

而在日本，传统的商业流通系统大多采取从厂商经总代理商、二次批发、三次批发才到零售店的形态，其中，总代理和批发商中又分为全国性、地区性、全部承销或部分承销、专属某一特定厂商或同时销售不同厂商产品等不同形态。据统计，日本批发业者约达44万家之多。由此可见，日本的流通途径显得格外复杂，如图4-5所示。

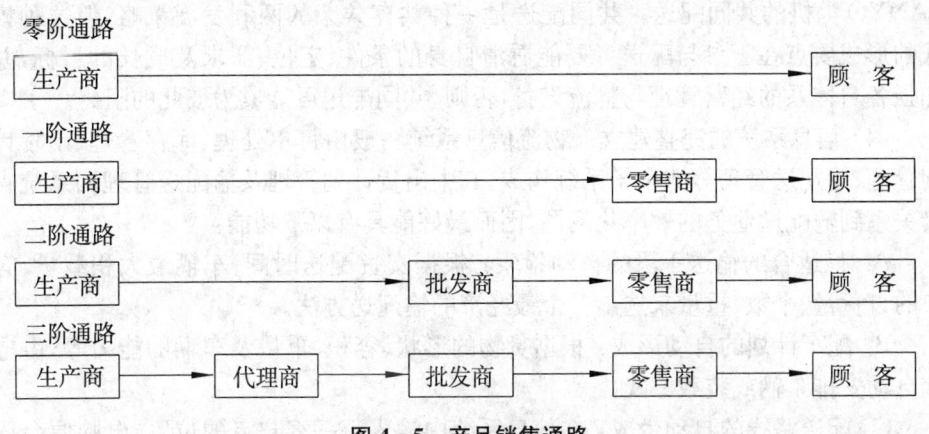

图4-5　产品销售通路

以往商品是由各工厂汇总到地区性配送中心，再根据代理店与销售公司的订单，交货到各自的配送中心，然后依二次批发、三次批发的订单顺序交货至指定地点。现今由于"商物分离"，订购单仍可通过信息网络直接传给厂商，因此各工厂的产品可从厂商的物流中心直接交货到各零售店。这种利用直配、直送的方式可大幅简化物流的层次，使得中间的代理商和批发商不设存货，下游信息也能很快地传达到上游。图4-6是"龟甲万"公司的直送系统。

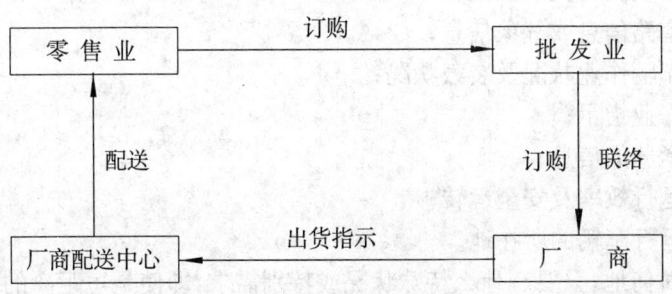

图4-6　"龟甲万"公司的直送系统

（3）共同配送。日本自1950年即开始考虑"共同配送"的方式。所谓"共同配送"，是指多家企业共同参与只由一家运输公司独自进行的配送作业。共同配送的形态很多，其中在批发商店及代理商店之间进行的是一种水平式的共同配送，相对来说，由制造商主导来汇整批发业的配送，或由连锁店总部主导来汇整供货厂商的配送，则属于垂直式的共同配送。以往大型制造商、零售商或批发商自行建立物流中心，执行配送作业，目的不外是降低物流成本，掌握配送时效。然而，当物流费用逐渐提高，为应对多频度少量的交货方式，同时也让信赖的运输公司成长（或厂商可自己成立配送公司），日本开始致力于共同配送来降低成本，如日本SONY及SANYO电机的共同配送。共同配送是一种共存共荣的两利发展策略，但这种模式的形成要点在于参与配送者要能看清自身的条件、定位、需求及成长的目标，并加强各自体系的经营管理与物流设备，否则，共同配送可能成为彼此的阻碍。

（4）信息系统的完整建立。物流信息系统一般由订单处理、库存管理、出货计划管理、输配送管理等四个子系统构成，其中出货计划管理及输配送管理两系统直接关系到输配送业务的效率化问题，因而最好能具有以下功能：

A. 最适合的输送手段的自动检索：根据交货配送时间、车辆最大积载量、客户的订货量、个数、重量来选出一个最经济的输配送方法。

B. 配车计划的自动形成：根据货物的形状、容积、重量及车辆的能力等，由电脑自动安排车辆或装载方式。

C. 配送路线的自动生成：在信息系统中输入每一客户点的位置，电脑便会依最短距离找出最便捷路径。

（5）改善运行车辆的通信状况。由于人手不足，日本至海外设厂的比率越来越高，国际间输送问题就显得尤其重要。以船运来说，日本已能利用无线电传输通知商船某港口罢工必须绕道，避免延误行程；至于铁路运输，货物归属哪一班火车哪一节车都早已在电脑中决定，以节省时间及人力。移动体的通信设置必须要能具备并掌握以下信息及状况：

- 把握车辆及司机的状况；
- 传达道路信息或气象信息；
- 把握车辆作业状况及装载状况；
- 进行作业指示；
- 传达紧急的信息；
- 提高运行效率及安全运转；
- 把握运行车辆的所在地。

不论何时何地，只要有什么特殊状况或特别需求，即使是短距离的配送司机也能即时与总公司保持联系，同样的，总公司也能够随时把紧急信息通过通信装置来通知司机。

(6)控制出货量。若能有效控制顾客的出货量,将其尽量平准化,则整个输配送效率便能提高。此策略的操作方式有以下四种:

- 给予大量订货客户折扣;
- 制定最低订货量;
- 调整交货时间;
- 对于季节性的变动尽可能引导客户提早预约。

第三节 输配送规划

输配送作业在配送中心的物流成本中占有重要地位,因而输配送规划合理与否将直接影响运输成本与效率。

一、输配送决策考虑的因素

在实际输配送的分派过程中,包括许多动态与静态的影响因素,静态因素指配送客户的分布区域、道路交通网络、车辆通行限制(单行道、禁止转弯、禁止货车进入等)、送达时间的要求等,而动态因素是指车流量变化、道路施工、配送客户的变动、可供调度车辆的变动等因素,使配送规划的决定困难。实务上配送规划所能运用的前置时间仅有1~2小时而已,必须依赖电脑系统的辅助完成规划。最好的方式是能发展一套以人判断为主、电脑辅助配合的配送规划决策支援系统,目的在于取得即时可用的可行性配送手段及路线。

配送规划决策支援系统主要的决策项目应包括:配送区域划分,车辆安排,每辆车负责客户,配送路径选择,配送顺序决定,车辆装载方式。

各决策项目的影响因素有很多,它们是在配送规划进行中最需要去做分析与整合的内容。虽然这些因素与各决策项目的关系很可能因物流中心本身性质及客户、货品性质而有所不同,但其基本关系可大致归纳如图4-7所示。

(1)基本配送区域划分。为让整个配送有一个可循的基础,配送中心通常会先按客户所在地点的远近、关联状况作区域上的基本划分,例如上海市的徐汇区、长宁区、南汇区等。当然,如果遇突发情况,这些分区也应能弹性调整。

(2)配送批次决定。当配送中心的货品性质差异很大,有必要分出配送时,就要根据每订单的货品特性作优先的划分,例如生鲜食品与一般食品的运送工具不同,须分批配送;还有化学物品与日常用品的配送条件有差异,也要分开配送。

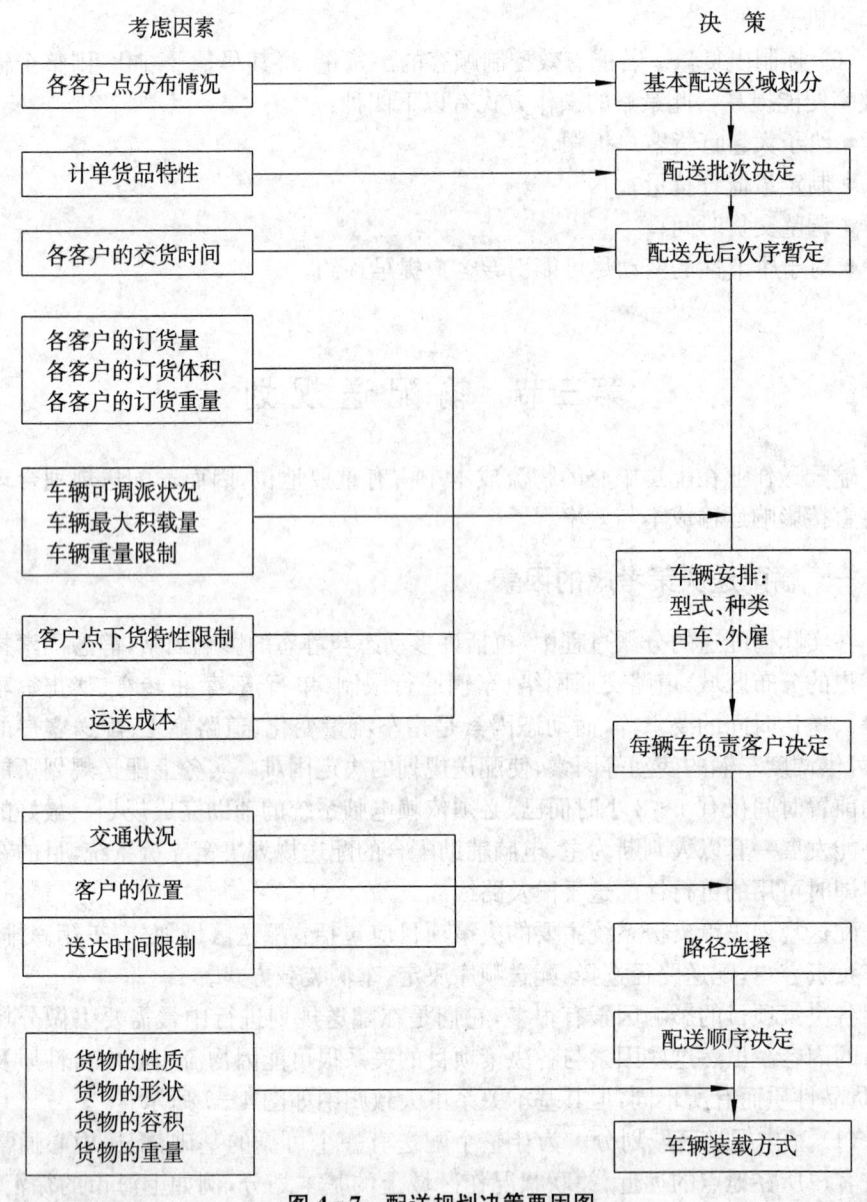

图 4-7 配送规划决策要因图

（3）配送先后次序暂定。信用是创造后续客源的要素，因而在客户要求的时间准时送货非常必要，在考虑其他因素做出确定的配送顺序前，应先按各客户的叫货时间将配送的先后次序作概略的掌握。

（4）车辆安排。究竟要安排什么型式、种类的配送车，是使用自用车或是外雇车？要从客户面、车辆面及成本面来共同考虑。在客户面,必须根据各客户的订货量、订货体积、重量,以及客户点的下货特性限制;在车辆方面,要知道到底有哪些车辆可供调派,以及这些车辆的积载量与重量限制;在成本面,就必须根据自用车的成本结构及外雇车的计价方式来考虑选择何者较划算。只有三方面的信息配合,才能作出最合适的车辆安排。

(5) 每辆车负责客户决定。既然已作好配送车辆的安排,对于每辆车所负责的客户点数自然也已有了决定。

(6) 路径选择。知道了每辆车需负责的客户点后,如何以最快的速度完成这些客户点的配送,根据各客户点的位置关联性及交通状况来做路径的选择。除此之外,对于有些客户或所在环境有其送达时间的限制也要参与考虑,像有些客户不愿中午收货,或是有些巷道在高峰时间不准卡车进入等,都必须尽量在选择路径时避开。

(7) 配送顺序决定。作好车辆的调配安排及配送路径的选择后,根据各车辆的配送路径先后即可将客户的配送顺序确定。

(8) 车辆装载方式。决定了客户的配送顺序,接下来就是如何将货品装车,以什么次序上车的问题。原则上,知道了客户的配送顺序先后,只要将货品依后送达先上车的顺序装车即可,但有时为妥善利用空间,可能还要考虑货物的性质(怕震、怕撞、怕湿)、形状、容积及重量来做弹性置放。此外,对于这些出货品的装卸方式也有必要依货品的性质、形状等来决定。

在上述规划考虑过程中,必须注意的要点在于:订单内容的检查;订单紧急程度确认;送货处所确认;配送路径如何顺路;货品送至客户手中时间的估计;考虑装卸货时间以作调整;出发时刻调整;输配送手段的选定;路径不同的重量、个数、体积的确认;输配送费用。

二、节约里程法

配送路径如何顺路是决定最佳配送顺序的问题,往往会影响整个配送作业的效率,因而 IBM 公司开发了一套 VSP(Vehicle Scheduling System)系统,可以利用数值计算的方式由电脑来寻找最短运行路径,此系统原则为:以循环配送来产生缩短值。其基本原理如下:配送路线合理与否对配送速度、成本、效益影响很大,所以采用科学合理的方法来确定配送路线,是配送活动中非常重要的一项工作。利用节约法确定配送路线的方法,是根据配送中心的运输能力(包括车辆的多少和载重量)和配送中心到各个用户以及各个用户之间的距离来制定的、使总的车辆运输的吨·千米数最小的配送方案。

为了说明节约里程法,现假设:配送的是同一种货物;各用户的坐标(x, y)及需求量已知;配送中心有足够的运输能力。

利用节约法制定出的配送方案除了使配送总的吨·千米最小外,还满足以下条件:方案能满足所有用户的要求;不使任何一辆车超载;每辆车每天总运行时间或行驶里程不超过规定的上限;能满足用户到货时间要求。

设 p_0 点为配送中心,它分别向用户 p_i 和 p_j 送货;$p_0 \sim p_i$ 和 p_j 的距离为 d_{0i} 和 d_{oj},两个用户 p_i、p_j 之间的距离为 d_{ij},则送货方案只有图 4-8(A)和(B)两种。

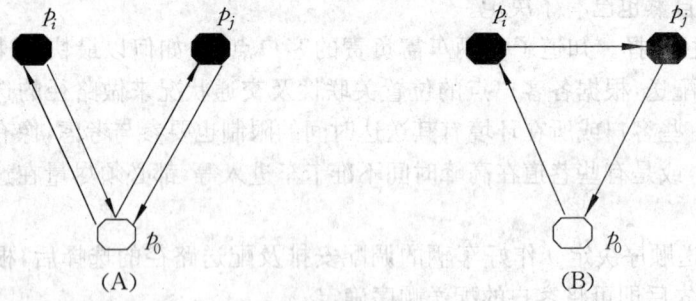

图 4-8   配送线路图

图 4-8(A)方案是从配送中心 p_0 向用户 p_i、p_j 分别送货,配送路线为:

$$p_0 \rightarrow p_i \rightarrow p_0 \rightarrow p_j \rightarrow p_0$$

总的配送距离为:

$$D_a = 2d_{0i} + 2d_{0j} \tag{4-1}$$

图 4-8(B)方案是从配送中心向用户 p_i、p_j 同时送货,配送路线为:

$$p_0 \rightarrow p_i \rightarrow p_j \rightarrow p_0 \text{ 或 } p_0 \rightarrow p_j \rightarrow p_i \rightarrow p_0$$

总的配送距离为:

$$D_b = d_{0i} + d_{ij} + d_{0j} \tag{4-2}$$

对比这两个方案,哪个更合理呢? 这就要看 D_a 和 D_b 哪个小,配送距离越小则说明方案越合理,由公式(4-1)减公式(4-2)可得出:

$$D_a - D_b = d_{0i} + d_{0j} - d_{ij}$$

如果把图 4-8 看成一个三角形的三个顶点,那么 d_{ij}、d_{0i}、d_{0j} 则是这个三角形三条边的长度。由三角形的几何性质可知,任意两条边之和均大于第三边,因此,可以认定:

$$D_a - D_b > 0 \tag{4-3}$$

由式可知,(B)方案优于(A)方案,这种分析方案优劣的思想就是节约法的基本思想。

根据节约法的基本思想,如果有一个配送中心分别向 N 个用户配送货物,在汽车载重能力允许的前提下,每辆汽车的配送线路上经过的用户个数越多,则配送线路越合理,总配送距离越小。

第四节　配 送 计 划

影响配送好坏的因素非常多,且其中又包含许多不可预期的状况,因而为使内部配送计划能够周详,且能掌握外部难以直接控制的情况,有关配送业务的表单很多,图4-9即为一般在整个配送计划中相配合的一些业务及表单明细。

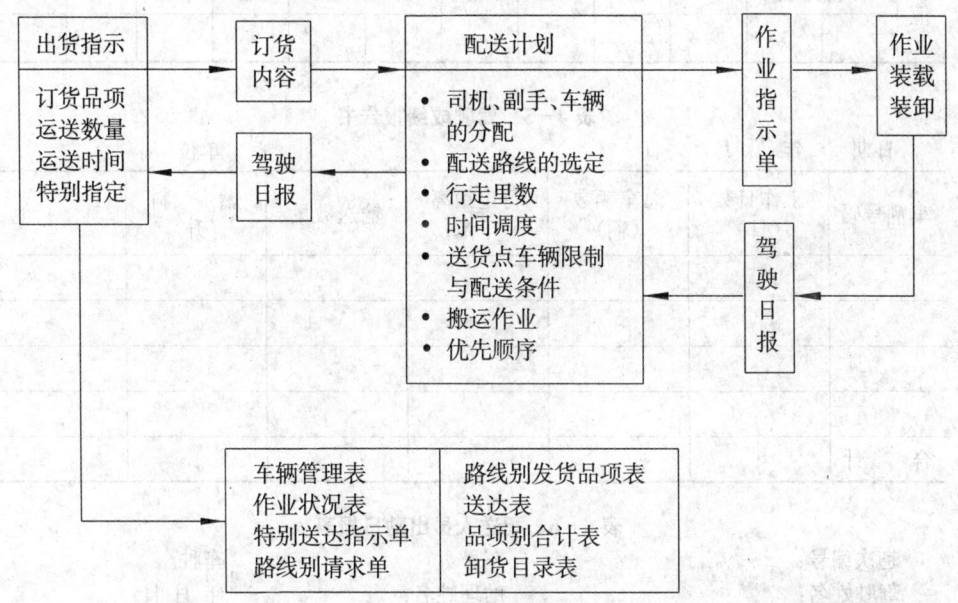

图4-9　配送计划相配合的业务及表单明细

外部驾驶过程中常会有突发状况发生,通常用表4-4、表4-5、表4-6等表单来对驾驶情况作记录,除了能随时对车辆与驾驶员的品质及负担作评估调整外,也能反映出事前配送规划的效果,供作后续营运配送的参考。

目前国内外已有采用随车温度记录器及行车记录器的方式,来对车辆配送情况作即时详细的掌握。

表4-4 汽车驾驶日报表

日期　年　月　日　星期　天气　　温度　度　单位

卡车号码	驾驶员	运送内容	作业时间				行走		燃料	输送量	同乘者	运费	收款人运费计算				其他
			开始	终了	移动时间	合计	实际	空车					收款人	运费	人事费用	合计	
			时	时	时		千米	千米	升	吨	姓名	元		元	元		

合计值	作业时间		行走时间		输送吨数		燃料		人事费用		支付费用	
	本日	累积	本日	累积	本日	累积	本日	累积	本日	累积	本日	累积
	时间	时间	千米	千米	吨	吨	升	升	元	元	元	元

表4-5 驾驶成绩报告书

日期　年　月　日　　　　　　单位

车辆号码	工作日数（日）	总车辆数（辆）	行走距离（千米）	输送数量	燃料（升）	其他
合计						

表4-6 配送人员出勤日报表

趟次编号：　　　　　　　　车号：　　　　　　　车种
驾驶姓名：　　　　　　　　助理姓名：　　　　　年 月 日

报到、交货地点	计划时间	到达时间	离开时间	经过时间	里程数	冷冻、冷藏温度	卸货箱数	送货单据号码	备注（延迟送达原因）

一、温度记录器——随时监控车内温度状况

温度记录器多设置在货品温度须有效控制的配送车上,例如冷冻、冷藏食品的配送,温度记录器具有随时监控管理的功能,一旦货柜温度过高或过低,温度记录器即会马上发出警讯提醒配送人员注意,以采取必要措施。且这些资料的记录数据可供事后管理人员检查使用。

二、行车记录器

行车记录器的用途很广,只要是牵涉货品配送而且想要好好管理的业者,都可将它运用在车辆行车配送上。

行车记录器最主要的功能就是能掌握车辆配送过程中的行驶数据,包括时间、里程数、行车速度等,其功能目的如下:

(1)记录车辆行驶及交货时间。对于时间的记录,需要掌握的时点很多,包括:

● 由配送中心出发至各客户点的经过时间,以及各客户点相互间的路程时间,以判断此路程的配送有无阻碍,是否应改换路线。

● 到达每一客户点的时间,观察有无延迟交货现象发生。

● 离开客户点时间,检查司机交货作业手续的完成速度。

● 返回配送中心的时间,以观察整趟配送的时间耗费,可根据这样的数据来制定以后调配车辆的计划。

(2)记录车辆行驶的里程数。对于里程的记录,也可分为几方面来掌握:

● 配送中心至各客户点及各客户点间的里程,观察配送顺序及路径是否合理。

● 空车返回配送中心的里程,以检查空车行走的里程会不会过高,是否影响车辆运行效益。

(3)记录车辆运行速度。对于速度的掌握,可由两方面来观察记录:

● 行车速度与平均速度。其目的是随时记录车辆的运行速度,观察是否常受红绿灯影响,或是否会受塞车所阻挠,以评估所选择路径的顺畅程度,检查在某时段配送的效果。

● 超速次数。可由此来衡量驾驶员的品质,是否会为公司带来不当的费用。

(4)记录耗油量与平均耗油量。市区开太慢容易耗油,车辆负载过重容易耗油,司机操纵不当也耗油,因而对于车辆行驶的耗油量也需要特别观察,以制定节省运费的切实措施。

(5)记录引擎转速。由车辆引擎转速是否正常可看出车辆本身的状况,状况不良的车辆易生意外、延误交货时间,因而由行车记录器的记录来观察引擎转速,可确保车辆配送的品质。

由以上行车记录器的功能,可归结出行车记录器所能提供给业者的五项最主要效益:

- 便于统计及分析车辆使用状况,让管理人员能随时调整改善。
- 取代原来人工记录的方式,提高驾驶员工作效率。
- 简化报表作业程序,提升管理效率及效益。
- 掌握每一配送时点,提高对客户的服务品质。
- 节省油量消耗及车辆的保养费用,切实降低配送成本。

第五节 输配送作业管理

一、物流外包时输配送管理的主要内容

不论连锁企业是否拥有车队,大多数连锁企业都有运输管理部门,负责本公司内部、外部的运输事务。现代运输部门所肩负的责任远远超过传统运输部门的内容,因为运输部门能对连锁公司的物流成本产生重大影响,甚至超过 50%。尤其是当连锁公司利用运输服务供应商所提供的服务时,运输部门担负的责任更加重大,具体作业包括选择合适的运输公司、与运输公司就运输费率进行谈判、运出货物后对货物进行跟踪、当发生问题时向运输服务商进行索赔等。下面就输配送作业管理的具体内容进行描述。

(一)评估运输商

运输部门的重要任务之一就是收集有关运输商的信息,并以此为基础选择合适的运输商,以改善运输服务或获得更低的运输费。所收集的信息中不仅包括对目前的运输商的绩效评估,也包括对运输供需发展趋势的判断。例如运输经理在一定时间内对本公司运输所需的汽车、铁路车的数目进行跟踪,对在未来的一两年内这些运输设备的需求情况进行预测,然后了解整个运输市场的供需情况及发展趋势,这样运输经理就能通过对供需的了解,在谈判中掌握主动权。此外,对于运输商所提供服务的变化也要清楚。目前,越来越多的运输服务供应商,不仅仅提供运输服务,还提供仓储、特殊包装和加标签等其他辅助的服务。

在以前运输市场没有开放时,大多数运输企业都是国有企业,运价由政府制定,没有什么就运价讨价还价的余地,而且提供运输服务的企业总数目也不多,提供的服务项目也很有限,所以购买运输服务反而是一件容易的事情。

改革开放以来,对运输商的评估越来越复杂,也越来越重要。因为运输商越来越多,必须进行比较后才能识别合适的运输商。图 4-10 就是评估运输商的过程。

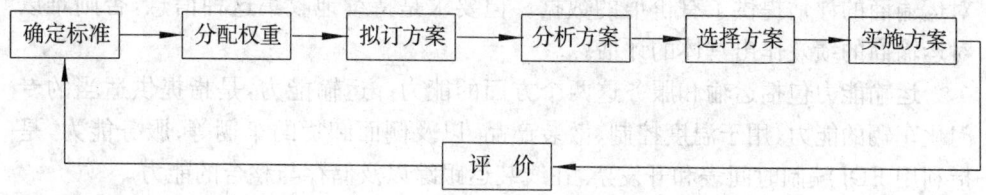

图 4-10 评估运输商的过程

步骤一：确定标准

要有效地完成权衡利弊的分析，就必须确立标准，即确定什么因素与决策有关。确定标准应以收货人为准。这些标准包括运输成本、运输时间、可靠性、能力、直达性，以及安全性等。

虽然运输成本是明显要考虑的一个因素，但要注意运输成本与物流总成本的关系。在确定运输成本时，要以系统化的观点从总成本的角度来考虑。这是因为物流各要素间存在"效益背反"现象。例如，当运费很低时，可能与之相对应的是慢的运输速度，连锁公司不得不增加库存，以保证不缺货，有可能最终会使整个物流成本增加。所以运费率并不是唯一的成本构成，整个物流系统的成本还必须考虑设备条件、索赔责任，以及其他诸如装载情况之类的相关活动。

由于运输时间的长短直接影响到存货水平，所以它也是对承运人进行评估的一条重要标准。一般说来，能够提供更快速服务的运输公司或运输方式可以把费率定得更高些，因为它能够快速地递送货物。此外，对运输时间还应考虑因整合或办理结关手续而产生的延误。

可靠性是与运输时间比较接近的一个标准，它是指运输公司一贯的履行递送服务的能力。可以想象，不管供应商的装运有多快，如果承运人提供的递送服务不稳定，就会发生存货问题。同样的，如果承运人没有按要求履行其服务义务的话，如递送延迟，就有可能丧失销售机会。一般来讲，在连续的递送服务之间，较小的装运量会产生更多服务上的变化，造成递送时间不一致。整车装运在可靠性方面表现较好，可以按照公布的时间表定期地满足服务需求，而零担托运或包裹托运却有可能破坏这种效率。由此可见，在现实中，有些运输商会优越于其他运输商，而对运输商评估的任务就是要确定其中哪一位运输商提供的服务是最稳定的。可靠性评估通常是以货物交付的完成情况为基础的。例如，完成一票订货且装运交付给收货人，则仓库就会记录下抵达的时间和日期，并传输到采购中心。于是，发货日期和抵达日期连同预期完成的报表一起，都会保留在计算机里。定期地对实际完成情况与预期完成计划之间的变化进行计算和更新，并在规定的时间内，将每一个承运人的绩效记录提交给采购部和运输管理部进行检查。这种连贯性的报告为对运输商的评估提供了有价值的数据。但要求是持续地收集这种信息,否则难以对运输商的绩效作出具体的评估。

运输能力包括运输和服务这两个方面的能力。运输能力,是指提供适当的专门化车辆的能力,用于温度控制、散装产品,以及侧面卸货的车辆等;服务能力,是指利用 EDI 编制时间表和开发票,在线装运跟踪以及储存与整合的能力。

由于有些运输方式如铁路、航空等,不能直接把货物运至最终目的地,所以要利用直达性这个标准来衡量运输商提供多式运输服务的能力。尤其是当商品来往于机场、铁路端点站、港口时,运输商的直达性就显得尤为重要。目前随着多式联运的发展,使实际的可达性越来越不成为一个问题,但在作业活动中,究竟是通过由一个供应商提供一票"直达运输"协议还是与多个不同运输方式的运输商签订一系列"联合运输"协议来实现运输的可达性,变得愈来愈重要,因为这涉及减少洽谈多种运输费率,无需准备多种运输单证等情况。

安全运输能力是指运输商能否防止装载货物发生灭失、损坏或遭到偷窃的能力,与此有关的一条标准是在发生货物灭失时,运输商有无能力迅速地理赔,因此,对安全运输能力的评估要包括预防能力和理赔能力两个方面。

步骤二:给每个标准分配权重

从连锁公司的角度,对每一个评估标准的相对重要性进行评定,并分配一个相应的权数。例如,非常重要的评估标准应评为"6",而不太重要的评估标准则评为"4",如表 4-7 所示。

表 4-7 评估运输商的标准及权重

标　　　准	重　要　性
运输成本	6
运输时间	4
运输的可靠性	3
运输的能力	2
运输的直达性	1
运输安全性	5

要注意的是,对权重的分配,与公司的偏好、运输的具体商品的特性有关。例如,有的公司认为成本最重要,而另外一些公司认为安全性最重要等。这些权重对最后的选择有着重要影响。

步骤三:拟订方案

这一步要求运输部门经理列出有可能的运输商,无需评价,仅列出即可。

步骤四：分析方案

通过对每一种标准进行衡量，对各个运输商的绩效进行评分，如表 4 - 8 所示。

表 4 - 8　按照标准对运输商的打分

运　输　商	标　　　准					
	成　本	时　间	可靠性	能　力	直达性	安全性
运输商 1	1	2	2	3	1	1
运输商 2	1	3	3	3	2	2
运输商 3	3	1	2	2	2	3
运输商 4	2	1	2	1	3	2

这里选用对运输商评定的分制范围从 3（绩效好）到 1（绩效差），也可以选其他的分制，如 5 分、10 分等。对运输商绩效进行评定，将表 4 - 8 中的数据与表 4 - 7 中相应的标准权重相乘，求出最后的总分，例如运输商 1 的得分是 32。

步骤五：选择方案

使用上述方法所得到的最佳运输商，应该是总分最高的运输商。对可供选择的运输商进行等级比较，有助于分配货载和建立联盟。

在今天的物流环境中，由于运输商所能提供的服务和能力在不断地增长，因此，对运输商的选择和评估变得愈来愈困难。虽然在以前评估时可以把注意力集中在成本和服务上，但在今天的环境下，还必须考虑许多额外的因素。此外，在对联运方案进行评估时，也可以采取类似的评估方法。

最后还应包括实施方案和评价运输商决策的效果两个步骤。实施方案就是与所选择的一个或几个运输服务商进行谈判，最后确定所需的运输商，具体内容在下面讨论。在与运输商合作的过程中，要不断地对其进行评估，检查是否达到了理想效果，如果出现问题，就要重新开始整个决策过程。

（二）费率谈判

对于任何既定的托运货物来说，运输部门有责任在符合服务要求的前提下获得尽可能低的费率。运输部门要设法收集铁路、航空、汽车、包裹邮寄、国内速递、货运代理人等各种运输方式所流行的运输价格，这些都是参考的对象。

运输洽谈往往都以流行的费率为基本起点，而有效谈判的关键，是双方寻求达成"双赢"协议，即运输商与连锁公司都是合同的"赢家"，以此来分享增加运量的收益。然而，正如前面所提到的那样，对运输作业来说有可能是最低的成本，并不一定是物流作业的最低成本。运输部门必须在寻求符合服务标准的前提下获得尽可能低的费率。例如，一笔业务要求在 3 天时间内递送到目的地，于是，运输部门设法选择的运输方式将尽可能以最低的成本来满足这一标准。

（三）跟踪和处理

运输部门还有其他两个重要的责任是跟踪和处理。跟踪是对货物损失或延迟递送进行检查的程序。对于分布广阔的运输网络来说，在装运合同的履行过程中发生延误或递送错误等是经常发生的事。为此，大多数运输商都有跟踪部门，提供计算机服务来协助处于运输过程中的装运作业。这种跟踪行动必须由连锁公司的运输部门来启动，而且一旦启动，运输商就有责任提供所需要的信息。例如大众物流公司利用卫星定位系统就能提供这种跟踪服务。

现在，通过使用条形码、在线货运信息系统和卫星通信等信息技术可以大大地方便运输部门的跟踪和处理活动。条形码提供快速和无差错的信息传输，有助于在中途站点用卡车进行装运；在线货运信息系统可以使连锁公司直接连通运输商的计算机，以确定货物运输的情况。此外，卫星跟踪系统使运输商有能力监督全国范围内的车辆运输，识别潜在问题，与顾客共同决定可接受的解决方案。

（四）索赔管理

当运输服务没有满足事先所确定的标准时，连锁公司可以提出退回原物的请求。这项重要的工作也是由运输部门来负责的。为了成功地索赔必须核查运输单据。这是因为运输费率很复杂，它的误差概率高于其他大多数采购活动中所发生的误差。根据运费清单审核有两种类型：一种是在支付运费清单之前，用于确定收费是否恰当的事前审核；另一种是在支付运费清单之后，用于确定收费是否恰当的事后审核。审核工作既可以利用外部的专业化的审计公司来进行，也可以由本公司内部人员来进行。如果是外部审计的话，专业化运费审计公司会雇用专家来担任审计工作，这种审计一般要比使用内部人员进行审计更有效，因为内部人员不一定具备与专家相同的水平。外部审计的费用通常是按照多收运费而得到抵偿的收入百分比来计付的。但这种方法有可能会造成泄密现象，因为在运费清单上记载着有价值的营销和顾客方面的信息。所以雇用的运费审计公司必须有职业道德，否则公司的活动就有可能受到不利的影响。在现实中，通常需要根据运费清单的价值，结合使用内部审计和外部审计。由此看来，对于可能具有较大补偿额的运费清单，通常采取的是内部审计。

运输管理部门除了上述的管理内容，还负责制定设备计划。因为，运输作业上所出现的严重瓶颈状况，就有可能起因于没有注意到的运输商的设备的使用状况。有可能在需要时，设备正在服务或闲置。为此，编制适当的时间表需要仔细地制定装载计划、设备使用计划，以及驾驶员工作时间表等。此外，还必须计划、协调和监督设备必要的维修和保养。

在大多数物流系统中，运输是最高的单一成本领域。物流系统对有效的运输能力有很强的依赖性,因此,运输部门必须在整个物流系统的计划制定中发挥积极的作用。如计划在规定的活动经费预算内提供所需要的运输服务。此外,运输部门还有责任去寻找可供选择的方法,以便充分利用运输服务来降低整个物流系统的总成本。例如,某种产品在包装方面略作改变,就有可能降低该产品的运费分类等级。虽然该商品的包装成本也许会因此而增加,但由于它能够大大降低运输成本,从而可以抵消所增加的包装费用。

二、配送中心车辆的营运管理

只有在了解了配送中心车辆营运流程后才能确定车辆营运管理的内容。配送中心车辆营运流程如图 4 - 11 所示。

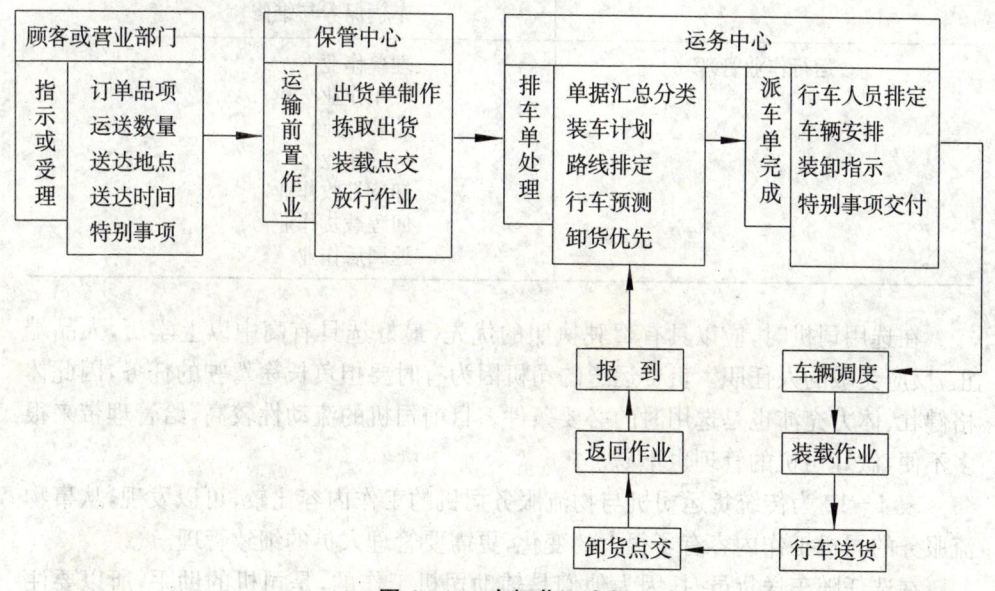

图 4 - 11 车辆营运流程

(一)车辆营运管理的内容

车辆营运管理的内容可以分为人员管理、车辆养护管理和车辆运行作业管理三个部分,如表 4 - 9 所示。

(1)行车人员管理。行车人员可以分为驾驶员和随车送货员,一般称为装卸工。由于行车人员是影响车辆运行品质的关键因素,而且行车在外常常面临许多环境变化情况,担负着运送商品的安全,所以对行车人员的管理,有别于对配送中心内部人员的管理。

A. 行车人员的选用。在要求人性化管理的今天,对于司机和装卸工,应该有符合其作业内涵的称呼,如称司机为理货员、运输工程师、配送服务员等;称装卸工为理货员、服务助理等,这些称谓的选定,可视公司的业务状况及个人的表现来赋予适当的称谓,以提升他们的社会地位,并与物流配送作业的内涵吻合。

表4-9　车辆营运管理的内容

管　理　项　目	主　要　内　容
行车人员管理	行车人员的选用 行车人员的培训 行车人员的管理控制 车辆肇事及事故的处理
车辆养护管理	车辆种类的选定 车辆保养与维修
运行作业管理	理单作业 派车作业 装载作业 行驶作业 卸货签收作业 回程载货作业 返回后作业

在选用司机时,应以具有驾驶执照的优先,最好选具有高中以上学历,人品端正,反应灵敏的人任职。负责运送的司机因为有时要担负长途驾驶的任务,因此体格健壮、体力充沛也是选用时的必要条件。目前司机的流动性较高,给管理带来很多不便,做好司机的管理也不易。

表4-10为传统货运司机与物流服务司机的工作内容比较,可以发现,从事物流服务的司机工作内容有了很大的变化,更需要管理人员的细致管理。

在选任随车送货员时,因为他们是辅助司机工作的,是司机的助手,所以要注意两者的配合。随车人员应选用高中程度、体格健壮的人员,并鼓励其考取职业驾驶执照,作为储备司机。

表4-10　传统货运司机与物流服务司机的工作内容比较

	传统货运司机	物流服务司机
工作项目	驾驶车辆、送货搬运、熟悉路线、简易保养、顾客服务	服务顾客、操作车辆、装卸技巧、创造价值、细心搬运、掌握路况、机械常识、专业知识、遵守法规、社会公益、应变能力、市场开发、公司形象

B. 行车人员的培训。行车人员培训的目的,在于让其了解物流的内涵、各项作业流程、车辆相关的操作与维护知识、搬运装卸要领、紧急事件处理的原则和方法,不过最重要的还是在于强化其遵守交通法规与服务客户的理念。

C. 行车人员的管理控制。车辆行驶在外,可以通过车辆通讯系统来有效掌控,这种现代科技的应用,消除了车辆运行管理的盲点。然而,针对行车人员的家庭生活也要多关心,适当做家访、对行车任务的考核与对顾客服务品质的调查等,都可以把意外事故的发生率降到最低。

在实务经验上,对行车人员的有效激励比管理控制更重要。可以通过目标导向的薪资制度、工作绩效竞赛制度、内部创业机会的提供、第二职能的训练等措施来进行。

D. 车辆肇事及事故的处理。车辆运行在外,稍有疏忽就容易发生车祸、货品遗失或损坏等事故,这些都会对企业造成重大损失,因此应事先制定相关的处理办法来防范,以避免发生此类事故时造成纠纷。

(2) 车辆养护管理。车辆、人、站场三者是输配送活动中最主要的构成要素,因此车辆维持良好的使用状态,对整个工作的顺利进行起着决定性的作用。配送中心可以将运输配送工作委托货运公司处理,以节省车辆养护的种种麻烦,但存在受制于人、缺少主动性的缺点。

A. 车辆种类的选定。货车车辆种类繁多,要根据用途及所载的货物种类来进行选择。一般常见的分类有根据载重进行分类的,如小货车 3.5 吨以下,大货车 3.5 吨以上;根据车厢的形式分类的柜式车和箱型车;根据燃油分类的汽油车、柴油车等。从消费物流的角度来看,由于其载运的物品大都是生活用品,所以在选用车辆时,可根据距离运送物品的多少进行选择。

由于市区内车辆多,同时为了维护道路的使用寿命,因此对于进入市区的车辆都有载重的限制,市区内配送一般以小货车为主。

近几年来,由于人力短缺,形成大宗物品栈板化运输趋势,致使长途行驶的车辆逐渐采用联结车或货曳引车等,以节省成本。柜式货车的装载容量虽然较多,装卸货速度快,但需要捆绑覆盖帆布,对物品的保护性低。而箱式货车,虽然载装容量相对少些,但可装载多样品项,不用捆绑,在人力运用及商品维护上都有好处。选用何种车辆,经营者可以根据业务需求量审慎衡量,以免评估错误,造成无形的损失与浪费。

B. 车辆保养与维修。为确保车辆的性能稳定,在车辆行驶一定里程后,定期更换机油、检查底盘、润滑传动构件等工作是非常重要的。为了减少车辆的损坏,确保维修品质,可以根据下列方式处理:

● 教育行车人员根据操作手册驾驶车辆。

- 要求行驶人员做好行车前、行车中、行车后的检查。
- 制定车辆保养维修办法。
- 选择合适的修理厂,零件损坏后应更换正规厂家的产品。
- 车辆达到一定数量时,可以建立维修厂。
- 车辆行驶在外就代表公司,出车前应做好清洁工作,以维护公司形象。
- 主管人员应随时抽查车辆,提醒行车人员根据公司的规定维修车辆。

(3) 运行作业管理。车辆运行作业主要由理单、派车、装载、行驶、卸货、回程载货、返回作业等项目构成,归纳各项目的管理重点,在于人、物、时、空的有效配合,让顾客交运的物品准确、无误,在要求时间内准时送达,并使每一次的作业成本降至最低。

A. 理单作业。理单作业是根据顾客或营业所下订单的需求,进行整理、分类,作为派车依据。在现代化的配送中心,顾客订单的需求都是通过 EDI 的方式来打印订(送)单的。配送中心信息部门可以根据配送规划,通过派车决策程序执行派车指令,打印派车单。

排单作业是根据派车单的内容,将订(送)货单挑出整理,连同派车单交给行车人员。使用人工派车的配送中心,其作业方式刚好与前述相反,先将订货单汇总整理,然后根据区域和客户需求条件,判断装载数量后,再完成派车单。

B. 派车作业。派车作业主要是选定合适的人员与车辆进行运配送工作。派车作业管理的重点是公平性问题,由于现代人的价值观的改变,对于工作中所承受的分量会与同事比较,稍有不公平就会发生争执,因此需要靠制度给予公平的规范。调派人员可以每日或每周公布车辆行车状况表,除了表明公平、公开的工作分派外,还有排行激励的作用。

C. 装载作业。每一次出车都能满载出车,是派车的指导原则,但实际上常因客户的时效要求,而无法等候其他订货单据打印出完成一并出车。配载作业如何衡量,要根据公司的政策来做。在进行装载作业时,应注意下列事项:

- 装载空间的最大利用,可利用装载软件的设计来进行。
- 遵守重物在下、轻物在上的原则,后到的先装,先到的后装。
- 物品按照包装上的指示堆叠,不要倒置。
- 核对送货单据,认真点货检查。
- 严禁超载超重,柜式车应捆绑牢靠,箱式车不留空隙。
- 尽可能利用标准容器装载上车,如栈板、笼车、塑料箱等。
- 利用省力化设备进行装载。

D. 行驶作业。在途作业的车辆常会遇到许多意外情况,如道路堵塞、车辆抛锚、收货人不在、拒收等,当这些情况发生时,需要行车人员进行有效处理,因此行驶作业的重点就是训练行车人员提高应对这些情况的能力。另外,行车人员面对顾客就是代表公司,他们在礼仪、介绍公司服务项目,及随时反应顾客需求方面有很大作用,因此经常性的对行车人员进行营销方面的训练也是必要的。对在途车辆的掌握控制,可以通过无线通话系统,了解其所在位置、送货状况,并下达回程载货指令。同时,运用行车报表,要求司机仔细填写,也可以作为行车成本控制及行车人员考核的依据。

E. 卸货签收作业。卸货作业是指到达目的地,正确无误的将物品送交顾客。卸货作业应遵守下列原则:

- 向收货人提交送货单,并询问放置地点。
- 车辆停靠指定位置。
- 核对送货单,并卸下所订货品,小心轻放。
- 要求顾客查收,并在签单上完成签章。
- 车上所余货品应重新整理捆绑。
- 上车后随即整理好签单,装订妥善。

F. 回程载货作业。回程载货如果是出车前就已经接受指令,行车人员应了解货量的多少,以方便配送途中载货。如果是途中接受了指令,应详细记录地点、电话、接洽人员姓名、货品数量等,必要时还应制作承运单据,以方便收款。

G. 返回后作业。车辆返回,如果有退货、拒收货、回程载货等情况发生,应立即点交相关人员。顾客签收单据再次核对清楚,整理妥当,如有收款,就需连同行车报表缴回业务管理部门,完成这些手续后,在休息室待命。

(二) 影响车辆运行绩效的因素

良好的车辆营运管理,除了按照前面的事项做好行车人员的培训、选择合适的车辆、落实车辆养护及有效掌握控制车辆运行外,减少因与顾客不协调所带来的派车前置作业的混乱,制定行车作业规范,减少可能出现的不利因素,都是非常重要的。下面是一些常见的影响车辆运行绩效的因素:

(1) 顾客方面。

- 订单来源不统一;
- 订单不能一次通报;
- 订单内商品缺货;
- 指定时间送达;
- 临时取消订单;
- 临时要求插单。

(2) 作业方面。

- 配送时间带的限制;

- 商品种类不一；
- 箱型卡车内部隔间；
- 配送家数；
- 不能一车装载订货，进行订单分割；
- 道路的限制（如时段）；
- 配送顺序要求；
- 车辆间的转运；
- 拒收与回收；
- 收货人不在；
- 行车人员协助促销；
- 行车人员中途交接；
- 车辆故障；
- 道路阻塞。

（三）输配送成本的计算

（1）影响输配送作业成本的因素。输配送作业管理的困难在于其可变因素太多，且因素与因素间往往又相互影响，常常出现以下情况：

- 从接受订货至出货非常费时；
- 配送计划难以确定；
- 配送路径的选择不顺利；
- 配送效率低；
- 无法按时配送交货；
- 配送业务的评价标准不明确；
- 驾驶员的工作时间不均，产生抱怨；
- 货品输配送过程的损坏与丢失。

因而，有效管理输配送非常重要，一旦未能妥善管理，除以上状况可能发生外，最直接的影响必会反映在输配送的费用上。

一般而言，物流费包括包装费、搬运费、输配送费、保管费及其他，其中输配送费比例最高，占 35%～60%。因而如果能降低输配送费，对物流中心的收益有极大贡献。进一步划分输配送费用，可归纳出以下十一种：人事费、奖金福利、车检费、保险费、事故费、车辆税费、燃料费、修理费、轮胎费、折旧费及过路费，这些花费的多少根据输配送的频率、时间、客户点的远近及车辆的损耗状况来决定。图 4 - 12 即为主要输配送费用项目及影响因素的关系。因而要控制输配送费用，就要从图中影响因素着手管理，不仅要对输配送人员的工作时间、作业情况作管理，对于车辆的利用，如装载率、空车率等情况的掌握，也要特别注意。

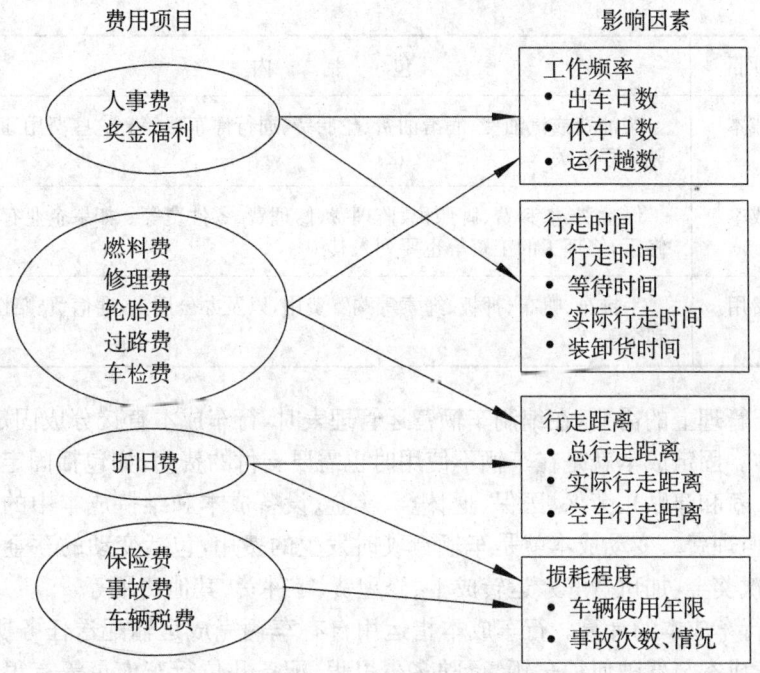

图 4 - 12 输配送费用及影响因素的关系

(2) 输配送成本的分类。输配送成本为物流成本中重要的项目,以配送中心而言,输配送成本包含自用车成本及使用营业货车的成本。对物流业者来说,因为需要申领运输执照,具有货运业者身份所有车辆都是营业货车,所以输配送成本包括自有车辆成本和租用同业车辆的费用。

按照会计记账习惯,通常将自有车辆的成本称为"行车成本",租用外车的成本称为"运费支出"。租用外车的运费,可以根据公告的费率标准,参考市场行情及货量状况,与货运公司商订。下面就自有车辆的运行成本进行说明。

A. 行车成本的分类。行车成本由人工成本、设备成本、运转成本、维持成本、其他费用五项组成,如表 4 - 11 所示。

表 4 - 11 行车成本的分类

成本项目	包 括 内 容
人工成本	司机和随车员的工资、劳保费、医保费、养老金、奖金等。奖金是指年中、年终奖金,根据公司预算基准逐月提列
设备成本	车辆折旧、随车设备折旧,分年按月提列

（续表）

成本项目	包 括 内 容
运转成本	柴油费或汽油费、润滑油费、轮胎费、通行停车费等。这些费用通常与行驶里程有关
维持成本	保险费、燃料费、牌照税、监理费、修理费、零件费等。如果企业有车辆维修厂，修理工的工资等也要列入其中
其他费用	手推车、帆布、押板、绳索等购置费用，以及办公用具、通信费、赔偿费、福利金等

　　基于管理上的需要，在编制车辆营运管理表时，行车成本直接分成固定成本与变动成本。固定成本就是在车辆不使用时也需要支付的费用，如包括固定工资（通常称为底薪和津贴）、劳保、医保、退休金、奖金、设备成本和维持成本中的燃料费、牌照税、监理费。变动成本就是车辆行驶时发生的费用，包括变动的薪金（如里程奖金、车次奖金、加班费等）、运转成本、修理费、零件费、其他费用等。

　　B. 行车成本的计算。行车成本指运用自有车辆完成运输配送任务所发生的成本行车成本与驾驶何种车辆、行驶多少里程、配备几位行车人员等有很大关系。以下以 3.75 吨营业小货车为例，计算行车成本，假设条件如下：

车辆：3.75 吨物流专用小货车

行车人员：职业驾驶司机 1 人

行驶里程：5 000 千米/月（实车里程 3 375 千米，空车里程 1 625 千米）

工作天数：25 天/月

行车次数：55 车次/月

载运体积：13 475 立方米/月

　　从表 4-12 所列的内容中可以了解该车的行车成本分析。

表 4-12　行车成本的计算

项　　目	分　类	计　　算
每日平均行驶里程		5 000÷25＝200 千米/天
每日平均行驶车次		55÷25＝2.2 车次/天
每千米行车成本	固定成本	36 322÷5 000＝7.26 元/千米
	变动成本	41 262÷5 000＝8.25 元/千米
	总 成 本	77 584÷5 000＝15.51 元/千米

（续表）

项　目	分　类	计　　　　算
每车次行车成本	固定成本	36 322÷55＝660 元/车次
	变动成本	41 262÷55＝750 元/车次
	总 成 本	77 584÷55＝1 410.62 元/车次
每立方米行车成本	固定成本	36 322÷13 475＝2.7 元/立方米
	变动成本	41 262÷13 475＝3.06 元/立方米
	总 成 本	77 584÷13 475＝5.76 元/立方米

上述的行车成本没有加行政管理费用的分摊,由于行政管理费用如何分摊到行车成本上,每个企业都有不同的做法,常造成车辆考评上的争议,所以在对行车人员考核时,实务上不将管理费用计入。对物流业者而言,为制定运费收入的标准,必须把管理费用摊入行车成本项目下。

例如,假设某配送中心的配送部门有 12 辆小货车,以行车总成本和总里程数作为分摊的标准,则车辆月行车成本的计算如表 4-13 所示。车辆应分担的管理费用为 5 317 元,计算如下：

$$配送部门的行政管理费用 \times \frac{该车的行车成本}{\sum 各车的行车成本} \times 0.6 + \frac{该车里程数}{\sum 各车里程数} \times 0.4 =$$
$$63\,600 \times [(77\,584 \div 912\,600) \times 0.6 + (5\,000 \div 61\,354) \times 0.4] =$$
$$5\,317(元)$$

表 4-13　物流车辆月行车成本的计算

项　目		计　算　说　明	金　额	
			固 定	变 动
人工成本	工资	理货员×1 底薪及津贴 15 000 行车奖金　里程奖金　目标达成 22 500	15 000	22 500
	劳保费	最高投保工资 36 300 15 000×0.065×0.7　　21 300×0.065×0.7	683	969
	医保费	15 000×0.0425×0.6　　22 500×0.0425×0.6	383	574
	退休金	依税法规定提 2%～15%,以提 8%为例 15 000×0.08＝1 200　　22 500×0.08＝1 800	1 200	1 800
	奖金	按全薪提 2.5 个月　37 500×2.5÷12	7 813	

（续表）

项　　目		计　算　说　明	金　额	
			固　定	变　动
设备成本	车辆折旧	450 000÷(4+1)÷12	7 500	
	设备折旧	(升降门 28 000＋输送机 60 000)÷5÷12	1 467	
运转成本	油料	以每升行驶 7.5 千米,每月行驶 5 000 千米计算 11.33 元×5 000÷7.5		7 553
	润滑油费	每千米　0.12×5 000		600
	轮胎费	2 200×4÷6 000×5 000		733
	通行停车费	假设每日往返收费站一次　40×2×25 天		2 000
维修成本	保险费	强制险　5 680÷12＝473 加人身保险　9 033÷12＝753	1 226	
	燃料费	1 890×4 季÷12	630	
	牌照费	2 250×2 期÷12	375	
	监理费	车检、牌照　550÷12	46	
	修理费	0.24 元/千米×5 000		1 200
	零件费	0.36 元/千米×5 000		1 800
	其他费用	在预算基础上提列,或可按月实际发生金额计算		1 533
小　　计			36 322	41 262
总　　计			77 584	

（四）车辆营运绩效的评估

（1）车辆绩效评估项目基本数据资料。

● 行车里程(实车行驶里程、空车行驶里程)；

● 行车时间(实车行驶时间、空车行驶时间)；

● 装载量(重量、体积)；

● 车辆配置(总载重量、车辆总数、出勤、停驶车数)；

● 经班人数、件数、车次、间数；

● 耗油量；

● 工作天数(正常工作时间、延长工作时间)；

● 肇事、货物故障件数；

● 营收状况(收入、成本、固定费用、变动费用)。

(2) 评估指标。

$$车辆周转率 = \frac{每车实际行驶车次 \times (总车数 - 停驶车数)}{每车可行驶车次 \times 车辆数}$$

$$实车比率 = \frac{实车行驶里程}{总行车里程}$$

$$装载比率 = \frac{实际装载量}{总装载能力}$$

$$耗油率 = \frac{耗油量(升) \times 油料单价}{行车里程}$$

$$用油效率 = \frac{行车里程}{耗油量}$$

$$轮胎耗用率 = \frac{每一轮胎价格 \times 车辆轮胎数}{实际行驶里程}$$

$$人员贡献率 = \frac{车辆营运收入}{车辆配备人数}$$

$$配送一处耗用时间 = \frac{配送时间数}{行车里程}$$

$$平均车次收入 = \frac{车辆营运收入}{行车次数}$$

$$平均每千米收入 = \frac{车辆营运收入}{行车里程}$$

　　经过长期准确的绩效评估,可以发现某一配送车辆或某一配送部门工作是否有偏差,并提出改善的对策,这样才能在营运的过程中有效地管理控制行车成本,如某配送中心经过长期对车辆周转率与装载率进行跟踪分析,发现这两项指标有明显下降的情况,如表4-14所示,经过研究,提出对策,提高行车效率,减少行车成本。

表4-14　运行中出现的问题及对策

问　　题	对　　策	相　关　作　业
车辆周转率下降,成本提高	延长车辆运转时间 减少待单待货次数 重新合理规划线路 检查货车配置的数量	利用日夜派班、假日加班 与顾客协调订单流程 缩短装载作业时间 适时掌握路况变化 闲置车辆的处理

（续表）

问　　题	对　　策	相 关 作 业
车辆装载效率低 没有回程货物,不符合效 益原则	力求满载出车 开发回程货源	订单应有效收集处理 装叠技巧合理改善 引进合适的新客户 行车激励措施的制定 重新检查车厢设计

本 章 小 结

输送与配送是完成货物流通的基本作业方式,也是构成物流网络的基本要素。运输是指货物在主要据点间的运输服务而言,而配送是指货物在运输单位基地或主要据点与顾客间的运输服务而言。

运输具有运输和储存的功能,指导运输管理和营运的两条基本原理分别是规模经济和距离经济。主要的运输方式有公路、铁路、航空、水路和管道运输。随着客户需求的变化,逐渐打破了单一运输方式的格局,形成多式联运、专门化运输等多种形式,能够更有效地满足顾客的需要。

输配送系统是由运输网络中的运输路线和集散的仓储设施结合而构成的。"距离最小"、"时间最少"、"成本最小"可说是达成输配送效率化的三大诉求。而在此三大诉求目标之下,最基本的方向应从提高每次输配送量、提高车辆运行速率、削减车辆使用台数、缩短输配送距离及适当配置物流设施据点等方面考虑。

输配送作业在配送中心的物流成本中占有重要地位,因而输配送规划的质量将直接影响运输成本与效率。

当连锁企业利用运输服务供应商所提供的服务时,运输管理工作主要包括:选择合适的运输公司、与运输公司就运输费率进行谈判、运出货物后对货物进行跟踪、当发生问题时向运输服务商进行索赔等。

思考题

1. 运输的主要方式有哪些？分别有什么特点？
2. 画图说明输配送系统的构成。
3. 举例说明如何提高输配送运行效率。
4. 简述输配送作业管理的主要内容。

实践应用

项目名称	配送线路优化	
指导老师	学生姓名	
时 间	地 点	
目 的	1. 专业技能目标 使学生掌握节约里程法在配送线路优化中的应用。 2. 通用技能目标 • 规划安排的能力 • 对数字、事实分析判断的能力 • 团队合作的能力 • 与外界的沟通能力 • 口头表达能力	
背景或任务	选择当地一家零售连锁公司,对其门店的地点及配送情况进行调查,收集基础数据,进行线路优化的计算。	
程 序	1. 了解项目的目的 2. 收集企业基本资料 3. 画出现有配送路线方案的移动路线图 4. 应用节约里程法对现有客户进行路线设计 5. 对现有配送路线进行优化设计	
实施步骤	1. 了解项目的目的 2. 分组,将全班同学分成不同的小组,每组4~5个人 3. 确定实践地点 选择当地一家零售连锁公司,收集门店地址、配送量、配送中心地址等基本数据。 4. 应用节约里程法进行配送路线现状分析 具体包括:① 求出每两个节点(配送中心、门店)之间的最短距离;② 求出每两个门店之间的节约历程;③ 将节约里程按大小排序;④ 按节约里程最多的为优先考虑对象,结合约束条件进行组圈;⑤ 综合权衡后画出最终配送路线方案,并给出节约里程值。 5. 通过经验判断法对现有配送方案进行分析,找出主要问题、确定改进目标 6. 测定和分析问题的原因,制定改进措施 7. 撰写实践报告,在组长的组织下相互讨论 8. 评分	
评分标准	该项目成绩占学期成绩的 ％。 本次项目的成绩评定:该项目现场评分,评分由企业工作人员评定。	

第五章 物流信息系统

学习目标

1. 阐述配送中心物流、金流与信息流的相互关系
2. 列举物流信息的特点
3. 明确物流信息系统规划的原则与方法
4. 明确配送中心物流信息系统的一般框架

【引导案例】

EXEL 为 P&G 制订的仓库管理和运输策略

P&G 旗下的商业产品集团(CPG),通过在 Florence 的肯塔基州地区分发中心,实现美国东北部的产品分发。在以往的操作中,存在许多送货延误和货物破损的情况,因此面临着缩短送货时间和提高客户服务质量的问题。

针对 P&G 现行的仓库管理和运输策略,EXEL 进行了具体的分析,并提出了新的集成的仓库和运输管理方案,以减少送货时间和提高客户服务水平。EXEL 和 P&G 设计使用 EXEL 在宾夕法尼亚州的仓库作为 P&G 产品的交叉仓库,可以减少不必要的操作、提高运输管理效率和最大化利用现有资源。

现在,产品从肯塔基州地区分发中心直接发运到宾夕法尼亚州的交叉仓库。从宾夕法尼亚州的交叉仓库与其他产品制造商拼车,送货至美国东北部相近目的地。这种操作流程,不仅减少了货物的操作次数,也确保在每个过程货物由经验丰富的仓库操作人员来完成。另外,货物直接送达客户,缩短了运输时间,并且通过与在该地区有送货需求的其他制造商共享运输资源,降低了运输费用。

如果在 P&G、肯塔基州地区分发中心和宾夕法尼亚州的交叉仓库没有快捷、高效的数据信息传递,这种解决方案将是沙上建塔。EXEL 的 IT 专家和

P&G 的 IT 专家共同构筑了 EDI 网络,以传递每一个操作过程及进一步操作的数据信息。

肯塔基州地区分发中心通过 EDI 从 P&G 接收客户订单。每天,需从宾夕法尼亚州的交叉仓库发货的订单汇总成报告,由发货操作人员分析该发货汇总报告,这样在发货订单传送至宾夕法尼亚州的交叉仓库前,操作人员即可对不同制造商的发货情况进行相近送货路线的拼车。

每天,送货/交货的具体信息通过 EDI 传送回 P&G,以便对送货情况进行跟踪与分析。P&G 通过 EXEL 提交的承运商报告卡对每个承运商进行评估。

现在,EXEL 负责 P&G 在美国东北部的全部送货业务。它将先进的信息技术和专业的运输、仓库管理有机地结合,能够实现集成的仓库和运输管理方法,提高供应链的整体效率和降低成本。

第一节　配送中心物流、资金流与信息流的相互关系

一、配送中心物流与资金流

配送中心运作过程中存在着物流、资金流和信息流。这三种流程,有一些是交叉的,有一些是共有的。三种流程的共同运动,使配送中心不断运转。商品从供应商处运出,商品的所有权发生了转移,同时这一批商品从到达、拆卸入库、储存、出库、拣货、包装、配送、直到客户手中,这一连串的运动构成了物流。在物流的同时,配合着商品的到达、储存、配送,会有一连串的付款、收款动作,现金的流入、流出,构成了资金流。配送中心的经营,由于固定投资庞大,因此回收货款、充分利用设备,是维持配送中心现金周转正常的主要因素。

在商品的流动过程中,配送中心的管理工作可以划分成三大部分,如图 5-1 所示,由供应商出货到货物运到配送中心,属采购部分,是第一大块工作,这部分的工作包括供应商管理、订单管理、报关管理及付款管理,其目的是保证配送中心商品货源供应。

商品到货拆柜、入库、储位管理、加工管理、拣货到包装完成准备出货,这些作业是配送中心的基本工作,是第二大块工作,此外将订单排序,确定满足客户所要求的品相与数量,也属于这块工作的内容。商品包装好之后,按照客户所在地点或

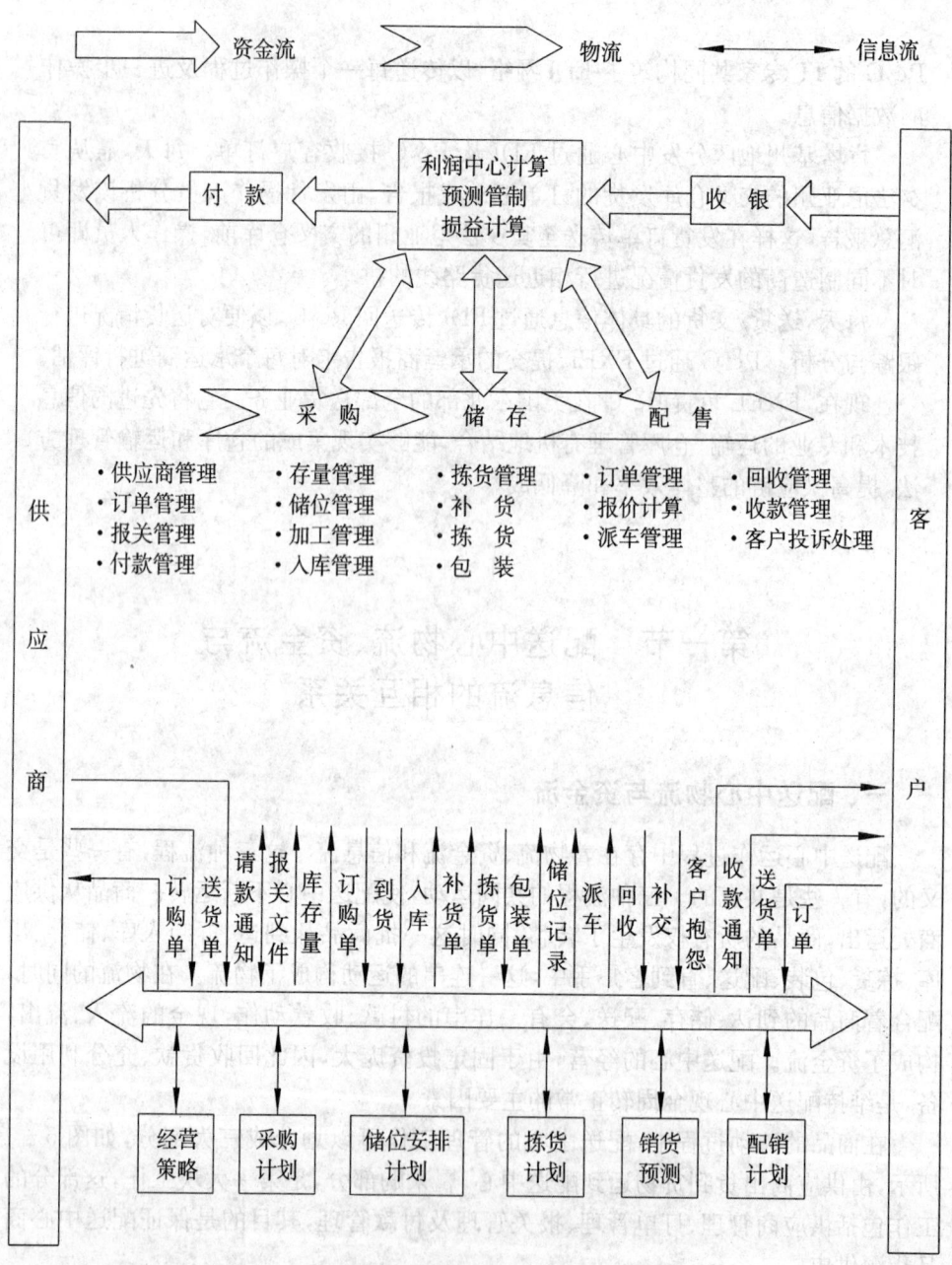

图 5-1　配送中心运作图

指定地点,将商品送达客户手中,如果有问题时就要及时处理,这是配送中心发货或是配货工作,是配送中心的第三大块工作,工作的主要内容有客户管理、订单管理、配送管理、回收管理、收款管理与客户投诉处理。配送中心所划分出来的各个作业单位，都是管理商品移动的一部分，因此作业协调的好坏，直接影响配送中心营运的效率与竞争力，各项作业除了要维持物流的顺畅外，更要考虑时间的因素，如何缩短动线的长度、减少处理时间，是每个配送中心最大的挑战。

二、配送中心物流与信息流

在物流与资金流运转的同时，还有信息流。信息流是指适时准确、快速地由控制点输入信息，经过处理分类后，再适时、准确、快速地送达信息需要的地方。在配送中心的运作中，物流与资金流运转的基础，其实就是一套有效的管理信息系统。从商品的订购开始，订购部门就需准确地知道现有的库存量，已订购数量及预测客户需求的速率，这样才能以最小的库存量来满足客户，任何作业点的信息不足或错误，都会造成积压库存或是缺货。

在储存管理方面，信息更是不可缺少，从商品入库就需明确地指示每个栈板的存放位置，出货前需要知道每种商品本次拣货的总需求量和目前货架上尚有的数量，以便计算出需要补货的品质与数量，否则拣货时遇有缺货，就会大大地降低出货的效率。在配售方面，业务员在接收客户订单时，必须立即清查手中尚余数量，以确定是否可满足客户 24 小时送达的服务原则，若有缺货，要立即告知客户何时会有货、何时可送达，这些动态的经营管理运作的指令，都需要有效的信息系统支援。

在图 5-1 中所表示的各个阶段的信息输入，表现在外就是各种表单或指令，或是条形码的输入等，如订货单、出货单等，信息系统的设计，连线与实际运转，不是那么简单的事情，工作中包括模块的划分与设计、信息处理的顺序与时机的设定、效率的分析、资料的保密、安全与备份的管理、各项管理工作中所需的信息的分析与归整等多项内容。配送中心运作的顺畅与否，取决于信息流是否有效运行。配送中心所处理的商品，少则数百项，多则数千项，其信息的传送，只靠人工和表单是绝不可能的事，所以配送中心的规划中，一个合理、完整而有效的信息系统规划，是绝对必要的。未来配送中心的竞争，就是建立在信息系统之上的。

配送中心信息流的处理，远比物流与资金流的处理来得困难、复杂，物流与资金流的运转是有实体可依循的，而信息流的处理比较抽象，一个信息系统的好坏也没有明确的指标可以衡量，而在物流与资金流衡量中却有许多指标，如：存货周转率、储位利用率、账款回收时间等，可以用这些指标来比较流程的有效程度。在信息流方面，各个公司处理方式都不相同，什么是好的信息系统，没有明确的定义，勉强找出一些指标，如信息错误率等，也不能完全表示出信息系统的绩效；同时信息流的处理，还有一个困难就是当系统软硬件选定、开发、上线后，如果有错误，调整、修改也比较困难,因为信息系统的运作牵涉到人员的训练、处理的习惯、各单位间配合,所以必须事先做好信息系统的规划。以下就从配送中心对信息质量的要求、物流信息的特征开始,讨论配送中心的信息系统的规划和基本架构。

第二节 配送中心物流信息的特性

各个不同业态的信息系统都有不同的特性,如:证券交易所的信息系统对可靠性的要求就非常高;银行的信息系统则对可靠性及可恢复性要求严格,绝对不能漏失任何一笔交易,配送中心的信息系统也是同样。流通业,基本上是以服务客户为主的行业,对本身各项商品状态的掌握与客户需求信息的提供,都是首要的考虑。一般而言,物流业的信息系统,具有下列与一般信息系统不同的地方。

一、信息搜集的密集性

在配送中心,商品的移动与处理,每一步骤都要有记录,这也就是前面所说的控制点。如大家熟知的 DHL 或 Federal Express,自收件后就通过条形码一路记载其位置状态,任何时间客户询问都可回答出文件在何处,何时可送到,而不是仅知道在递送中,配送中心的营运也是如此。信息系统应能追踪每张订单目前的处理状态、货品还需要的处理时间,以便回答客户的询问,并精确地掌控送货时间,以满足客户的需求。

二、信息的详细性

在配送中心的日常营运中,各个管理阶层都需要详细的信息来做决策,不像大多数信息系统仅对高层管理人员提供完整的信息,如银行各分行对总行仅提供存放款总额,总行各级管理者不需要知道分行中各户头的进出情况。可是在配送中心,绝大多数的情形下,管理各阶层都需要了解到底哪种商品缺货,或是哪条路线送货延误,哪个客户的订单有抱怨,知道了真正的原因后,才能采取改善的方案。对每个客户而言,每个项目、每张订单都很重要。所以配送中心完整的信息如:储位空间比率,24 小时订单送运率等,只在分析长期经营策略时才有用,平时更多的是需要提供详细的信息。

三、信息的动态性

配送中心的信息系统除了提供各种商品的库存量、配送时间、价格、已订购商品等信息外,最主要的功能是希望随着营运状态的变化,随时提供最新的信息。例如,接订单时,掌握了库存信息后,还需扣除已接受但尚未到货的数量,再加上下批次拣货前可能的到货数量,这样才能决定是否有足够的数量满足新订单需求。当然最好还能预估下批次拣货的时间、总重量与数量,检查配送车辆的载运能量是否能满足要求,计算出订单的可能送货时间,甚至通过无线电话或是全球卫星定位系统随时掌控每辆货车的位置,这种高度动态性的要求并非一般管理信息系统所需要的,但在配送中心这正是提供客户完整而及时服务的关键所在。

四、数学模型的使用

一般的信息系统通常仅将交易资料做成一些报表,很少在作业研究上用到所学的数学模型,如线性规划、动态规划、最小路径、系统模拟等,但这些模型对配送中心的日常营运却十分管用。例如,储位管理中提到每一商品栈板的摆放位置,需要考虑该项商品客户需求的频率。日常需要的,应放置于靠近出口处,希望能在长时间运转下,吊车取货的平均行走距离或取货时间最短。但因商品不停地进出,订单到达与需求量都是随机的,所以必须有数学模型来统计分析目前的状态,以决定每一商品栈板的最佳摆放位置,碰上商品数目变更,或订单状态改变,还需要不停地调整。

其他如拣货时间的预估、各订单包装材料的预估、配送车辆路线的弹性调度,都不是人力可以判断的。借助于良好的数学模型与电脑快速的计算能力,就可以减少误差。数学模型的建立与使用,是配送中心信息系统中能够直接支援第一线决策,达到提升效率的重要手段,这是与一般信息系统在决策支援高层管理时才使用模型预测与分析所不同的地方。了解了配送中心信息系统的特性后,在信息系统的规划、开发与上线,甚至维护上,就可以作较为安全的设计。

第三节 配送中心物流信息系统的规划

一、以流程为基础进行信息系统的规划

自 1993 年 Michael Hammer 出版了《企业再造》(Reengineering the Corporation) 一书后,企业界兴起了一片改造之风,主要是因为多年来功能式的组织结构没有发挥专业分工应有的效益,反而延滞了组织的效率,其间的灰色地带、本位主义,造成了客户无所适从的感觉。而在 Hammer 的书中,希望企业以流程的角度来看组织的功能,以重新设计组织流程来提升效率,减少组织的反应时间,提高客户的满意度。

流通业本身并不生产任何东西,仅是处理商品由生产者到消费者中间这一段通路,所以流程的长短、效率的重要性不言而喻。前面介绍了物流、资金流及信息流、配送中心的运作情形,其实正是以流程的观念来看配送中心的营运的,我们只要盯住某一个实体,观察它在整个移动过程中所受的处理,就可了解实际的流程现状及找出流程过程中的问题。

以某一商品为例,可以观察到该商品从生产者处运出,到入库、拣货、出库、配送到消费者手中的全过程和处理过程中所花的成本及时间,这样就可找出目前功能式组织管理方法的缺点。了解了物流与资金流之后,再观察配合此物流及资金流的相关信息的处理和报单,就很容易找出目前信息流不顺畅的地方。从这里可以看出建立信息系统主要的目的在于有效地处理信息流,最终的目的是在维持物流及资金流的畅通。所以在配送中心信息系统的规划中,一定要从流程的角度来看所有的工作。

不幸的是到目前为止,绝大多数企业仍是金字塔形、功能式的组织,而信息化的进行,总是在某些有较急迫需求的部门开始的,并非从整体的流程来考虑,其间产生了许多问题与困难。尤其是各部门都有信息系统,想要整合,更是困难重重。所以在信息系统规划时,就要考虑如何以流程的观念来克服现有的功能式组织带来的困难,尤其是在流程跨越各个不同部门时,应注意其连贯性,不能有任何不连接或含糊的地方,这样才能保证将来系统的正常运行。

目前许多配送中心组织结构的基础是以功能划分出来的各个部门,各自掌管各自的事务。在一线作业部分,也是将物流作业划分为许多部门来管理,从订单、报关、到货、入出库、加工、接单、拣货到派车,各分散的部门物流动线切割分段。而所谓的上一层管理,也仅是将下阶层的几个单位合并成一个大单位,由一位经理人负责。有的公司直接以功能别来切割利润中心,高层主管负责制定政策、原则和绩效的评估。在这种组织结构下,如果大家分工清楚,合作一致,不应该会有太大的问题,但运作一段时间之后,由于部门间的工作不是那么容易将每件事情划分得很清楚,自然而然产生许多灰色地带,各部门推托的结果,使得整个流程不顺畅,怨声四起,组织效率自然日渐低落。

如果从资金流与信息流的角度来看,工作划分的方式却截然不同。在资金流方面,最基本的为会计系统,记载所有与交易有关的账,通常分为普通会计与成本会计两大项,有了基本材料后,就可以针对各项开支进行绩效评估,从而可以开展计价管理、应收账款管理及利润中心管理。由于所有的金钱出入都需记账,所以金钱方面,会计有完整的记载,不会有争议,其他部门仅提供各项凭单,或协助收账,责任明确。高层主管通常需要的是管理会计或财务管理的分析资料,如现金流量分析、投资报酬分析、财务结构分析等,这些一般都由财务部门掌管,无需争议。在信息流方面,却呈现出不同的看法与做法,因为信息流其实是支援资金流与物流的基础,其间的关系非常复杂,牵涉到不同部门与人员,有不同的做法与认知。

信息流的机构与工作一般可分为三类:一类是作业性的工作,包含资料处理、系统开发、维修等;第二类是有关系统的整体性,包括网络管理、系统安全维护、主从式架构规划及未来 EDI 的连线作业设计;第三类是决策性,即信息系统支援管理决策的部分,包括数据库建立及管理、专家系统的开发、效益分析、策略性信息系统的规划等。从作业性到决策性,所有的作业项目,都需考虑物流、资金流的全体需求,如果将物流、资金流及信息流三面结合成一个金字塔,就可以形成物流业整体的运作。在大多数的情况下,我们只注意到物流按照功能来区分的那一面,因此即使在推动信息系统的开发或维护时,依然根据功能组织来区分,由不同的信息人员来支持不同的部门,缺乏整体流程的考虑,埋下未来整合不利的种子。

现在我们已很清楚地看到信息流和物流的方向是不同的。有了这样的观念与架构在脑中,在信息系统的规划、执行单位的协调与相互配合时,就比较容易进行了。

二、配送中心信息系统规划原则

在学术上探讨信息系统规划与开发的阶段及信息系统生命周期方面的文章非常多,比较有名的有 Norlan 的开始期、扩张期、控制期、整合期及资料管理期等五个阶段信息系统发展理论;Bown Davis 及 Wetherbe 提出的三阶段模型,即将信息系统的规划,按照作业的顺序、可用的技术及适用的方法论,分为策略规划、组织消息需求分析及资源分配等三阶段,这是信息系统规划实际可用的原则。

信息系统不能达成企业的目的,通常是在规划开始的前两阶段缺乏缜密的思考分析,导致系统完成后与企业实际需求不符,尤其是愈到高层管理阶层,差距愈大。所以在信息系统规划阶段,需要高度的想象力及预测能力,再加上周密的分析,才可减少意外的发生。规划既然如此重要,在物流信息系统规划时,应注意的原则如下:

(1)确立信息系统的策略目标。在配送中心的经营中,流通的效率是竞争的重点,包含库存的周转率、送货的即时与准确度等,而这些目标的达成,都要靠信息系统完成,而信息系统的开发到上线并非一朝一夕之功,所以在规划物流信息系统之初,就要充分了解企业的策略目标——在未来的 5 年、10 年中,企业希望创造的竞争优势,确定出其中有哪些部分是要靠信息系统来完成的。另外一方面要掌握最新信息科技,就是是否能利用新的信息科技创造出新的竞争优势。这一点非常重要,因信息科技具有高度的排他性及替代性。客户使用某一系统后,除非其他系统能提供显著的差异,否则客户通常不会变更习惯,例如,花旗银行提供信用卡全球提款功能,其他银行信用卡如果不能同步配合,就会造成客户流失,而客户流失后就不易再争取回来。另外,信息科技的替代性是立即的、完全的,例如,个人电脑的桌面排版软件将中、英文打字机完全取代,未来中文语音输入成熟后,也将使大多数勤练中文输入法的人,一夜之间无用武之地。由以上的例子得知,未来企业在利用信息科技及信息系统所提供的服务与竞争,已不再是单纯的成本或售价的竞争,它会严重影响到企业的生存。

目前我国的物流业开展了激烈的通路战争,以往由生产厂商为主导的营销时代,转为由通路主导的营销时代。生产厂商或代理商除非是非常热门的产品,否则通常都要付出不少推广营销费用,才能让其产品与消费者见面,而没有掌握通路的代理商,其代理权很容易被取代。连锁店、量贩店及未来的购物中心,已将原来的零售店与生产者的利润剥夺殆尽,街头上急速减少的零售店与急速增加的连锁店,就是最明显的结果。

在了解近几年商业行为的转变与激烈的竞争之后,最重要的是要了解21世纪物流业的竞争策略是什么? 它与信息系统的关系又将如何演变? 这才是今天物流业规划信息所关注的问题。展望未来,目前各国都在全力发展与架设信息科技,如信息基础建设(NII)、互动式电视(COI)、光线网路、声音影像科技等,都会对物流业造成显著的影响,最明显而可能发生的,例如:流通业的配送对象会直接延伸到每个家庭而非店家,当大多数标准化产品都利用家庭购物系统及银行直接转账,对物流业配送的方式会产生下列影响:

● 订单数量急速增加,而每张订单的定购数量减少,品项增加。

● 指定送货时间,以配合家庭作息,苛刻的配送条件,使得配送工作更难处理。

● 决策支持模式的大量需求,因为人已经不能处理大量的信息,只有靠电脑系统来排定拣货及配送的最佳方式。

● 更微薄的利润与更激烈的价格竞争,不仅是因为零售业的转手加价消失,消费者更由信息系统上轻易地货比三家,甚至信息系统可提供自动找寻出同品牌产品中价格最低者。

由此可以看出,现在信息系统的规划者,不仅要有信息方面的知识、业态方面的了解,更要有预言家的能力。

(2)明确公司业务目标。明确公司业务目标,就是决定公司想要从事的业务范围。未来不可能再有公司从事全方位的竞争,即使是同一业态,也会有所区别,在物流业有如冷冻业、干货、一般食品、生鲜类等的选择。另有营业对象的区别,如按照地理区域分东、西、南、北、中地区,或仅对自己的关系企业送货,或接受一般零星订单等。由营业对象、范围等因素可以决定信息系统所要处理信息的范围,例如线路的大小、商品项目的多寡、每日预估交易量等,可大致推估出来,这样后续各项信息系统的设计与评估,才能依序进行。

(3) 构造新的组织与管理方式。由流程及企业改造(Reengineering)的角度来看,规划信息系统的同时,必定要考虑信息系统对组织结构产生的冲击。换句话说,未来的信息系统,是在新的策略观念、新的环境下运作的,与管理方式应密切配合,以充分发挥竞争优势。以往的组织是由上而下指挥,员工除了例行的工作外,通常都在等待老板的指令,但在《企业再造》这本书中清楚地指出未来的公司必须建立起"思考文化",就是站在第一线与顾客接触的员工,在工作的环境中,不仅有权作决定,而且有足够的训练与信息,来做正确的决策。在新一代的信息系统中,信息不再由下而上的收集,提供管理者作决策,而是横向由第一线员工,输送至最需要的地方,立即作决策,以满足客户即时的需求。如果缺少信息科技,任何新的作业模式、新的流程或是向下授权员工作决策,都不可能成功。由此可见,未来的信息系统与组织架构及管理方式间的关系紧密;换句话说,未来流程与组织的设计,要视信息科技进步的程度而定,而新的组织与管理方式,其所需要的信息如绩效评估等,又决定了当时信息系统的设计或修改需求。

(4) 整体考虑流程。有了策略目标、营业范围与新的管理架构等原则与目标后,可以开始思考流程的运作,信息系统的规划人应静下心来,利用想象力,仔细思考每一个流程的完整性及可改造性。完整性考虑就是找出每一个流程运作的每一环节,是否有衔接不顺或信息不畅通的地方;而可改造性考虑的是,是否有其他更短、更有效的流程,可以缩短时间,节省开支或提升服务水准,至于如何去除分工时代的种种弊病,更是考虑的重点。

以往以功能分工的组织,每个员工只做分内的事。没有人去思考整个制度及系统的运作情形,信息系统的规划及分析人员,访问了整个组织后,往往会发现系统中有许多盲点与灰色地带,使得信息流程图(Data Flow Diagram)画不出来,为了使信息流能连接起来,必须花非常多的时间去协调各单位互相配合。新一代的信息系统规划,摒弃过去由使用者提出需求,在整合分析设计系统的方式,逐渐修正为信息系统的规划书,配合策略目标来主导流程的设计,通过这种方式,对系统的整体性有很大的改善。

具备上述四个思考原则与方法后,在进行实际系统开发前,要先解决过渡性的问题,即由前瞻性思考方式所产生出来的系统与现行作业的差距,在思考如何规划一个过渡的计划,使组织的调整与新系统的开发及人员的再训练能密切配合,平稳地转变,逐渐发挥新系统的效能。

三、配送中心物流信息系统的开发

由前面的探讨,我们了解到未来物流信息系统的开发,必须先深思许多策略、流程、理念与逻辑方面的做法与原则,这与以往大多数课本及一般应用系统开发的方式有些不同,以往是由使用者提需求,系统分析师再逐步访谈,画出系统流程图,再做档案划分、屏幕及报表设计,其间与使用者反复商讨,不同系统分析师面对系统的设计有不同的看法,经过漫长的时间所开发出来的系统,却遭受到多数使用者的批评及大幅度的修改,在不断的争议之后,使用者及系统开发者之间会停止沟通,一切以白纸黑字的修改申请单及回条来决定一切事情。以往大多数开发系统的人都遭遇过这种情形,究其原因不外乎两个:

一是在分工式的组织下,使用者根本提不出一个完整的请求,且不同的人办同一件事其看法与需求也不同,等看到实际系统时,又会有一大堆事先没想到的问题,使系统开发者疲于奔命,即使是看到雏形系统所提出来的问题,仍是偏作业面的,对于系统整体的运作无法顾及,必须要等到实际上线后才会发现。

二是系统开发者对要开发的系统缺少深入的认识,大多数的人都抱着使用者要什么,我就做什么的态度,自己也未深入了解行业特性及整体性,等到系统已开发了一段时间,才发现整体性有问题,必须作结构性的修改,系统开发人员经常加班、开会,也就不是怪事了。

根据前面所讲的原则,物流信息管理系统开发步骤如下:

(1)集各项现有的法规、守则,策略性地考虑系统整体构架,先做详细流程规划,并从高层管理人员的经营理念、理论上、实务上说明这样规划的原因。可能这样的规划与现状和使用者的观点有所差异,但这样的说明至少提供了沟通的基础。如果系统规划人员的规划与想法连自己都不能说服,想要让使用者接受,那是很难实现的。

(2)根据规划的流程,分析资料的输入与输出是否能满足使用与管理绩效评估的要求,这包括资料输入点的确定、输入资料内容的设定、管控点的安排、资料输出内容的设定等,还要考虑资料输入与输出的时间差的问题。

(3)分析新系统的信息需求与现状的差异,调查资料收集是否有困难,是否有新增的资料内容,调查增加新资料的原因、用途,系统达到的目的。

(4)与使用者沟通。有了前述完整的准备,才能与使用者沟通,先说明这样系统规划的来龙去脉,让使用者了解未来而不是现在所面临的挑战。说明这样的构想与解决办法在实务上的可行性如何?有哪些不妥的地方?理由是什么?这样沟通的目的,一方面要借鉴使用者在实务上的经验,让其有参与感,另一方面希望在系统开始进行前,让每一个人都知道公司要做什么,明确自己在整个系统中的定位。在反复的沟通中,会使每个人的看法与系统目标逐渐接近而产生共识,对未来系统效能的发挥会有一定帮助。

（5）利用先进的工具，尽快做出系统雏形，使用者看到实际的系统，再提出改进意见。

第四节 配送中心信息系统的一般架构

一、配送中心基本作业

配送中心的功能有销售、输配送、仓储保管、流通加工、信息提供等。为了完成上述各项功能，配送中心所要具备的基本作业内容如下：

（1）订单处理作业。配送中心的交易起始于客户的询价、业务部门的报价，然后是接收订单，业务部门查询出货日的存货状况、装卸货能力、流通加工负荷情况、包装能力、配送负荷情况等，并根据这些内容来答复客户，当订单无法满足客户的要求时，业务部门就要对订单进行协调。由于配送中心不是在送货当时收取货款，而是在一段时间后统一结账，所以在处理订单资料的同时，业务人员还要根据公司对该客户的授信状况查核是否已超出其授信额度。此外在特定时段，业务人员还要统计该时段的订货数量，并进行调货、设计出货程序、设定出货数量的处理。退货资料的处理也是在此阶段处理的。最后，业务部要制定报价计算方式，做报价历史资料管理，确定客户订购的最小批量、订货方式以及订单截止时间等。

（2）采购作业。接收订单后，如果配送中心的货品不能满足最低需求时，配送中心就要向供货厂商或制造厂商订购商品，采购作业的内容包括商品需求数量的统计、查询供货厂商交易条件，然后根据需要的数量和供货厂商提供的不同的批量价格，确定出经济订购批量并提出采购单。采购单发出之后，还需要对该批货物进行入库进货的跟催动作。

（3）进货入库作业。采购单开出之后，在采购人员进行进货入库跟催的同时，入库进货管理员即根据采购单上预定入库日期做入库作业排程计划和入库月台排程计划。在商品入库当日，当货品进入时做入库资料查核、入库品验收，查核入库货品是否与采购单内容一致，当品项或数量不符时要做适当的修正或处理，并将入库资料登录建档。入库管理员还要根据商品特性指定卸货和栈板堆叠方式。对于从客户处退回的商品，退货品的入库也要经过退货品检验、分类处理，然后登录入库。

一般商品入库堆叠在栈板上后有两种作业方式：一是商品入库上架，储放于储架上，等候有出库要求时再出货。商品入库上架是由电脑或管理人员根据仓库区域规划管理原则或商品生命周期等因素来指定储放位置，或在商品入库后登录其储放位置，以便于日后的存货管理或出货查询。另一种方式是直接出库，此时管理人员根据出货要求将货品送往指定的出货码头或暂时存放地点。在入库搬运的过程中由管理人员选用搬运工具、调派工作人员、并做工具、人员的工作时程安排。

（4）库存管理作业。库存管理作业包括仓库区的管理及库存数控制。仓库区的管理包括规划货品在仓库区域内摆放方式、区域大小、区域的分布等；控制货品进出仓库的时间——先进先出或后进先出原则；指定进出货方式——货品所用的搬运工具、搬运方式；调整仓储区储位等。库存数量的控制是根据货品出库数量、入库所需时间等来确定采购数量和采购时点的，并设置采购时点预警系统。此外，还要规定库存盘点方法，再定期制作盘点清册，根据盘点清册内容清查库存数、修正库存账册并完成盘盈盘亏报表。

（5）补货与拣货作业。通过对客户订单资料的统计，配送中心就可以知道货品真正的需求量。在出库日，当库存充足可以满足出货需求时，就根据需求数打印出库拣货单及各项拣货指示，同时进行拣货区域的规划布置、工具的选用、及人员调派等工作。出货拣取不只包含拣取作业，更要注意拣货架上商品的补充，要使拣货作业得流畅不能缺货，这就需要靠补货作业来完成，补货作业包括确定补货水准、设定补货时点、对补货作业排程、调派补货作业人员等内容。

（6）流通加工作业。商品在配送中心送出之前按照需要有可能先进行流通加工处理。在配送中心的各项作业中流通加工作业是最易提高货品附加价值的。流通加工作业包括商品的分类、称重、拆箱重包装、贴标签及商品的组合包装。为了妥善完成流通加工任务，必须加强包装材料、容器的管理、组合包装规则的制定、流通加工包装工具的选用、流通加工作业的排程、作业人员的调派等管理工作。

（7）出货作业处理。完成货品的拣取及流通加工作业之后，就可以进行商品的出货作业了。出货作业主要内容包括根据客户订单资料打印出货单据给客户，制定出货排程，打印出货批次报表、出货商品上所需要的地址标签和出货检核表。由排程人员决定集货方式、选用集货工具、调派集货作业人员，并决定所配运送车辆的大小与数量。由仓库管理人员或出货管理人员决定出货区域的规划布置及出货商品的摆放方式。

（8）配送作业。配送商品作业包括将货品装车并配送到客户手中。为完成这些作业必须事先划分配送区域、安排配送路线，根据配送路径的先后次序来决定商品装车的顺序，还要注意在商品的配送途中做好商品的追踪与控制、配送途中意外状况的处理。

（9）会计作业。商品出库后销售部门就可以根据出货资料制作应收账单，并将账单转入会计部门作为收款凭据。在商品购入入库后，则由收货部门制作入库商品统计表作为供货厂商请款审核之用。并由会计部门制作各项财务报表供管理人员制定营运政策进行营运管理参考之用。

(10) 营运管理及绩效管理作业。除了上述配送中心的实体作业之外，良好的配送中心运作还需要管理者通过各种考核评估来达成配送中心的效率管理，并制定有效的营运决策及方针。营运管理和绩效管理主要是通过分析一线作业人员或中级管理人员提供各种信息与报表来进行的，这些信息主要包括出货销售的统计资料、客户对配送服务的反应报告、配送商品次数及所需时间的报告、配送商品的失误率、仓库缺货率分析、库存损失率报告、机器设备损坏及维修报告、燃料耗材等使用量分析报告、外雇人员报告、机器和设备成本分析报告、退货商品统计报表、作业人力的使用率分析报告等。

二、配送中心物流信息管理系统框架

在了解配送中心各项作业之后，就可根据各项活动与活动之间的相关性，将作业内容相关性较大的或所需资料相关性较大的划分为同一个群组，并将这些群组视为信息系统下的大架构。为了分析方便，这里所建构的是一个一般买卖业典型的配送中心，没有既有的公司组织架构可作信息系统模块化分的参考，因此框架采用的是由作业内容的相关性及作业流程的关联性来划分模块。根据配送中心的各项作业将配送中心的系统大架构划分为以下四个模块：销售出库管理系统，采购入库管理系统，财务会计系统，经营效果评估系统。每个系统下又包括各自的子系统，如图 5-2 显示了配送中心的内部的信息系统结构和配送中心信息系统与外界的联系情况。

下面对各个系统进行简单的介绍。

（一）销售出库管理系统

销售出库管理系统包括的内容是从客户处取得订购单、做订单资料处理、仓库管理、出货准备、将货品运送至客户手中，整个作业都是以对客户服务为主。内部各系统间的作业顺序是首先统计订单需求量，然后传送给采购入库管理系统作为库存管理参考的数据，并由采购入库管理系统取得货品，在货品外送后将应收账款账单转入会计部门作为转账之用，最后将各项内部资料提供给经营效果评估系统作为绩效考核的参考，并由经营效果评估系统取得各项营运指示。销售出库管理系统与其他三大系统间信息的关联性如图 5-3 所示。

销售出库管理系统包括：订单资料处理系统、销售分析与销售预测、拣货规划系统、包装流通加工规划系统、派车计划、仓库管理系统、出货配送系统、应收账款系统，其系统架构如图 5-4 所示，其信息流程描绘如图 5-5 所示。

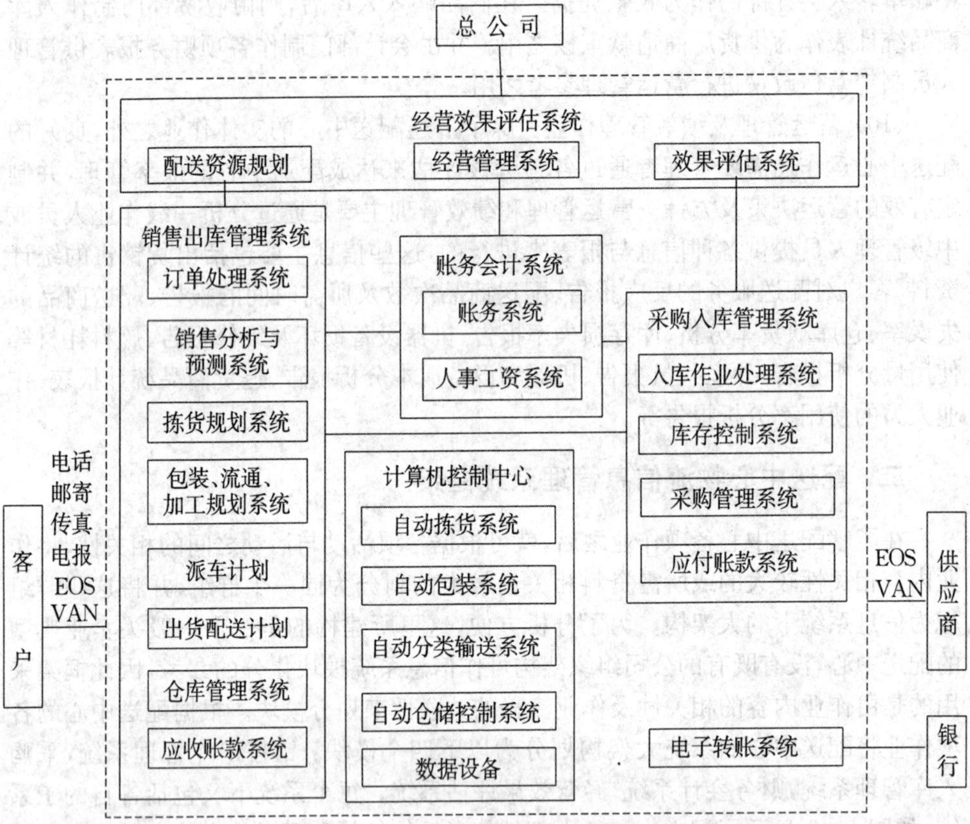

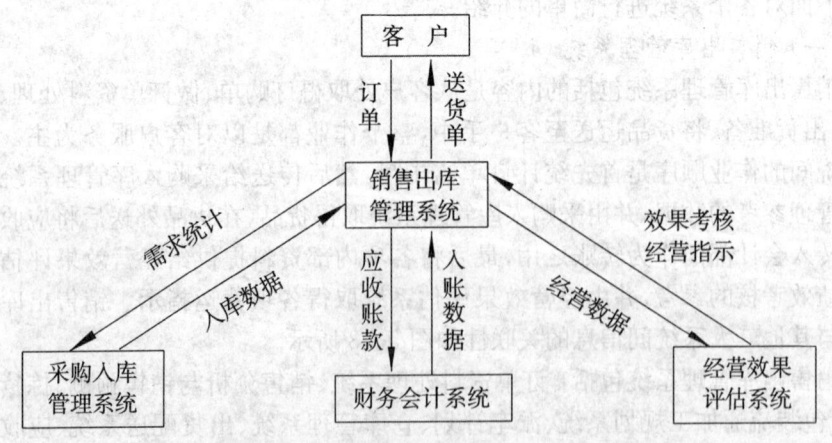

图 5-2　各系统间的关联关系

图 5-3　销售出库管理系统与其他三大系统间的关联

```
                    ┌─────────────────────┐
                    │   销售出库管理系统    │
                    └─────────────────────┘
```

订单处理系统
1. 订单自动接收与转换
2. 客户信用调查
3. 报价系统
4. 库存数量查询
5. 拣货产能查询
6. 包装产能查询
7. 配送设备产能查询
   （卡车、出货月台）
8. 配送人力查询
9. 订单数据输入与维护
10. 退货数据处理

包装、流通加工规划系统
1. 包装、流通加工订单批次规划
2. 打印包装、流通加工工作总表
3. 批次包装、流通加工安排
4. 补货计划及补货排程（含人力、机器设备、包装材料、库存数量）
5. 包装、流通加工数据输入
6. 与自动包装机向数据转换与传输

仓库管理系统
1. 月台使用计划及排程
2. 仓库规划布置计划
3. 拣货区规划
4. 包装区规划
5. 仓储区规划
6. 仓储区管理（储位指定、空储位报表、现有储位报表、与自动仓库及设备间数据转换）
7. 托盘管理系统
8. 托盘装卸方式规划及托盘堆叠方式设计
9. 车辆保养维修系统
10. 燃料耗材管理系统

销售分析与销售预测系统
1. 销售分析
2. 销售预测
3. 商品管理、商品贡献率

出货配送计划
1. 出货文件制作、打印出货单、发票并以网络通知客户
2. 配送路线选用系统
3. 配送货品跟踪系统
4. 配送途中意外情况处理
5. 出货配送数据输入与维护

应收账款系统
1. 应收账单、发票开立
2. 收支登记及维护
3. 应收账款收款统计
4. 收支状况一览表

拣货规划系统
1. 拣货订单批次规划
2. 打印拣货总表
3. 打印拣货单
4. 批次拣货排程（人力、机器设备规划）
5. 拣货计划及补货排程
6. 拣货数据输入及维护
7. 与自动拣货机间数据转移与传输

派车计划
1. 出货订单装车计划
2. 单车装车排序（人力、车辆、机器设备及出货月台规划）
3. 批次装车排程
4. 装车数据输入与维护

图 5－4　系统架构

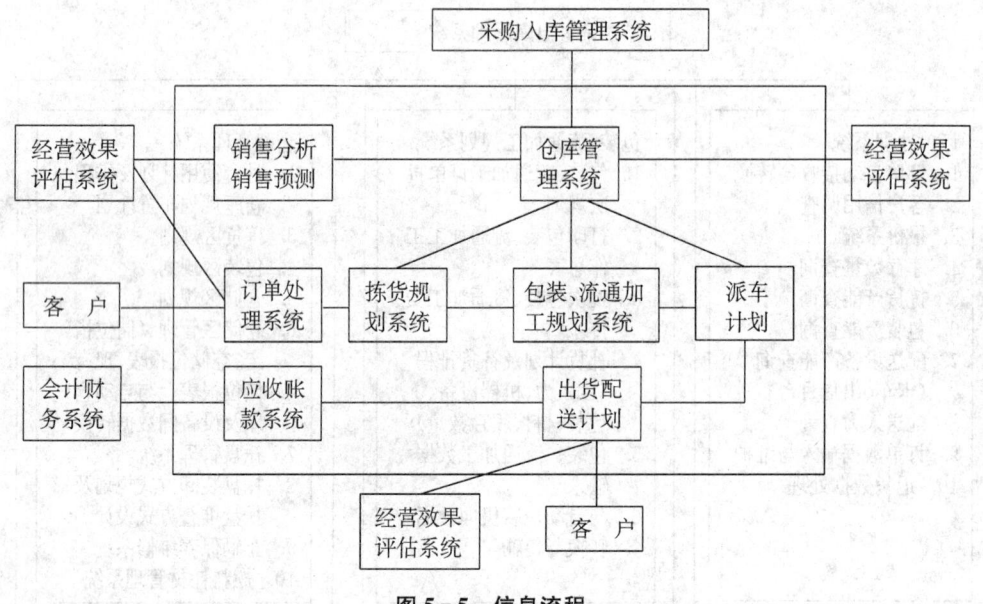

图 5-5 信息流程

（二）采购入库管理系统

采购入库管理系统是处理与生产厂商相关的作业管理系统，包括商品实际入库、根据入库商品内容作库存管理、根据需求商品向供货厂商下订单。采购入库管理系统的工作包括入库作业处理、库存控制、采购管理系统、应付账款系统。

（1）入库作业处理系统。入库作业发生在生产厂商交货之时，输入数据包括采购单号、厂商名称、商品名称、商品数量等，可输入采购单号来查询商品名称、内容及数量是否符合采购内容并用以确定入库月台，然后由仓库管理人员指定卸货地点及摆放方式并将商品叠于托盘上，仓库管理人员检验后将修正入库数据输入，包括修正采购单一并转入库存入库数据库并调整库存数据库。退货入库的商品也需检验，可用品方可入库，这种入库数据是订单数据库、出货配送数据库、应收账款数据库的减项，还是入库数据库及库存数据库的加项。

（2）库存控制系统。库存控制系统主要完成库存数量控制和库存量规划，以减少因库存积压过多造成的利润损失。它包括商品分类分级、订购批量及订购时点确定、库存跟踪管理以及库存盘点作业。

库存控制系统具备按商品名称、货位、仓库、批号等数据分类查询的功能，并设有定期盘点或循环盘点时点设定功能，使系统在设定时间自动启动盘点系统，打印各种表单协助盘点作业。当同一种商品有不同储存单位时，系统应具备储存单位自动转换功能。在移库整顿或库存调整作业时，系统应具备大量货位及库存数据批量处理功能。

（3）采购管理系统。采购管理系统是为采购人员提供一套快速而准确地为供货厂商适时适量地开立采购单的系统，使商品能在出货前准时入库，没有库存不足及积压货太多等情况发生。此系统包括四个子系统：采购预警系统、供应厂商管理系统、采购单据打印系统、采购跟催系统。

（4）应付账款系统。采购商品入库后，采购数据即由采购数据库转入应付账款数据库，会计管理人员为供货厂商开立发票及催款单时即可调用此系统，按供货厂商做应付账款统计表作为金额核准之用。账款支付后可由会计人员将付款数据登录，更改应付账款文件内容。高层主管人员可由此系统制作应付账款一览表、应付账款已付款统计报表等。

（三）财务会计系统

财务会计部门对外主要用采购部门传来的商品入库数据核查供货厂商送来的催款数据，并据此给厂商付款；或由销售部门取得出货单来制作应收账款催款单并收取账款。会计系统还制作各种财务报表提供给经营效果评估系统参考。财务会计系统与其他系统的关联见图 5-6 所示。

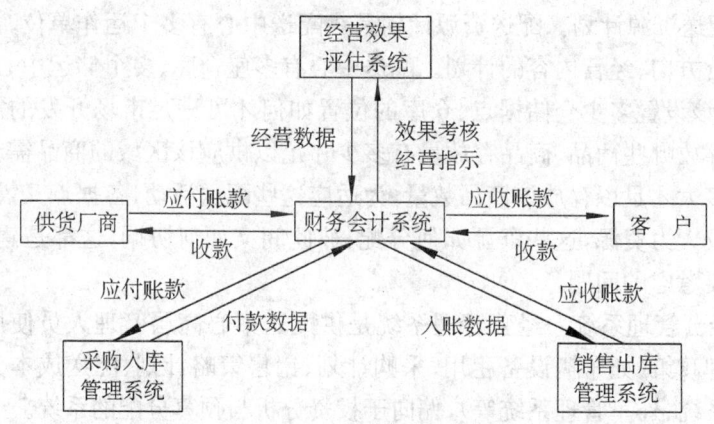

图 5-6 财务会计系统与其他系统的关联

财务会计系统主要包括财务系统与人事工资管理系统。

（1）财务系统。财务系统可将销售管理系统、采购入库管理系统的数据转入此系统，并制作成会计总账、分类账、各种财务报表等。

（2）人事工资管理系统。人事工资管理系统包括人事数据的建库维护、工资统计报表打印、工资单打印及与银行计算机联网的工资数据转换。

（四）经营效果评估系统

经营效果评估系统从各系统及流通业取得信息，制定各种经营政策，然后将政策内容及执行方针告知各个经营部门,并将配送中心的数据提供给流通业。它与其他系统的关联如图 5-7 所示。

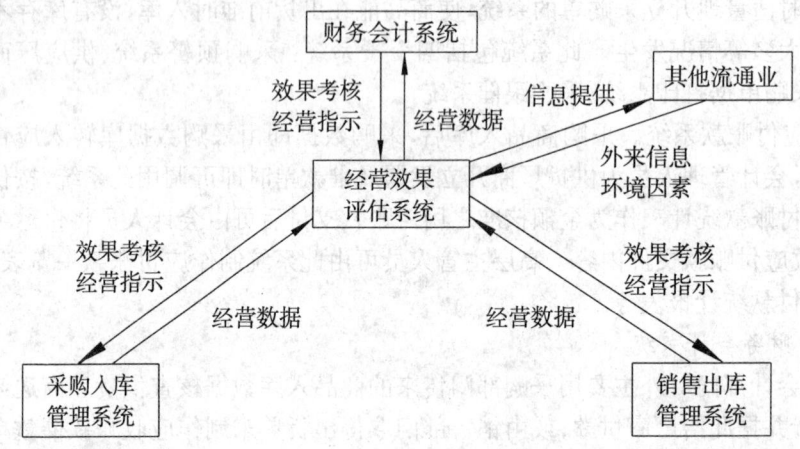

图 5-7   经营效果评估系统与其他系统的关联

经营效果评估系统包括:配送资源计划、经营管理系统、效果评估系统。

(1) 配送资源计划。配送资源计划是在配送中心有多个运作单位时规划各种资源及经营方向、经营内容的计划。配送中心有多座仓库、多个储运中心或多个转运站时,应该设置多少仓储据点、仓库的位置如何才可满足市场开发的需求,而哪座仓库应存放哪些商品、商品存放量有多少才足以供应该区域的商品需求,所需仓库空间需多大才足以存放该商品数量,为适应这些配送活动,各据点又需具备什么机械器具及人力资源,这些资源如何分配、彼此间又如何协调,这都是建立配送计划系统所要考虑的问题。

(2) 经营管理系统。经营管理系统是供配送中心高层管理人员使用,用来制定各类管理政策(如车辆设备租用、采购计划、销售策略计划、配送成本分析系统、运费制定系统、外车管理系统等),偏向于投资分析与预算分配的系统。

配送成本分析系统是以会计数据为基础分析配送中心各项费用,来反映盈利或资源投资回收的状况,同时也可作为运费制定系统中运费制定的基准。配送成本分析与运费制定系统是非常重要的系统,配送中心需要确定运费能否赢得客户并合理地覆盖成本。

(3) 效果评估系统。配送中心的盈利状况,除各项经营策略的正确制定与实际计划及执行外,还需有良好的信息反馈作为政策、管理及实施方法修正的依据,这就需要效果评估系统。它包括:作业人员管理系统、客户管理系统、订单处理绩效报表、库存周转率评估、缺货金额损失管理报表、拣货效果评估报表、包装效果评估报表、入库作业效果评估报表、装车作业效果评估报表、车辆使用率评估报表、月台使用率评估报表、人力使用绩效报表、机器设备使用率评估报表、仓库使用率评估报表、商品保管率评估报表等。

三、物流信息系统的效益评估

信息系统的效益评估是非常难的一件工作，它可以分成几个方向来探讨。

第一是信息系统是否需要？成本效益如何？在这方面目前争议已较少，因为信息系统所能提供的服务及竞争力是不容置疑的。

第二是不同信息系统的评估，例如，自行开发或买套装软件，或不同套装软件间的评估，决定之前有几个考虑因素，如时效性、可靠性、成本、易学及维护难易、扩充弹性等，因各个企业的需求而不同，在中国，还有中文处理及中文码的选择问题，在目前均无标准解决方式，唯一需注意的是，最好在选择前，多参考几家实际使用过厂商的情形与意见，因为信息产业竞争激烈，大多数产品在未成熟前就已上市，所以选择一个全新的产品会有较高的风险。

第三是信息系统与硬件的配合度，虽然每一家信息厂商都强调通过性与相容性，但其配合度上仍有相当差异，如：网关软件、网路协定、作业系统、驱动程式、网路卡、中文卡、印表机等软硬件间的配合，仍需注意，这方面的问题，不是一般使用者有能力解决的，要尽可能避免这种问题的发生。解决之道最好由一家厂商负责或先参考其他家现有的系统的运作配合情形，先行测试也是一条可行之道。

目前对信息系统本身的测试有一些方法，但对效益的评估，因牵涉太多主观的认定，仍无一致的做法。

本 章 小 结

配送中心运作过程中存在着物流、资金流和信息流。三种流程的共同运动，使配送中心不断运转。配送中心物流信息具有信息搜集的密集性、信息的详细性、信息的动态性和数学模型的使用等特性。

物流信息系统是以流程为基础进行规划。配送中心信息系统的规划，按照作业的顺序、可用的技术及适用的方法论，分为策略规划、组织消息需求分析及资源分配三个阶段。

配送中心的系统大架构划分为以下四个模块：销售出库管理系统、采购入库管理系统、财务会计系统、营运、绩效管理系统，每个系统下又包括各自的子系统。

思考题

1. 简述配送中心物流、资金流与信息流的相互关系。
2. 举例说明配送中心物流信息系统的规划过程。
3. 结合实际案例设计配送中心信息系统的架构。

实践应用

项目名称	物流信息系统操作	
指导老师	学生姓名	
时　　间	地　　点	
目　　的	1. 专业技能目标 了解物流信息系统的主要功能模块及相关功能的具体操作方法。 2. 通用技能目标 • 规划安排的能力 • 对数字、事实分析判断的能力 • 团队合作的能力 • 与外界的沟通能力 • 口头表达能力	
背景或任务	选择当地一家配送中心,或在校内实验室机房按照给定的任务要求操作物流信息管理系统。	
程　　序	1. 了解项目的目的 2. 了解物流信息系统中仓储、运输等子系统的结构和主要功能 3. 在物流信息系统重输入货物、地点、客户、仓库设置等基础信息 4. 利用系统,进行入库、库存、出库、费用结算等操作 5. 利用系统,进行车辆调度管理、运输价格管理、费用结算管理、报表统计管理等业务流程的操作	
实施步骤	1. 了解项目的目的 2. 分组,将全班同学分成不同的小组,每组4~5个人 3. 确定实践地点 　选择当地一家配送中心,或校内配有物流信息管理系统的实践基地开展软件操作的实践活动 4. 准备系统操作所需要的各种表单,将学生按角色分成不同的小组,进行系统操作 5. 评分	
评分标准	该项目成绩占学期成绩的　　%。	

第六章 低温物流管理

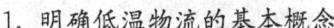
1. 明确低温物流的基本概念

2. 列举低温物流硬件与软件的规划内容
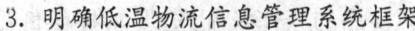
3. 明确低温物流信息管理系统框架

4. 概括低温物流的作业管理内容

【引导案例】

上海联华生鲜食品加工配送中心

上海联华生鲜食品加工配送中心有限公司是联华超市股份有限公司的下属公司,于1999年12月在上海市闸北区合资注册成立,注册资本500万元。主营生鲜食品的加工、配送和贸易,拥有资产总额近3亿元,是具有国内一流水平的现代化的生鲜加工配送企业。公司总占地面积22 500平方米。其中包括生产车间、冷库、配送场地、待发库、仓库(地下室)、办公楼等。冷库容量8 700吨,运输车辆46辆(其中24辆为制冷保温车),保证商品安全生产,快速流通。联华生鲜食品加工配送中心是我国国内目前设备最先进、规模最大的生鲜食品加工配送中心。联华生鲜食品加工配送中心总投资6 000万元,建筑面积35 000平方米,年生产能力20 000吨,其中肉制品15 000吨,生鲜盆菜、调理半成品3 000吨,西式熟食制品2 000吨,产品结构分为15大类约1 200种生鲜食品;在生产加工的同时,配送中心还从事水果、冷冻品以及南北货的配送任务。联华生鲜食品配送中心的配送范围覆盖联华标超、快客便利、世纪联华、华联吉卖盛、联华电子商务(联华OK网)等2 000余家门店,为企业的快速发展奠定基础。

第一节　低温物流概述

低温仓储的目的,是借助低温环境,以减缓、抑制各类物品本身的化学变化、生理变化或各种细菌等对物品的侵害,以维持产品品质处于最佳状态。不当的低温储存方式,会对产品造成不可补救的伤害,甚至完全失去商品价值,故低温仓库的规划与管理是非常重要的。

一、低温物流的基本概念

所谓低温物流泛指冷藏冷冻类食品的仓储及配送,要求提供低温物流的企业不得在任何环节改变制造商原来设定的产品保存温度条件。目前物流收费标准还不一致,一般而言,常温配送的收费约为货品进价的 4‰～8‰,冷冻或冷藏的收费则较高,约为常温的 2.5 倍。

（一）冷冻、冷藏食品的定义

低温食品按照温度可以分成两大类,即冷藏和冷冻。目前在实际工作中以后者为主。冷冻需要具有四个条件:经过前处理;急速冷冻;－18 度(摄氏度,下同)以下的温度;妥善完整的包装。

根据原材料的不同,冷冻品可以分为冷冻水产品、冷冻畜产品、冷冻蔬果、冷冻调理食品及其他。

冷冻食品配送中心的温度应该保持在－18 度以下,将食品中所含水分的93％以上冻结成冰,以防止食品因为时间而产生质量变化,从而不需要依赖任何防腐剂。所以,经过前处理,并急速冷冻保持冻结状态的包装食品,就是冷冻食品。

广义上的冷藏食品,一般规定为 7 度以下至冻结点以上温度带内的生鲜水产品、畜肉加工品(香肠、火腿等)、乳油制品(牛油、奶酪、酸奶等)、水产加工品(鱼酱)、农业加工品(盒装豆腐、面条等)、凝胶食品(果冻、布丁等)。

操作中冷藏调理食品可以定义为以生鲜农、水、畜产品为主要原料,经过前处理作业,再以腌制储存,或适当地加热与调理,并急速冷冻,而在 7 度以下、0 度以上的冷藏条件下储存销售的包装食品。

冷冻、冷藏两大低温形态,是维持食品味美、新鲜、安全等基本特质的最佳选择,因此在运输冷藏冷冻食品时,应使用有冷冻机或有效绝缘保温装置的车辆。当冷藏食品的保存期限范围在 14 天以内,且在不可添加防腐剂的前提下,落实产销各阶段的卫生及品质温度管理作业,便成为低温系统的首要工作。

（二）低温仓库分类

低温仓库是冷链系统（Cold Chain System）中续接初期产品温度急降后的一环，也是低温产品在冷链系统中停留时间最长的据点，因此对产品品质的维护要求在低温物流管理中占有重要的地位。

低温仓库可大概分为冷藏与冷冻两大类。冷藏仓库以储存蔬果、新鲜鱼肉、鱼卵、蛋、鲜奶、果汁等为主；冷冻仓库则以储存肉类、冰淇淋等为主。以上物品在储存前，大都需要进行急速降温。低温仓库中冷冻机械设备系统因各种库温与容量要求不同，有很多不同的选择。

低温仓库的规划，需要集合各类专业技术人员，如低温物流系统规划师、建筑师、冷冻技师等通力合作才能完成。

低温仓库依库温不同分类，如表 6-1 所示。

（1）冷藏库：凡库温维持在产品冻结温度以上的都属于冷藏仓库，一般生鲜食品的冻结点大都在 −2 度以上，由于各类产品性质的不同，库温也各有差异，大多数库温约在 4 度以下。

（2）冷冻库：凡产品温度维持在冻结温度以下的都属于冷冻仓库。例如长期冷冻储藏的冻结鱼或肉，冷冻食品等的库温约在 −23 度以下。

（3）特殊冷藏库：凡需同时控制库内温、湿度的都属于特殊冷藏库，如新鲜蔬果、米的冷藏等；又如，需同时控制温度及空气中各气体含量的，如蔬果的冷藏等。

表 6-1　低温仓库的分类

级别 / 项目		保持温度（摄氏度）	湿度%RH 及其他	产品
冷冻库	F(SA)级	−20 以上	—	冻结鱼肉,冷冻食品,冰淇淋
	C1　(A)级	−10～−20	—	咸鱼子,冰淇淋（短期）
	C2　(B)级	−2～−10	—	熏制品,奶油,奶酪,火腿,冻卵,咸鱼子
冷藏库	C3　(C)级	−2 以上 10 以下		鲜奶、鲜鱼肉（短期）、味淋干、干鱼子、鲜鱼子、炼乳、茶、糕、酒类
特殊冷藏库	C3　(3)级	0～5 10～15	80～95 70	新鲜蔬果 米
	CA	5～8	95～100 O_2～3% CO_2～5%	蔬果等

二、低温物流兴起的原因

因为零售市场订购的商品正在朝数量少、品种多、快速配送的方面发展,所以物流业显得越来越重要。其中,低温物流更是后起之秀,它的兴起原因有如下几方面:

(1) 连锁经销体系带动物流业的兴起。连锁经销体系是由总部统筹,使用同一规范的营运管理体系,一样的店铺名称、招牌与特色的系统。为了向消费者提供相同的价格或产品品质,统一采购与议价成为其重要的管理手段。同时为使每一环节的成本都能符合经济原则,在达到规模时将物流外包给专业物流公司进行配送工作。

(2) 食品流通形态的变革。长期以来,商品经过批发商等环节才能达到顾客手中,流通成本居高不下。近年来,随着便利店、超市、量贩店的兴起,消费品的销售渠道有了很大的改变,多层次的复杂的渠道,渐渐转化为由供应商经配送中心直接送到各零售卖场。这种以配送中心为主的销售通路,能为企业节省更多的时间和成本,并争取商机。此外,配送中心对产销秩序的维持、交通的改善,更符合即时配送的服务品质。

(3) 使专业分工更符合需要。在产业分工的发展趋势下,物流业未来将朝着专业分工的方向发展,各种专业物流领域各有其利益,并不会发生突变,而且目前纳入物流体系配送的零售商比例还比较低,通过传统通道进货的零售商仍然占很大比重,市场还有很大发展空间。配送中心的使命与任务,是解决、调和制造商少品项、大量生产体制与零售商多品种、少库存的需求矛盾,因此必须针对市场及客户业态能有区别;必须能结合某些上游的制造业者与下游的某些零售客户,形成共同配送策略联盟。

随着我国经济发展及社会生活形态改变,国内冷冻食品市场日益蓬勃,在继专业冷冻食品业者投入设置低温配送中心后,一些大厂商也陆续加入设置低温配送中心的行列。最近已有不少拥有制造商、零售商通路的食品大厂也看好国内冷冻食品市场潜力,加入低温配送中心的行列。

由于低温配送中心投资成本大、经营管理不易,因此,目前还没有出现如批发仓库等流通业竞相涌入的现象。

(4) 低温食品的逐渐普及与成熟。冷冻一般被认为是长期储存食品的最好方法,可以将食品的营养和维生素保存下来。但最忌讳中途处理过程中温度控制不当,而影响品质。一般而言,在特定时间内会影响冷冻食品品质的主要因素包括:冻结前的产品品质特性、调理加工、冻结作业、包装、储存温度及储存时间的长短等;尤其在冷冻储存过程中,如果没有严格的温度控制,最容易造成商品品质的损害。根据科学研究数据表明,大部分的冷冻食品在－18度的冷冻条件下有 1 年以上的高品质寿命,如果储存温度提高 3 度,品质劣变的速度大约会增加 2 倍,冷冻食品的寿命只有 3 个月到半年的时间,因此冷冻食品从生产到零售的每一环节都很重要,良好的温度管制是维持品质及安全性不可缺少的要素。

从以上的分析中可以看出低温物流的兴起是一种符合时代潮流及需求所衍生出来的行业,但目前仍然有困难需要克服。最主要的是需要业界形成共同配送的信息与意愿。在流通业发展先进的日本、美国,早已形成商流、物流分离的做法,但国内经营专业低温物流,却面临成长缓慢的瓶颈,业务量销售点较少。所以目前低温配送业者倾向于与单一的生产厂商合作。由此看出,低温冷冻共同配送的意愿还很低。

食品界有必要督促政府正视现状、调查研究,以形成明确的政策方针,帮助中小低温物流企业与其他上下游企业的共同化、组织化,以构成具有经济规模的"共同配送"设施及体制,并在资金来源、信用保证、低利优惠、税金等方面给予帮助。低温物流因软硬件投资大,再加上委托共同配送的不多,已造成资源利用无法达到经济规模的缺点,如果坚持从采购、储存、分拣、配货到送货运输,均只限于各自企业管辖范围内的零售店服务,这种自成体系、肥水不外流的做法,容易产生以下两种现象:一是规模小,自动化程度低,不成气候;二是条块分割,自我封闭。

第二节　低温物流的规划

温度控制是低温物流管理中最重要的内容,在规划低温物流系统时所需考虑的因素,有些方面与一般常温物流系统规划内容相同,有些方面有其特殊要求,下面将按照硬件与软件规划来说明低温物流系统的规划。

一、硬件规划

低温物流系统硬件规划的内容包括厂房规划、仓储设备规划、运输设备规划等内容。由于低温物流需要注意隔温及防止温度散失,因此有些特殊的与温控有关的仓储设备是必需的。同时低温物流的运输设备比常温昂贵,因此如何根据实际需求规划出最符合使用效益的运输设备,也是低温物流规划考虑的一大要素。硬件规划的具体内容如表 6-2 所示。

表6-2　低温物流的硬件规划

项目	规划内容	说　明
厂房规划	基地现况分析	基地位置及范围、自然条件,如地形地势、地质土壤、气象水文、公共设施等
	厂房结构分析	根据国家颁发的有关建筑方面的法律、法规以及劳动法中所规定的关于危险性工作场所要求对厂房结构进行安全分析
	配销/物流体系	考虑是仅供本企业产品使用还是对外营运,确定各类产品的低温仓储、搬运、配销的营运项目
	安全设计分析	收集当地的风速、风向等资料,以及当地的地震和地质特性资料的详细数据
	结构特性分析	防水性、耐水性、耐倾性及耐酸碱性佳
	仓库结构分析	PC结构体、钢铁结构体、库板结构体
	商圈分析	决定低温物流配销中心的规模及范围
仓储设备规划	货架	根据产品种类及日后作业需求、商品区隔来规划决定所使用的货架系统,一般有重型料架、自流式货架、移动式货架等
	门帘	低温库房进出作业频繁,库门开关设计不当会造成作业不便、效率不高外,库门本身也容易损坏,所以可以加装门帘,在作业频繁时将库门暂时开启,以门帘防止温度大量散失
	仓储灯具	低温仓储因为环境温度较低,尤其是冷冻库房,灯具必须使用耐冻的防爆灯
	快速卷门	使用在温度差异较大的两库房间,以使库房的温度不会因作业而流失
	冷冻库门	冷冻库门有电动式及手动式,为确保冷冻库的温度,冷冻库门必须有最佳的隔温效果
	温度检测系统	温度检测系统在低温库房中是不可或缺的,它主要用于掌控温度。低温库房必须在地板及库房各个角落装置温度感测器,随时感应库房内各个角落的温度,并连接在温度记录器上,随时记录库房内的温度状况,以确保库房内的温度品质,并在异常状况发生时,可立即发现并及时处理
	库板	库板的功能是提供低温仓库的保温,所以库板的隔温效果会直接影响低温库房。库板的材质分保丽龙与PU两种,如果想使两者有相同的隔热效果,前者比后者需较厚的材质
	地层隔热板	低温库房除了四面及上面需隔温外,不要忘了地面的隔温设备,即地板隔热工程;如果地板的隔热工程不好,就会因传热而造成低温库房地板冻凸,使库房内作业不便,甚至造成危险

（续表）

项目	规划内容	说　　明
运输设备规划	运输车辆的规划	物流车队需要各式大小车辆的数量多少？比例如何？都得根据未来的营运方式、营运方向、服务对象及服务通路做全盘的考虑、规划，并将未来车辆的使用回转率一起规划
	车辆配备的规划	这方面规划的内容主要有是否使用冷冻机的气冷式，或不使用冷冻机而用蓄冷式保持车内应有的低温温度

二、软件规划

低温物流的信息系统主要包括库存控制系统、顾客服务系统、仓储管理系统和运输管理系统四个子系统，如图 6-1 所示。

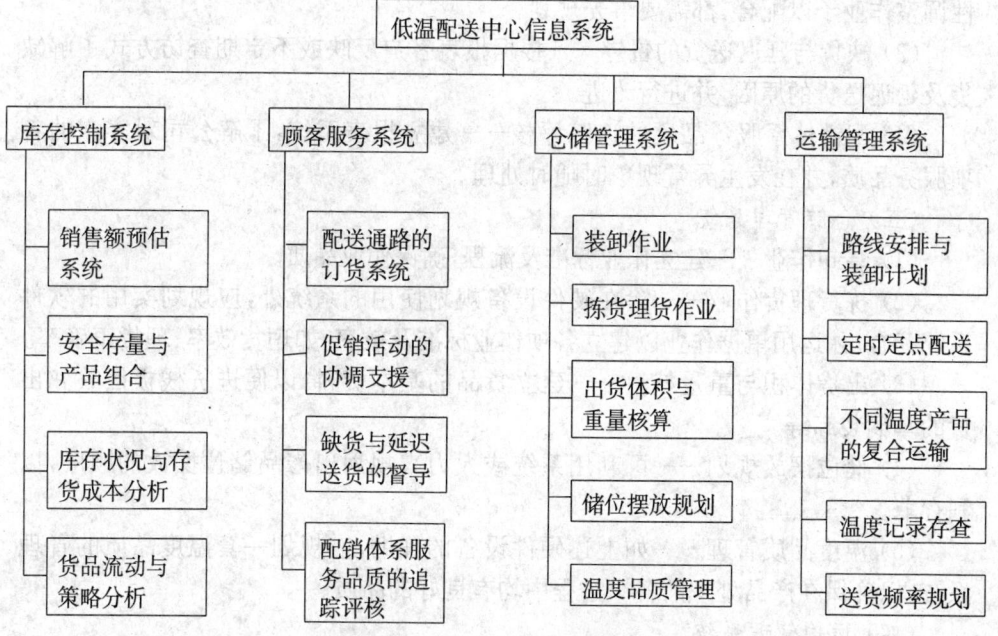

图 6-1　低温物流信息系统

各个子系统内容说明如下。

（一）库存控制系统

存货控制是配送中心的基本内容，也是成败关键，必须根据物流作业在系统中设计出一套合理的作业单据及流程，并在系统中有分析和控制追踪的报表以方便作业管理。

（1）销售额预估系统——累积市场经验及统计数据，加上以市场分析为基准预估的销售额，将有助于采购作业的正确判断，即找出有利的库存数量。

（2）安全存量与产品组合——安全存量的设定有利于产品组合，可降低缺货的风险，维持好的服务品质，才能对公司的存货成本有最佳的计划。

（3）库存状况与存货成本分析——随时掌握最新库存状况，并有存货成本的分析资料，以便了解存货状况的合理性。

（4）货品流动与策略分析——掌握货品流动资料便能得知仓储储位使用及货品的回转率，这些资料对安全存量与产品组合甚至库存和车辆运用都有用。

（二）顾客服务系统

（1）配送通路的订货系统——必须制定好所有配送通路的订货系统、表单及时间，以利作业标准化和管理。

（2）促销活动的协调支援——厂商或客户都可能有促销活动，如何配合或弹性调整作业予以配合，都需要事先规划。

（3）缺货与延迟送货的督导——根据报表客户反映或不定期查访方式了解缺货及延迟送货的原因，并进行改进。

（4）配销体系服务品质的追踪评核——建立报表系统，了解公司对客户的各项服务品质，并在发生异常现象时随时处理。

（三）仓储管理系统

（1）装卸作业——建立作业标准及流程，确保作业品质。

（2）拣货理货作业——除在硬件设备规划使用的系统外，应规划实用的软件系统配合，并运用单据作业以建立各项作业标准及效率，如理货效率、理货正确率。

（3）出货体积与重量核算——建立货品的基本资料，以便进货栈板摆放和出货的车辆装卸等。

（4）储位摆放规划——可利用系统或人力来规划出产品储位摆放的顺序，以利存取。

（5）温度品质管理——如上述硬件设备的辅助，需规划一套温度品质的管理系统，以确保在产品处理的各个过程中均有良好的品质。

（四）运输管理系统

（1）路线安排与装卸计划——根据区域划分方式或路线划分方式来安排配送，寻求最有利、最合效益的方式。

（2）定时定点配送——将各配送点的各项资料（如最佳收获时间、交通状况、道路情形等）列入资料，以便统筹规划配送时间。

（3）不同温度产品的复合运输——考虑送货地点、产品装卸情形等，来考虑符合运输的装卸搭配,这样可减少车辆投资及提升配送效率。

(4)温度记录存查——在运输的过程中,温度的维持是较困难而且是有技术性的,有温度记录表的辅助,便能确切掌握配送的温度品质,因此必须建立检查作业系统来管理配送温度。

(5)送货频率规划——根据客户的需要及公司本身的考虑建立送货频率,以制定一套客户与公司作业服务的模式。

第三节　低温物流作业管理

低温物流因为投资成本高,处理的是低温且保存期限可能较短(如冷藏品)的产品,因此对于温度的掌握及控制是极重要的,而温度的掌握与控制,从产品进、存到配送期间各个环节都是关键,任何过程对温度的掌控失当,都会影响产品的品质,所以想做好低温物流的管理,最基本也是最重要的,便是严格做好温度的管理。以下从低温仓储基础知识和低温配送中心的作业流程来说明低温物流管理的要点。

一、低温仓储的基本知识

(1)产品入库前的处理。为了方便销售,厂家会根据需要对不同的产品进行不同的包装、装箱及其他多项相关处理,这些都会对产品温度下降速度及日后储藏品质等产生重大影响,所以从事低温仓储的工作人员必须重视产品入库前的处理方式。

(2)初期品温下降速度的影响。

A. 新鲜蔬菜类:因为新鲜蔬菜内仍有生命力的活体组织,初期温度下降越快,越能保持其新鲜度,可冷藏的期限就越长,同时可保证有较高的商品价值。

B. 新鲜鱼肉类:这类产品是短期内食用的产品,但新鲜鱼肉比较湿润而且具有高营养的组织,所以在常温下极易自我分解,或受到细菌等微生物的侵害变质,因此急速降低品温方能保持其新鲜度。

C. 冷冻鱼肉类:其冻结速度对细胞的影响如下:冻结缓慢时,冰结晶在细胞外产生,这种细胞类的水分渗透到细胞膜外部而变成大冰结晶,导致细胞皱缩;冻结速度快时,冰结晶于细胞内产生,冻结速度越快,冰结晶越细密,细胞完整不会被破坏,所以急速解冻后,其肉质仍具有弹性且口味鲜美。

(3)最大冰结晶形成温度带。一般食品的细胞中含有绝大部分的水分与少部分的溶质,因此一般食品的冻结点温度约为-2度。起初部分水先冻结,剩余溶液的冻结点温度逐渐下降,约至 −8 度以下才能全部冻结,这就是"最大冰结晶形成温度带";如果产品中心温度能迅速通过此温度带,达到 −18 度以下,则冰结晶细密,品质极佳。由于潜热远大于显热,所以冻结时间较长,为了达到迅速降温的目的,就需要较大的冷冻能力,设备费较高。

(4) 库温变动的影响。

A. 冷藏库温度升高会促进蔬果的代谢作用,从而加速蔬菜水果的老化。

B. 冷库温度升高时,以前久被低温抑制生长的细菌或生物就会开始繁殖,从而引起出汁、变形、变味等现象,从而破坏商品价值。

C. 冷冻的食品在温度升高时,冰结晶颗粒变大,穿破细胞而使细胞质流失,使食品丧失原有的风味。

(5) 冷冻食品升华脱水现象。因食品受到外部气流与温度变化的影响,细胞内部冰结晶升华逸出外部,再结冰约可达 20%,产生内部空洞导致品质劣化。

二、低温物流作业管理

(1) 人员训练。训练低温物流的作业人员和一般常温物流作业人员是不同的,由于有温度的产品是不能失温的,故低温物流作业的人员必须对温度非常敏感,对状况及紧急事故的处理必须迅速和正确。此外,温度的制造是耗电的、昂贵的,必须有良好的工作计划习惯,以减少低温库门开关的频率,防止温度流失,因此,保持库内低温是教育的重心。当然,每一项作业必须有标准的作业守则和规范,以便操作人员依循,确保作业的品质。

(2) 顾客服务。简单来说,顾客对服务有四个方面的要求:

第一个要求是时间,即要求订货后至到货的"前置时间"(Lead Time)尽可能短。从订单传送、接收、订单处理、理货、出货到送货整个过程中,物流的各项作业时间的连贯、顺畅和效率,以及信息的传送,都扮演很重要的角色,且关系到为顾客服务的品质。

第二个要求是可靠性,包括送货时间的固定性,及货品是否安全、完整、正确地送传。如果货品送交客户时有损坏,数量不符或品质不佳(尤其低温货品温度不符验收标准)的现象,都会影响客户的后续作业及计划,而造成客户信赖度及满意度的降低。

第三个要求是沟通,厂商与配送中心、厂商与客户、配送中心与客户的沟通是很重要的,要使三方面有共识,使作业更顺畅,都必须靠良好的沟通,且让客户了解公司服务品质的承诺,设定提供服务的水准,让客户有正确的期待值,这些都是顾客服务品质的要素,否则因沟通不便而造成的作业不便或困扰,是很不值得的。

第四个要求是方便,公司所提供的服务应具弹性,以适应客户不同的需求,而客户偶尔也可能会有特殊或紧急的状况需要获得超出原定服务标准的服务,若公司能适时提供服务,对客户而言,更提高了其满意度和配合度。

（3）采购作业。一般而言,低温产品的价值较高,因此采购时必须注意数量,对于全库存的预估及设计如果能维持最小,则库存的成本将可降低很多。对于保存期限短的产品,则更要注意其周转率和保存期限,以免造成库存的损失。再者,采购数量的稳定与厂商间前置时间的确认也很重要,稳定的订货数量和准确地预估数量,能使厂商更好地配合,减少断货的发生;而送货前置时间的确认,才能使采购人员精确地掌握库存状况。

（4）进货/验收。验收低温产品除了一般的品项、数量之外,对温度和保存期间的注意尤为重要。产品入库标准温度及规格,都必须依赖原厂设定的标准验收,否则必须拒收处理。

验收低温的产品如果温度不够,产品势必失温而品质不佳,如果因新生产而尚未降至应有温度,则虽然品质没有问题,但它将吸收库内温度以降温,使得冷冻机运转增加,增加营运的成本,所以如果温度不够必须拒收处理。产品的温度必须平均检验,前、中、后均要检验,且需测量产品的中心温度,这样才能检验出是否有因堆叠不当而造成的通风不良,以便能确保所有产品的品质无误。产品堆叠于栈板时,应有空隙以利冷风循环,以维持所需的温度,而所有的作业必须迅速完成,以降低低温食品暴露于高温潮湿环境的机会,即使有预冷区也需迅速作业,使产品失温机会降到最低。

（5）储存/储位规则。仓库所有产品储存摆放的规则,都必须符合产品先进先出的作业原则。同类、同一客户的产品应集中,以利管理,具气味污染物的产品应单独摆放,并应有换气循环设备。产品储存时,应尽量避免品温变化,以保持产品的品质,故产品不应置于出入门帘及人员进出频繁的区域,对于尚未冻结、部分冻结或未冷却的产品,不可置于低温仓库内。可根据产品流动率原则来规划各项产品的搁放位置,流动率大的产品放前面,而流动率小的则放后面,以提高作业效率,同时,更应随时掌握储位总数,以利规划及应变。

（6）订单处理。订单的处理虽属事务作业,但却直接影响现场作业,订单的处理必须注意时间、内容和分类,定时接受订单,保留足够的前置时间理货、复查,并确认订单无误,订单内容的排列顺序要依储位的规则,使理货作业更方便及快速。不同温度产品的订单最好分开处理,以利现场作业。在订单处理时,理货单位必须予以确认,大单位（如整栈板）是最方便也不易出错的理货方式,可直接用电动机具作业减少人力,但订单各有不同的需求及做法,必须划分明确,才能有效率地作业。

（7）理货。低温产品的理货作业与常温最大的不同就是作业环境,在低温环境下,动作较不便,工作时间也短,故理货方式、理货单位、理货工具均需考虑及选择,以利低温作业。由于低温仓库成本较高,故低温产品的理货作业并不像常温货品可事先理货置于暂存区,再行复查,而是事先计划工作流程,理货、复查、出货连贯作业。

(8)配送。运输方面,低温配送较干货复杂得多,由于需保持一定的温度,在货物装卸及配送路线安排上要多费心思。首先与货物装载堆叠时,低温货物必须注意避风问题,以使车内温度保持平衡,确保全车货物的品质;而在送货路线的安排上,更应考虑每个送货点间的距离,因为在卸货的同时,车内低温流失(运输车辆如果配备门帘,则温度的流失可减少),在送货地点与送货地点之间,须有一段时间让温度能降至其应有的标准以确保货品品质,其他影响温度散失的原因,如太阳辐射热,路面辐射热、温差的传导热、外气侵入、设备发出的热……则需有好的保冷车体及硬件设备来确保温度。请参考表6-3。

表 6-3 减少车体热损失的方法

热 的 来 源		防 治 的 办 法	备 注
外部的传入	太阳辐射热	(1)车体外涂白、银、淡青色或用光亮的铝板 (2)增加车体顶部厚度 (3)清除车体油污	使用液氨冷却的冷藏车要特别注意
	道路辐射热	增加车体底部厚度	
	温差产生的传导热	使用隔热性佳的材料	
	外界空气、水的侵入	(1)车体各板间及门缝要加以密封 (2)检查门的密封是否要更新 (3)顶部外板的密封是否老化	
使用时流入	门打开时流入热	(1)减少开门时间,堆积依照出货秩序 (2)门加装布帘及空气帘 (3)开门时蒸发器风扇停止	配销车要特别注意
	洗涤时水流入使隔热性降低	(1)地板接缝要防水 (2)侧面板防水处理至少3米高 (3)侧面板与屋顶板要加密封	输送鲜鱼车辆要特别注意腐蚀 小型车则全部使用防水板
	设备发出的热	风扇马达的热量控制	可以不考虑

（续表）

热 的 来 源		防 治 的 办 法	备　　注
货物的热	进料货物的热	在进料前先冷却至输送温度	
	货物的呼吸热	降低品温减少呼吸热	不要将冷藏车当预冷室
	货物的冰冻热	先结冻再放入	不要将冷藏车当预冷室
其他	构造体的热量	清洗、进出料外，不要开门，以防止室温上升	液氨冷藏车可用液氨预冷车体

（9）退货、坏货处理。退货、坏货是令人伤脑筋的问题，对低温产品而言，其处理成本更高，因此对于坏货的处理，若能与供应商谈出一定的耗损量，而将坏货直接丢弃不再运回物流中心报销，是较好的方式。至于退货方面，若是因理货错误或订单错误造成的退货，则应有报表作统计分析，提供改善建议，并尽速处理退回的货，以便归位再次出货；如果因存货过多或保存期将至而造成退货或不良品的退货，同样须有报表作统计分析，提供改善建议，并尽速处理退货。

本 章 小 结

低温物流泛指冷藏冷冻类食品的仓储及配送，要求提供低温物流的企业不得在任何环节改变制造商原来设定的产品保存温度条件。低温物流兴起的原因是连锁经销体系带动、食品流通形态的变革、专业分工的需要以及低温食品的逐渐普及与成熟。

温度控制是低温物流管理中最重要的内容，在规划低温物流系统时所需考虑的因素，有些方面与一般常温物流系统规划内容相同，有些方面有其特殊要求。

低温仓储管理要点主要包括产品入库前的处理、初期品温下降速度的影响、最大冰结晶形成温度带控制、库温变动的影响、冷冻食品升华脱水现象等。低温物流作业管理主要包括人员训练、顾客服务、采购作业、进货/验收、储存/储位规则、订单处理、理货、配送和退/坏货处理。

 思考题

1. 简述低温仓库的不同类型及主要储存的产品类型。
2. 简述低温物流规划的主要内容。

3. 举例说明低温配送中心信息系统的构成。

4. 举例说明低温物流管理的要点。

 实践应用

项目名称	低温物流中心现场考察		
指导老师		学生姓名	
时　间		地　点	
目　的	1. 专业技能目标 掌握低温物流仓库的规划和操作,学会规划仓库的软硬件,并利用已有仓库设施进行相关的操作。 2. 通用技能目标 • 规划安排的能力 • 对数字、事实分析判断的能力 • 团队合作的能力 • 与外界的沟通能力 • 口头表达能力		
背景或任务	选择当地一家专门从事低温仓储服务的公司,对其进行实地考察,根据要求绘制平面图、组织结构图、作业流程图。		
程　序	1. 了解项目的目的 2. 选择一家低温物流公司 3. 收集该公司的相关资料,分析低温物流主要的作业环节及操作流程和要点 4. 完成现场考察		
实施步骤	1. 了解项目的目的 2. 分组,将全班同学分成不同的小组,每组4~5个人 3. 现场考察 4. 与公司工作人员一起探讨进货、保管、出货作业流程 5. 画出该公司的仓库平面图、组织结构图、作业流程图,完成考察报告 6. 评分		
评分标准	该项目成绩占学期成绩的　　%。		

第七章 物流组织与人力资源管理

学习目标

1. 阐述物流组织的发展过程
2. 列举物流组织在每一发展阶段的特点
3. 列举配送中心的组织结构类型
4. 描述物流人才市场特征
5. 列举配送中心主要工作类别及其要求
6. 了解配送中心人员招聘任用、薪金管理方法

【引导案例】

浙江省八达物流的组织

浙江省八达物流有限公司创建于 1985 年,注册资本 3 000 万元,总资产 1 亿多元。下设子公司浙江八达石化运输有限公司、杭州八达物流快递有限公司、浙江八达能源物流有限公司,分公司有浙江省八达物流有限公司储运分公司,办事处有上海办事处、宁波办事处。经过近 20 年的发展,现已拥有集到发、仓储、配送于一体的物流基地,各种铁路自备车近 500 辆以及大型铁路交通运输电子商务网站,并已开始涉足国际运输领域。凭借雄厚的实力、先进的经营理念、完善的配套设施以及优质的服务,公司已跻身于国内领先的第三方物流企业行列。公司还拥有一个辐射全国的物流网络和配送体系,可为广大客户提供全方位的物流服务。

图 7-1 就是支持该公司业务的组织结构。

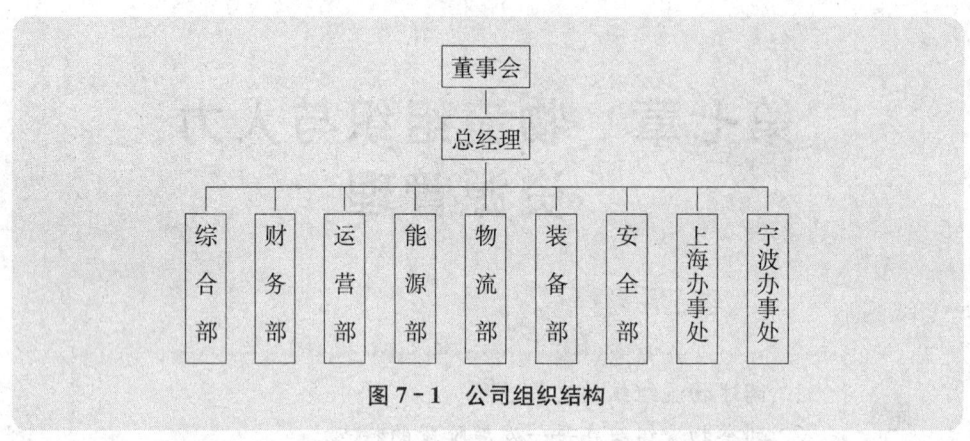

图 7-1 公司组织结构

第一节 物流组织的发展过程

物流组织结构的好坏直接影响到公司的正常业务运作,因此本章将在了解物流组织历史发展过程的基础上,学习物流组织的设计方法及物流人力资源的管理方法。

在过去的二三十年中,企业的物流管理已变得日益重要和复杂,今后其战略重要性将进一步加强。尽管众多因素加深了企业对物流流程的重视,对物流问题的意识与关注并不能自动转变为物流活动的有效性和高效性。企业为完成其战略使命而不断寻求新的途径,而物流领域则为其发展提供了重要机遇。

当今的企业环境在不断变化,因而,物流组织结构必须灵活化,甚至在一定程度上需要"虚拟化"。不断加剧的竞争压力、市场和供应来源的全球化、同步的物流和制造体系、以拉动为导向的物流响应性活动等因素都需要物流流程的计划和管理进一步发展。

物流组织能提供有效且高效的服务,而这一点对那些希望在今后成为首选供应商或形成战略联盟而激烈竞争的企业来说极为重要。物流始于 20 世纪 60 年代,正从分散逐步走向一体化。在 2000 年,对物流的普遍关注在于总体的整合。整合的物流管理和整合的供应链管理将是当前关注的最直接的焦点。

传统的物流活动分散在整个组织内部。表 7-1 提供了传统物流的一个例子,物流活动在企业的营销部门、财务/会计部门以及制造组织中都有出现。

表 7-1 传统企业中的物流活动

	营 销	财务/会计	制 造
功能领域及活动	客户服务 需求预测 仓储站点选址 出站运输 仓储	订单处理 交流 采购 存货策略的公式化 表述 对仓储、工厂及其他物流资产的资金	库存控制 物料处理 零部件及服务支持 工厂位置选址 包装 入站运输 生产计划
目标	高存货水平 分散的仓库 频繁、短期的生产运转 快速响应	低存货水平 较少的仓库 考虑成本 专用信息处理系统	长期的生产运转

　　尽管这些活动中的一些不足之处已得到有效管理,目前仍没有固定的机制来确保这些活动的整合与协调能够达到真正的最优。许多企业经受过所谓的"功能性地窖综合症",即由于企业决策权的垂直流动而使得整个企业层次上的决策制定形成阻塞。整合物流管理是对思想和人员的有效管理方式,但很难实现。当意识到正规的物流组织非常重要后,企业开始根据以下各功能群考虑物流活动:运输、设施构建、库存、物料搬运以及交流和信息,见表 7-2。尽管这一步极具战略意义,但当今更为关注物流"流程"这一新的更具创新性的组织方式。

表 7-2 现代企业中的物流活动功能群

活 动		功 能 群
入站运输 出站运输 国际运输	承运商选择 模式选择 公共与私人	运输
仓储管理 仓储计划	配送中心管理 工厂选址	设施构建
采购 原材料库存	产成品库存 零部件/服务支持	库存
回收废料/废弃物处置 物料搬运	包装	物料搬运
订单处理　生产进度计划 需求预测		交流与信息

从国外物流组织发展的过程来看,物流组织发展经过了三个时期,五个阶段,如图 7-2 所示。

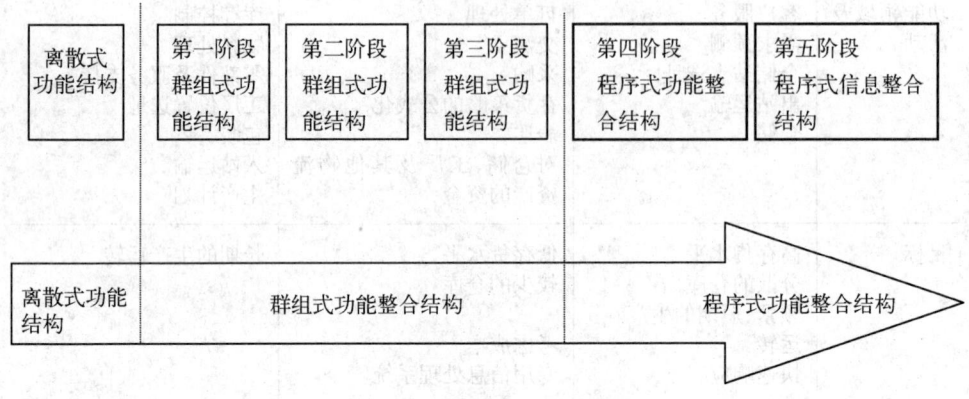

图 7-2 物流组织的发展

一、离散式功能结构时期

20 世纪 50 年代前,物流的职能仅局限于便利和支持工作方面,因而物流的组织责任遍布整个企业的各部门。这种部门分割的现象,意味着物流还没有实现专业化,各生产部门都有物流人员,同时兼顾生产和物流业务,业务水平较差。另外,由于没有专门的组织统一指挥物流业务流程的各个环节,缺乏跨职能的协调,从而导致重复和浪费,信息常常被扭曲或延迟,权利界限和责任经常是模糊的。这一时期的物流组织效率较低。

二、群组式功能整合时期

最初将企业内分散的物流活动归类的尝试始于 20 世纪 50 年代末和 60 年代初,从此企业物流组织作为专业化的分工组织开始从大企业中分离出来。这一时期的特点是各种专业化的物流职能被不断集合,起初是一部分物流职能在小范围内实行专业化集合,以后发展成为整个物流过程按专业化职能集合,成为相对独立的分工组织。

本时期分为三个小的发展阶段:

1. 第一阶段(1950~1960)

高级经理相信物流功能整合将带来绩效的改善。于是在传统组织架构下,将物流作业功能予以群组。但采购与实体配送还没有加以整合。在行销部门中将物流作业群组成实体流通课；在制造部门中将物流作业群组成物料管理课,原来大组织结构未做改变,见图 7-3。

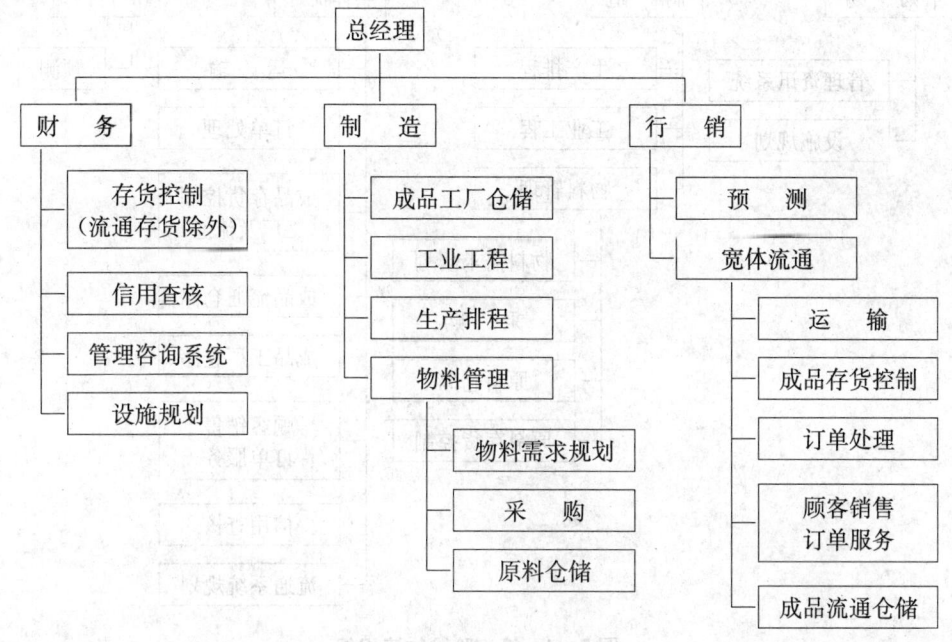

图 7-3 第一阶段物流组织

2. 第二阶段(1960~1970)

第一阶段功能群组经验及成本效益带动了第二阶段物流功能群组的企业组织变革。企业视其产业特质往往将物料管理(如食品制造业)或实体流通的物流功能群组提升其组织位阶,而与行销、制造及财务部门同等。其目的一般如下：增加物流的策略影响力;更有效发展物流,使其成为企业核心功能。

目前,许多企业已采用这种物流组织,预期也会成为企业最常采用的物流组织方式。见图 7-4。

3. 第三阶段(1980~1990)

第三阶段企业开始尝试将所有物流功能与作业群组于一个部门,由高层管理者负责。迄今为止,采用此种物流组织的企业仍相当稀少。这种物流组织期希望通过单一权责与指挥体系有效整合物料采购、制造支持及实体流通的物流过程,增强企业物流能力。信息技术的发展更促进第三阶段物流组织有效建构。见图 7-5。

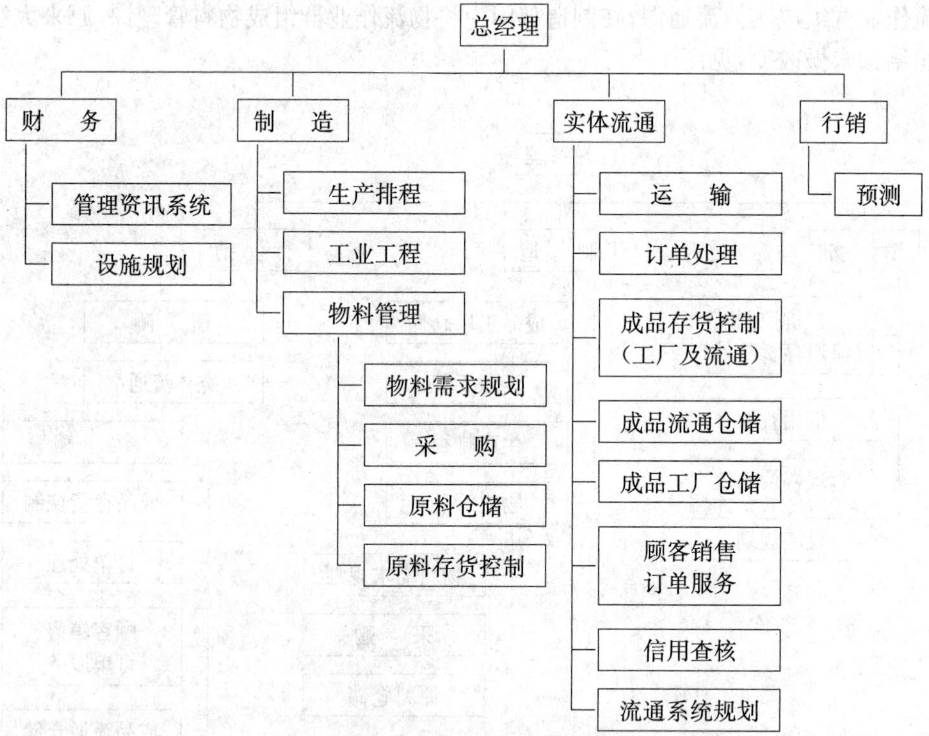

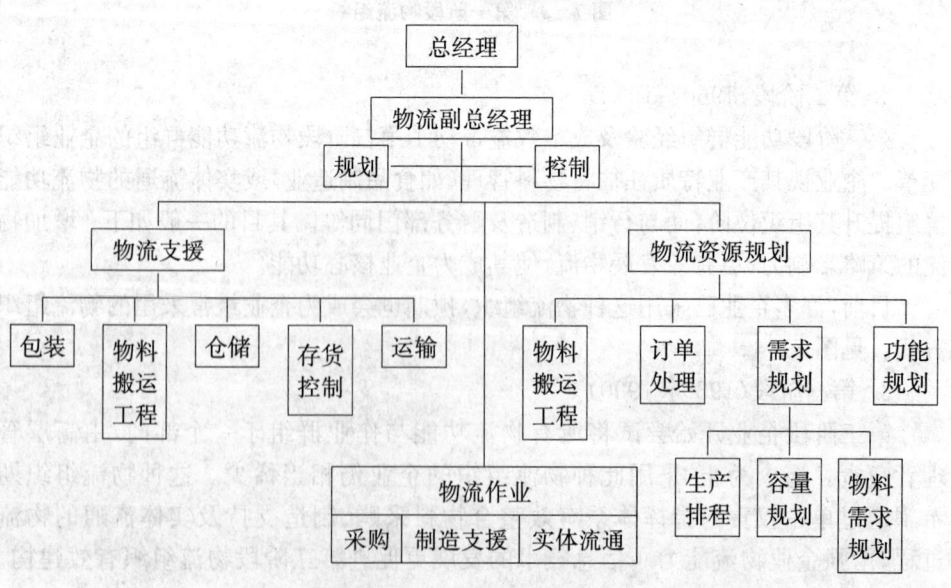

图 7 - 4　第二阶段物流组织

图 7 - 5　第三阶段物流组织

三、程序式功能整合时期

1. 程序式功能阶段

仅将物流功能群组于一个部门,不一定能达成物流整合的目标。因此必须实质上整合物流作业,也就是物流程序的整合,才能更有效提高物流绩效。

程序式整合组织结构具有如下特点:

(1) 权力下授到第一线,形成自主性工作团队。

(2) 管理程序而非功能将改善生产力。

(3) 可整合组织各层次的准确信息必须能快速地传递到组织各单位。

以程序进行物流管理的挑战在于物流经理必须从顾客的角度来思考,任何物流程序的作业必须为顾客创造附加价值,才有存在的意义。此外,以程序来管理物流活动的挑战必须将完成物流活动所需的所有技能实时有效地整合,不论这些技能是属于哪个功能部门的专长。最后,在程序内完成的工作应能激发出综合效益。

2. 程序式信息整合阶段

信息技术的进步,使得许多物流程序中的作业可通过信息的电子网络(Electronic Network)予以有效整合。因此,似乎正式功能整合的物流组织即可予以消除,也就是物流功能的再分离。在这种组织结构中,物流的使用者可根据需求,适时通过信息网络组合出虚拟物流组织(即非正式物流组织),其形态无法在正式组织结构中见到。等到虚拟物流组织完成其物流程序的任务即可予以解散。

程序式信息整合下的物流组织引导出一个新观念,即弹性物流组织(Disposable Logistics)。这种弹性物流组织可根据物流任务特性迅速组成一个最佳物流团队,实务应用的领域包含:特案促销、季节性产品、新产品开发与介绍等。

物流功能再分离的说法主要认为物流绩效的有效协调不一定需由一集权式物流组织来管辖所有物流功能。然而也有许多反对的意见,他们认为:

(1) 物流功能再分离可能会回复到离散式物流组织,导致物流程序无法有效整合。

(2) 物流作业所必要的规模及范畴经济将丧失。

(3) 假如相似的物流工作分布到不同的需求组织而无正式回馈机制时,反会降低工作的标准化及简单化。

四、物流活动在各发展阶段的特点

正如各种组织结构所示,随着物流组织从一个阶段发展到另一个阶段,物流经理所承担的责任明显增加了,物流经理控制的内容也越来越多。在大多数的企业里,运输都是由物流经理负责的,但在一些企业中物流经理的控制权已经延伸到采购与包装。但无论企业处于何阶段,或准备向哪一阶段发展,都要分析体现物流管理内容的具体变量,适当地评估它们在下一个发展阶段的形式。表 7-3 列出了这些变量及其相关的特征。在表中也可以看出第四阶段与第五阶段的区别不是很大。真正的区别在第一阶段到第三阶段。前三个阶段强调短期结果,涉及的人员也比较少。供应商仅仅被看做是供应商品的,没有看到其对连锁企业获得优秀物流能力方面的巨大作用。

直到第四阶段,物流能力才被看做是增加企业收入、获得市场竞争优势的战略工具。如前面所讨论的,综合物流已经被写入企业战略决策中。供应商与顾客都被纳入物流管理的范围内。评估方法已经从成本控制转变为提高生产率、利用率和绩效。总之,综合物流要求企业的各个职能部门都要认识到综合物流对企业生存的重要性。

决定连锁企业的物流是否发展或发展多远的关键是连锁企业对成为物流领导的渴望程度。表 7-3 列出了一些物流领先企业的特征。这些企业都坚信物流可以增加商品的价值。所以物流经理强调物流是满足顾客需求的工具。

表 7-3　各个阶段物流活动的特点

变　量	第一阶段	第二阶段	第三阶段	第四阶段	第五阶段
设定服务目标	由各个部门各自设置目标	分别对待每次交易,设置不同的目标	对所有的顾客都是一个标准。设定了内部目标	服务目标针对对象不同有所差异	服务目标由顾客来设定,提供更好的服务
长期计划	都是短期计划,由控制物流活动的各个部门各自制定	没有正式总体的长期计划,只有部门的计划	1～3 年	3～5 年	3～5 年
与雇员的交流	雇员与管理人员是对立的	对立	几乎没有雇员参与管理	对雇员训练;授权;奖励;共同制定目标	全员参与管理
与供应商的关系	对手式的,价格定位	价格定位	多渠道竞价,即考虑成本又考虑质量	合作关系	与少数几个供应商形成战略联盟
信息能力	忽视物流信息	几乎没有数据,不做分析	只有财务结果,很少分析	以作业数据支持计划	物流信息系统
衡量	各个部门由成本驱动	与上一年的成本比较,成本上销售额的百分比	考虑服务与竞争之间的关系,成本与预算	服务与顾客需求;成本与标准	评估利用率、物流完成绩效

第二节 配送中心的组织类别

在上一节中介绍的是物流组织在整个连锁企业组织中的发展过程,在本节将撇开连锁商业企业,单独地看配送中心的组织类别。在商品流通的过程中,物流扮演着整合商流、物流、资金流与信息流等机能的角色。配送中心的形成与设置,将以往需要经过制造、批发、仓储、零售等各点的多层复杂通路简化,进而缩短了通路,降低了流通成本,满足了市场营销的需要。在强调满足顾客服务的前提下,配送中心如果想掌握市场,就必须以更具前瞻性、整体性的组织体系建立配送中心。

近几年来,设定配送中心的组织结构面临了许多新的挑战,它们主要是:

(1) 物流的经营需要更有效率,才能满足顾客的需要,适应激烈的竞争环境。

(2) 配送中心的经营成本的逐渐升高。

(3) 顾客对服务需求不断扩张。

因此,各物流公司不得不调整自己的发展策略以适应新的环境。而各公司的发展策略又受公司本身条件及组织目标的影响,而这些又决定了公司的形态与组织类型(如图 7-6 所示)。

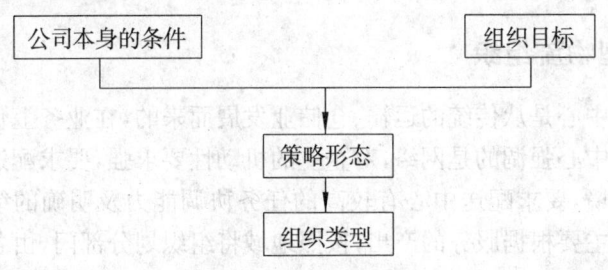

图 7-6 组织类型的决定

说明如下:配送中心不论是连锁商业企业自建的还是完全属于第三方物流公司,在组织结构上主要有四种形式:功能型物流组织、地区型物流组织、混合型物流组织和矩阵型物流组织。

一、功能型物流组织

具有配销功能的配送中心一般采用功能型的物流组织,即公司以职工的工作、技巧或活动为基础将组织划分部门。这些公司之所以采用这样的组织结构是因为配销型公司扮演商、物合一的角色,其先向上游制造商或进口商进货,然后再以不同的价格转卖给消费者或小的零售商;同时通过现代化的管理效率对下游单位提供物流支援活动,来取代传统的经销商或中间商的市场地位。

这些公司的特点是下游的客户多且稳定,它们发展的主要策略有引进多产品、多品牌;代理与开发知名品牌、创建自己的品牌。因此在组织发展上,这样的配送中心不但从事配送工作,同时还注重商品的开发与销售。所以这样的配送中心与一般的配送中心不同,它是具有各种功能的物流组织,且多了商品开发、业务开发与营销企划的部门,如图7-7所示。

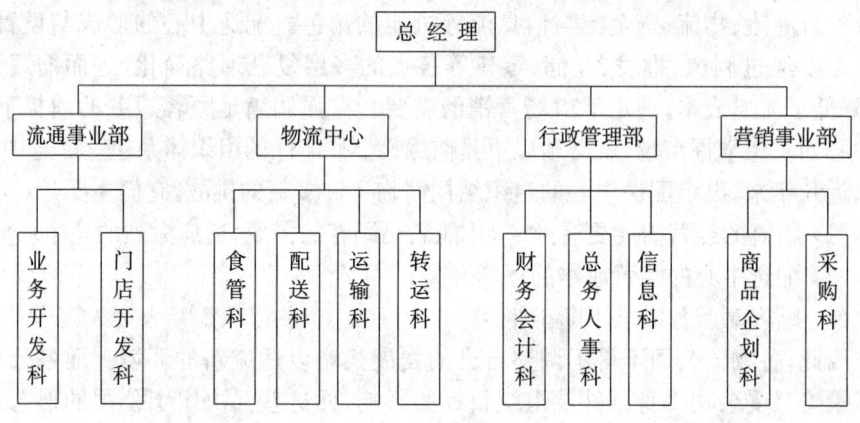

图7-7　功能型物流组织

二、地区型物流组织

有许多配送中心是从传统的运输、仓储业发展而来的,在业务上仍旧以输送为主。这样的配送中心强调的是网络,对企业的机动性要求强,要求配送中心能够立即适应变动的环境,要求配送中心有较高的任务协调能力及明确的绩效责任。所以这些配送中心主要根据服务的产出,按照地域将组织划分部门,由各地区别组织机动性的揽货,如图7-8所示。

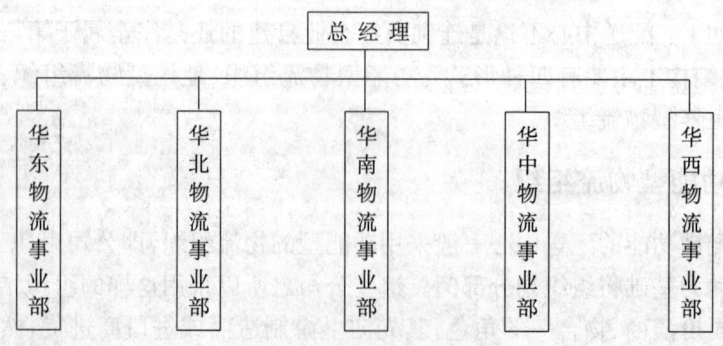

图7-8　地区型物流组织

三、混合型物流组织

目前市场上成立了越来越多的专业配送中心,它们属于第三方物流。这些公司是将商品从制造商或进口商运至零售商的中间流通业者,提供企业的物流支援活动,收取商品价格的一定百分比作为收入来源。这些公司大多数由仓储或货运公司转变而来,因此在先天条件上具有以下优势:一是专业、熟练的物流技术;二是区域性的配送能力;三是广布全国各主要省份的配送网络。专业物流公司的策略:一是通过长程配送能力的建立,以增强分布全国的配送网络;二是通过中立性的角色,强化商品的配送弹性。这样的物流组织强调以全国或区域性的配送网络与全程运输、短途配送能力的结合为主,在组织设计上多采用混合型的结构(如图7-9所示),强调地区性物流中心的独立性与跨区域性物流服务的联结,以一体性系统的物流组织作为服务架构。所以混合型物流组织就是指综合功能型物流组织与地区型物流组织的设计要素,利用两者的优点来设定物流组织,它的特点是部门间及部门内的协调可以同时进行;结合功能型组织的效率及地区型组织适应环境的优点。

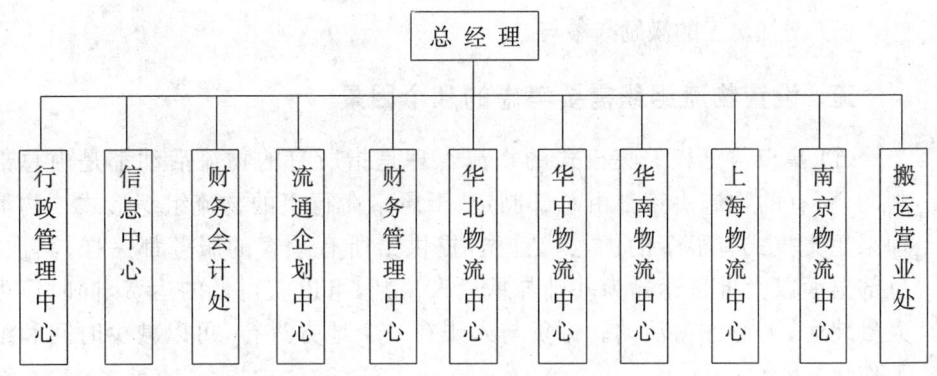

图 7-9　混合型物流组织

四、矩阵型物流组织

矩阵型物流组织是指将功能型和地区型结构并存在每个部门中,每个单位下的人员,必须接受功能型经理及地区型经理监督的物流组织形式,如图7-10所示。

公司采用这样的物流组织的目的在于:

(1) 由于资源的有限,各单位可以在一定的人力资源条件下,同时满足功能型与地区型的需求,可鼓励资源的有效利用。

部 门	华北物流 事业处	华中物流 事业处	华南物流 事业处	上海物流 事业处	南京物流 事业处
行政管理中心	主任、科长	主任、科长	主任、科长	主任、科长	主任、科长
信息中心	主任、科长	主任、科长	主任、科长	主任、科长	主任、科长
财务会计处	主任、科长	主任、科长	主任、科长	主任、科长	主任、科长
流通企划中心	主任、科长	主任、科长	主任、科长	主任、科长	主任、科长
财务管理中心	主任、科长	主任、科长	主任、科长	主任、科长	主任、科长

图 7 - 10　矩阵型物流组织

（2）有大量信息处理时，将工作区分为功能型与地区型，可使信息在公司中更快速流通。

（3）可满足顾客的需求。

（4）较有弹性。

（5）增加员工的激励与参与。

五、设置物流组织需要考虑的几个因素

（1）集权与分权。集权式的物流管理是指所有的物流活动都是由总部控制的，所有的物流决策都由总部制定、下属奉命行事的物流组织形式。物流管理采用集权式有很多的优点。首先，提供给所有顾客的服务都一样；其次，由总部出面以大批量运输为基础与承运人谈判，可以获得低的运费，同时还可以大量装运，平衡各项活动。订货与入账在一个地方进行，可以减少时间和纸面工作。

分权式物流管理是指总部制定好指导计划，地区管理部可根据指导计划结合本地区特点制定出各自具体计划的物流组织形式。分权式有许多优点，它可以使地区管理部根据不同的地域特点，提供适合该地区的顾客服务。例如新加坡、印度和美国对物流的需求是不同的，为了充分满足不同国家的顾客服务需要，提供的服务必须是有区别的，集权化的操作就不能提供灵活的物流服务。分权化还易于管理，因为它的规模相对来说较小，管理的员工人数也较少。通常，当企业的规模扩大到一定程度，就要对物流管理进行分权，因为这时物流的控制越来越困难。然而，当分权时，公司的运输成本有可能要上升，因为失去了一部分运输规模效益，而且在沟通上也会有一些混乱。

(2) 战略与运作焦点。如果企业将物流看做是核心的战略能力之一，那么物流就会在企业战略中明晰可见。企业考虑的是综合物流，不是单独的物流功能。既然物流是连锁企业战略核心能力之一，所以在其他部门的战略决策之中常常包括物流内容。现在越来越多的连锁企业采用这样的方法，因为他们认识到真正的综合物流可以取得战略性的、可维持的市场竞争优势。

运作焦点的意思是综合物流的运作目标与连锁企业目标是一致的。由于物流涉及每天的具体运作，所以在本质上，具体的综合物流活动更多是战术性的，不需要包括在战略决策中。

(3) 直线职能与参谋职能。在组织结构中，物流部门会涉及直线职能和参谋职能这两种职能。直线职能就是指物流经理直接管理日常各项物流活动，如运输、仓储、包装、搬运、订货处理和库存管理。

如果综合物流功能是参谋功能，它仅仅为有关经理提供建议。根据定义，这意味着综合物流经理没有权利执行建议。典型的参谋物流活动包括系统设计、顾客服务战略的制定、选址、成本—服务分析、计划等。

当企业的物流直线职能与物流参谋职能发生冲突时，经常采用妥协的方法，即综合物流既有直线的职权又有参谋的职权。以这种方式，综合物流在向其他职能部门提供建议的同时还执行本身的物流直线职能。

(4) 授权。授权范围强调的是企业分配给物流经理的权限，通常以集权还是分权来区分授权范围。如果采用集权方式，向下授权较少。例如在第一和第二阶段的物流组织结构中，物流经理没有被授予多少权力。分权方式出现在物流发展的第三、第四和第五阶段的组织结构中，这时物流经理被授予更多的职权，当然在顾客服务方面也承担更多的责任。

授予物流更多的职权也有缺点，因为如果在这些阶段的综合物流功能更加分权化，就会使批量采购、库存、运输等规模经济优势丧失。所以物流经理解决的关键问题是什么时候分权化的利益大于集权化的利益。

企业越来越重视综合物流知识，综合物流是经过不同的阶段发展而来的，在各个阶段采用了不同的组织结构。起初，物流活动是分割的，没有专人负责物流协作。分割带来的是次优化的物流效果。接着，物流组织进入第二阶段，出现了配送经理，随后的阶段有了专门的物流部。最后的阶段，是矩阵式的组织结构，将物流部门看做是服务部门，同其他的职能部门发生联系。

在从传统的结构发展到矩阵结构的过程中出现了许多问题以及相应的调解方法。主要的问题是一些职能部门权力的丧失，这可以通过集权与分权、战略与运作焦点、直线与参谋职能、授权等组织管理方法来调解。

第三节 配送中心人力资源管理

一、物流人才市场特征

上海经济发展的成功有很多原因,其中之一,就是在社会上有一群运输仓储从业人员在默默地努力着。从早期的铁路运输、港口、物资局仓库、货物集散站、工厂等地常见到打赤膊、抽烟、全身肮脏但辛苦地在搬运的人员,我们称呼他们为"司机"、"搬运工"、"装卸工"、"仓储作业人员"。此时的货品堆、存取、装载并不注重所谓的合理化、标准化、自动化,但因为有了他们,货品才能流通,并创造出时间性与地域性差异的价值。

目前仍然有一群人在做同样的工作,只不过工作的场所变得比较舒适了,搬运的过程也要求规格、安全、迅速、正确、省力,多了一些标准式的容器、自动化的机具来协助,更多了信息的流动,加强了对物品在节点与节点、端点与端点之间的掌握,同时企业更加注重对从业人员的人性尊重。

一般物流业的相关工作可分为保管作业、行车理货、行政后勤、信息管理等四项。

（一）保管作业人员

保管作业人员通常包括进货人员、出货人员、退货人员、拣货人员、流通加工人员、卸柜搬货人员、商品验收人员等。上述作业人员的工作会在储运区耗费较多时间处理货品,一般而言,为配合日、夜间配送出车及拆柜卸货,保管作业通常分为二班或三班制,24小时运作,具体情况如表7-4所示。

表7-4 物流业现场作业一览表

	保 管 作 业 人 员	行 车 理 货 人 员
工作内容	进、出货作业;卸货;仓库货物的拣取;每日仓库货物盘点;货品的安全维护;流通加工	驾驶车辆或随车执行配送货物等相关作业
工作时间	大多数为正常上班时间,偶尔需配合客户进行出、入货或盘点作机动调整	上班时间因出货量的多少变动
资格条件	作业人员需高中毕业,管理者人员需大专以上学历,还需两年以上仓储实务经验,理解物流概念,取得堆高机执照,会操作拖板车	高中以上学历,理解物流概念,会操作堆高机、拖板车,具有驾驶执照,两年以上驾驶实务经验,品行端正,且勤劳肯学习者

（二）行车理货人员

行车理货人员包括大货车、小货车、拖车、连接车驾驶员,随车作业人员。行车理货人员代表公司,犹如一面镜子,反映出公司的物流服务品质,影响公司声誉甚大,所以他们的服装仪容、态度修养、专业知识均会给客户,甚至消费者留下深刻的印象。

上述保管作业、行车理货人员,即一般物流业者所称的现场作业人员,构成了物流的核心业务(作业情况见表7-4)。现场作业人员的人力市场特性如下:

（1）劳力密集。物流业有流汗产业的称呼,由于现场作业人员的工作时间长,作业过程中从商品验收、保管、库内设备养护、商品拣取、流通加工、采购等都需要依赖人力来完成,所以,物流业可称为劳力密集产业。

（2）强调服务。虽然在整个物流作业中强调人员的辛劳,但由于具有服务业的特质,需要与客户接触,所以,对于服务人员或行车人员的外表仪态、服务态度等,均需要加以训练,以提高人员素质,提升服务品质。

（3）具备相关专业知识。在物流现场作业中,对于商品特性、机械的操作,均需要足够的专业知识,以应付作业流程的需要。例如,行车理货人员需具有职业驾照,仓库人员需取得堆高机执照等。

（4）人员流动率高。由于现场人员的工作时间长、风险大、环境差、耗体力等等,造成人员流动偏高的现象;另外,也由于此工作的社会地位不高,所以人员的流动频率也较高。

（三）行政后勤人员

行政后勤人员,主要包括行政管理、车辆保养、财务会计及账务管理人员(作业情况见表7-5)。在人力市场的特性如下:

表7-5　行政后勤人员作业情况表

	行政管理人员	车辆保养人员	财务会计人员	账务处理人员
工作内容	办理公司劳保、医保业务;人事资料的登录、整理、更新与统计工作;文件的公告与归档;文书收发、处理、档案管理;员工薪资的核对;电话、信件处理;公司文具购置;财产管理、维修;缴纳各种税捐、水电费;员工制服采购与发放	车辆保养;车辆喷漆;领牌验车;保养费填写与校对	与银行业务接洽事项;薪资核算处理;会计决算、申报;制作每月资产负债表及损益表;开立应付票据;整理核对发票;整理凭证、开立传票及登账;申报营业税;申报各项所得;成本会计登账;一般会计账登账,应收账款的收款及结转;出纳业务	配送、入库、运输账务处理;客户单据的核对、评估、签收与运费计算;仓租、卸柜、流通加工、理货费账务处理
工作时间	正常上班时间	正常上班时间	正常上班时间	正常上班时间

（续表）

	行政管理人员	车辆保养人员	财务会计人员	账务处理人员
资格条件	良好沟通能力,品德佳,有汽车、机车驾驶执照	简易修车技术	具备会计基础,会操作电脑统计软件	熟悉电脑文书处理,具有会计的基础简易知识

（1）了解物流作业流程。由于管理人员必须对物流作业负有管理监督之责,所以,管理人员首先要充分了解从运输入库、装卸、仓储保管、理货、包装、流通加工、调派车辆、配送到出货等等作业的流程。

（2）管理知识的训练。由于管理阶层人员的工作包括物流管理与物流策略的制定,所以,管理人员需具备相关的管理知识及经验,并不断地充实自己,以提高对不同的物流问题的解决能力、未来策略的对话能力等。

（四）信息管理人员

掌握时效就能掌握商机,物流业打的是速度战。目前商品价格变动迅速,今天就需要对昨天的市场信息进行全面分析,随时推出促销活动。信息化在配送中心扮演的角色越来越重要。

目前零售门店都在尽量减少库存,靠信息化掌握进货的时效;同时配送中心的库存量及种类都需恰当设置,才能避免投入过多的资金。因此,配送中心所需的信息中心的信息人员不仅包括程序开发设计、维修,更需要分析与处理信息的人员（作业情况见表7-6）。负责这类工作的员工,将来可提升为产品、通路或内部管理的人员。

表7-6　信息管理人员作业情况表

	系统分析师	程序设计师	系统程序师	操作管理师	资料管理师	行政管理师
工作内容	设计电脑作业流程;设计代码;建立系统测试规范标准;验收作业系统程序;进行系统评估与改进工作;撰写操作手册;执行有关业务的教育训练工作	程序设计;程序有关文件处理;协助系统分析师处理有关系统业务;准备测试资料;测试、修改、维护及保管程序;系统的维护、改进工作;操作命令的执行	操作系统的建立与更换;操作员的训练;系统程序的维护与管理;协助系统分析师、程序设计师解决机器及程序有关的问题;网络通信系统的建立、维护及管理	准备机房作业用品;列印与整理报表;电脑耗材的申请、管理、保养;待修电脑设备的送修处理;存档媒体的管理;协助系统程序师处理有关业务	安排作业日程,协调应用系统作业时间;收集整理资料,并登录、核对原始数据相关资料;查验输出报表;统计分析各项作业状况,随时检查与改进	申请预算费;操作使用手册的制作与印发;安排电脑化会议有关事项;举办信息中心、业务研讨会;协助资料管理师处理有关业务

（续表）

	系统分析师	程序设计师	系统程序师	操作管理师	资料管理师	行政管理师
工作时间	正常上班时间	正常上班时间	正常上班时间	正常上班时间	正常上班时间	正常上班时间
资格条件	系统分析与设计、程序设计与网络相关知识	程序系统设计知识	程序设计系统分析	软件程序实践经验，系统分析与硬件维修经验	文件处理软件，文件管理与分类	文书处理软件、文件管理与分类

二、配送中心工作人员的招聘任用

当配送中心扩编、人员离职、短期需求或为培养干部所需的人力需求量确定后，招聘与任用的程序即可开始。招聘是找寻适当的方法，让有意的人员来应聘的过程。招聘的结果是为用人部门补充合适的人员。

一般公司的任用程序为：部门提出用人申请、人事单位进行招聘作业、面谈、确认证明文件、试用、正式录用。而人事单位在任用前，就要准备好该职的工作证明书，还要针对不同的人力需求选择不同的招聘方式，并安排面谈的人员与场所。

（一）招聘方法比较

不同职位的人员招聘往往难易不一，招聘与任用成本也往往不同，因此配送中心的工作人员招聘与任用方式、条件都有所不同，招聘方法比较详见表7-7。

表7-7 招聘方法比较

招 聘 方 法	相 对 成 本	相 对 时 间
内部公告登记	低	短
员工介绍	低	视情况而定
公开市场招聘	低	短
建立人才库	低	中
刊登广告	视媒体与市场情况	视情况而定
毛遂自荐	低	短
校园招聘	中	长
公营职业介绍机构	低	视情况而定
私营职业介绍机构	中或高	视情况而定
高级人力中介公司	高	视情况而定
职业训练机构	低	中
驾驶训练机构	低	中

在招聘过程中要注意有关政府法规,主要的有劳动法、合同法、民法等。对临时人员或实习生更应谈清楚招聘任用制度。

人事单位应定期与用人单位商讨招聘的方法,并分析人力的来源,就每阶段的招聘成本、应征率、任用率作检查,希望能做到征求的对象就是所想要的人选。有效的员工招聘工作,对于企业有很大的贡献,因为招聘可协助经营者选出最具胜任有关工作的人员,也可了解在招聘过程中,应征者是否有诚意应聘相应工作,招聘最终的目标是"用对人,留住人"。

（二）招聘过程中考虑的因素

（1）考虑公司的目标:由于物流业是具有发展潜力的产业,所以制定招聘策略时要考虑公司中长期的扩展需求,培育适当人才。

（2）考虑公司营运形态:配送中心会因组织结构的差异而在招聘策略上有所差异。例如以是否任用有经验者为例,不同的配送中心就有不同的偏好需求。

（3）考虑组织文化:不论任用的人是外选或内升,必须对组织整体的文化作出评价。

（三）招聘过程常见的策略

（1）招聘编制人员策略:按照职务的编制任用。

（2）招聘定期合同人员策略:配送中心内的输配送的驾驶员多是定期合同人员,这些人员的任用必须注意日常的管理,以确保服务品质的水准,故常制定双方认可的合同。

（3）临时人员策略:配送中心因为要降低成本,常招聘临时工应付一些基本作业。

（四）招聘工作常用的表单

招聘工作常用的表单有人力申请表、面谈记录表、试用评核表和人事资料表等,各种表格的格式可根据企业需要自行设计,参考格式如表7-8至表7-11所示。

（五）注意事项

（1）确定职务、薪资、福利组合,以避免人员到职后,发现公司所支付的与面谈所承诺的,或其所期望的有差距,而造成麻烦。

（2）确认任用人员各项资料是否正确:对于关键职务人员资格的确认是绝对必要的,如学历证件、相关执照、身体检查表等,人事单位应于一定期间内完成相关手续,方可继续试用。

（3）员工报到后应填写缴交人事资料表、户口本复印件、照片、身份证复印件（如驾照、毕业证书、检定合格文件等）,并予以分类存档。

表 7-8 人力申请表 申请单位：

填表日期： 年 月 日

人力需求原因	
由于本单位新增业务量需要补充人员	由于补职缺需要补充人员
1. 新增业务概述：	1. 离职人： 担任职务： 任职迄今时间： 年 月 日至 年 月 日 离职原因概述：
2. 需求人数： 男： 人 女： 人	
3. 担任职务：	2. 替补需求人数： 男： 人 女： 人

4. 此职务的工作流程：
 	
需要的学历经历：
 	
学历：□高中 □高中职 □专科
  □本科 □研究生
 	
经历：
	担任职务：
	
	需要的学历与经历：
	
	学历：□高中 □高中职 □专科
	  □本科 □研究生
	
	经历：

人资单位填写	固定薪资总计： 人 ¥： 元 1. 基本工资： 2. 职务津贴： 3. 其他津贴：（包括： ）

申请程序			
核对		副总	
人资单位考核意见			
复核人		申请人	

表 7-9 面谈记录表

应聘者姓名：　　　　　面谈日期：　　　　　起讫时间：

长相、举止、坐姿、血型	
体态、语态、健康	
年龄、出生地、宗教、家庭背景等	
成长历程	
语文水平、专长、嗜好	
工作经验、职务、荣誉、离职原因	
学历、社团、干部、成绩、最感兴趣的科目	
应聘本工作动机	
自我未来发展期望	

差距：　　待遇：　　　　上班日：　　交通：　　住宿：　　其他：

（谈公司薪资、福利、交通、伙食概况、应聘工作内容简介、工作环境介绍、对电脑化教育训练的重视）

综合评语：

	优	可	差	其他：
工作知识：	☐	☐	☐	
工作经历：	☐	☐	☐	
反应能力：	☐	☐	☐	
口才：	☐	☐	☐	
个性：	☐	☐	☐	
态度：	☐	☐	☐	
忠诚度：	☐	☐	☐	
生活习性：	☐	☐	☐	

☐录用　　☐不录用　　☐待评比　　　　　　　　　填表人：

表7-10　试用评核表

员工姓名		职称		所属单位	
到职日期		试满日期			

考　核　内　容

一、受考核者本身的工作效率、学习态度及人际关系的评核

二、受考核者对本部门或公司的建议(1. 同事；2. 主管；3. 本部门情况；4. 公司制度等)

三、其他评语

考　核　综　合　评　论

A. 不但完全胜任,且具有潜力往(　　　　　　　　　)方面发展

B. 完全胜任,但不宜更动职位

C. 不完全胜任,应加强(　　　　　　　)方面的辅导和训练

D. 不完全胜任,建议转任(　　　　　　)职位

E. 完全不胜任,应调职或辞退

F. 其他建议(　　　　　　)

行政管理中心			考核主管		
			复核	初审	

表 7-11 人事资料表

姓　名		性　别		身　高		体　重	
出生年月		身份证号码				籍　贯	
户籍地址							
现在地址							
联络电话							

学历	学校名称	科　系	学校地点	就 学 时 间		
				年　月—　年　月		
				年　月—　年　月		
				年　月—　年　月		

经历	机关名称	担任职务	员工人数	年 资	薪 资	离职原因

家庭状况	称　谓	姓　名	出生年月	称　谓	最高学历	健康	职业

专　长	
嗜好与兴趣	
自我期望	
应聘项目	□驾驶员□随车服务员□仓库人员□保养人员□事务人员　□其他
驾照类别	□大客车照　　□大货车照　　□小货车照
希望待遇	预计上班时间　　　　　　上下班交通工具

三、薪资制度

健全的薪资制度至少需具备 3 项基本条件,即公平、合理及具有激励作用。物流业处在多变的社会、经济环境中,而且工作人员的工作环境危险、辛苦、肮脏,配送中心的经营技术还没有完善的标准,在这些情况下,配送中心人员的来源及稳定,是靠理想的薪资制度来维持的。

薪资制度根据产业、劳力市场情况及公司营运性质的不同而有所不同,每个公司根据自身的情况各自研究实施修订。就公司内部而言,影响薪资制度的因素主要是:公司本身策略与财务状况,同业竞争者的薪资水准,公司营运绩效等。

（一）影响薪资制度的因素

（1）公司本身策略与财务状况。薪资是大多数公司的主要营运成本,在配送中心还不能大规模使用自动化设备的情况下,更需要投入大量的人力,但过多的薪资支出必然会影响企业的利润,所以加强人力资源的管控是必要的,当然,如何在不影响生产力与服务品质的条件下,有效削减人事成本也是至关重要的。这些目标是否能实现,取决于薪金管理制度是否能有效激励员工,所以薪资制度应以激励员工的策略目标来进行设计。

配送中心的人力结构及用人政策,如所用人员的专业、专业比例,或车队结构(公司自有车、外车),及车队管理政策等都对薪资的拟订有所影响。

另外,在获利良好、稳定成长的组织结构下,薪资制度的设计可加上较多的奖金发放,以激励员工。

（2）同业竞争者的薪资水准、就业市场状况。物流的人力编制大抵可分为管理与作业职别,作业职约占配送中心所有人力的 85％以上。因此配送中心的作业职人力对薪资的认知需求和满意程度与流动率成正相关关系,如何设计与竞争企业"同工同酬"的薪资制度是值得参考的。

（3）公司营运效绩、公司的支付能力。配送中心的营业收入主要以运费、保管费等项目为主,如果不涉及销售业务,则配送中心内的物流服务管理系统将以降低成本、提高后勤能力为方针,薪资制度较不受经济衰退影响;如果是开放型的物流服务,工资制度的奖酬高低与公司的营运绩效具有明显的关联性。

（二）薪资制度的决定程序

薪资制度的调整,不论是基本结构的变动还是仅仅金额幅度的调升或调降,都是实行人力资源管理的目的。有关薪资制度的决定程序,可由人事部门为主导,并按图 7－11 所示步骤进行。

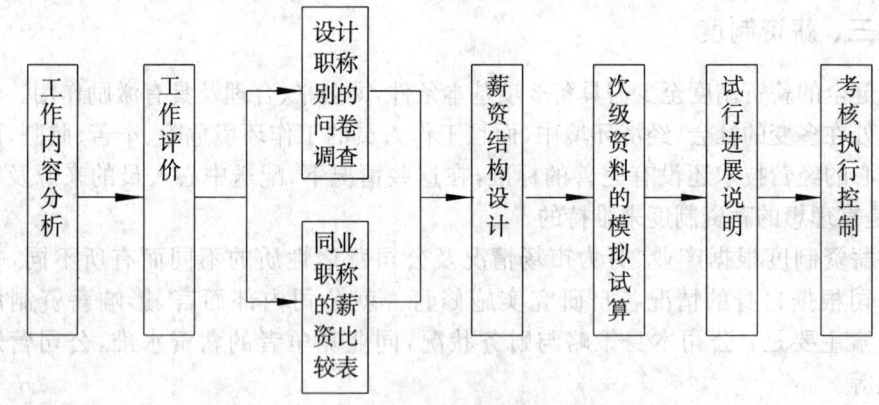

图 7 - 11　薪资制度决定程序

（三）薪资结构与管理

支付员工薪资的基础有两种：时间与产出量。纯粹薪资是根据工作时间的长短来付报酬的，而奖励则按产出量的多少给付报酬。然而，在何种情况下，该用哪一标准（按时间或产出量）给付报酬呢？说明如表 7 - 12 所示。

表 7 - 12　支付员工薪资基础比较表

分 析 比 较 内 容	采用奖励计划	以时间为支薪基础
产出量	容易衡量	难以衡量
员工对于产出量的控制	可以控制	无法控制
努力/奖励之间的关系	明确	不明确
工作延迟	在员工的控制中	超出员工的控制
品质	不太重要	重要
工作量与监督程度是否需要双方协议	否	是
必须知道精确的人工成本以维持竞争力	是	否

由上可知，薪资计划有底薪制与佣金制两种。在底薪制度下，员工享有固定工资，有时也有红利、业务竞赛奖金等。如果公司主要目的在于让这些业务人员从事任务性的工作（如寻找潜在的客户）或服务性工作，则底薪制就可以有很好的效果。底薪制有以下优点：第一，员工能预先知道自己的收入，雇主的人事费用固定而可

预测;第二,指派员工任务时,争论的情形较少,而且有较高的忠诚度;第三,底薪制可鼓励员工开发长期客户。

所谓佣金制,就是员工的收入完全视业绩而定。佣金制有许多优点:员工受到的奖励最大;人事费用与业务量成正比,并不固定;此制度容易了解与计算。但是佣金制也有缺点:员工只重视眼前销售及数量大的产品项目,通常会忽略开发有潜力的客户或较难推销的产品;每位员工的收入可能有很大的起伏,这会使他们有不公平的感觉;较为重要的是,员工往往忽略非销售的职责,例如给小客户提供服务;此外,员工的收入随着业务的季节性的变动,有较大的波动。

大多数公司采取底薪加佣金的混合制,混合制具有底薪制和佣金制的优点。员工有一部分的固定收入,因此其家庭生活得到一定程度的保障。此外,公司能够引导员工的活动,因为公司可以明示底薪部分是为员工提供了哪些服务而支付的。

对物流产业而言,员工每月所领到的薪资会因工作、出勤情形的不同而有差异。一般而言,薪资可根据出勤时间来计算者,以行政职居多;以工作品质或数量来计算者,以作业职居多。前者如底薪、加班费;后者如目标达成奖金、效率奖金等。

配送中心的薪资如果按管理职、作业职分,其薪金结构可简略说明如下:

(1) 管理职:① 基本薪资,可以根据学历、资历、职务设计,较大的难题是较难衡量管理人员的效绩、经验及潜在能力;② 福利及津贴,如交通、贷款、保险、专业技术等津贴;③ 绩效奖金,如月、季、年中、年终等奖金,视公司和个人绩效发放。

(2) 作业职:① 基本薪资:基本薪资可以根据职务、资力、学历设计;② 福利及津贴:如贷款、保险、驾驶、堆高机操作等津贴;③ 绩效奖金:里程奖金、目标达成奖金、回程载货奖金、仓库作业奖金、卸柜奖金、加班费等。

一般而言,作业职的固定薪资与变动薪资的比例以 4∶6 为佳。薪资管理应按照员工的贡献度设定,在制定时,更应考虑整个市场的成长情况和竞争情况,当公司利润增长 20％时应注意同行的利润是否增长了 30％,这样才能真切掌握实际的经营绩效。

四、配送中心工作人员的考评与提升

(一) 考评

考评的目的是评价员工的实际表现,以此作为调整工资及选择适当人员的依据。配送中心内的人员工作性质差异相当大。由于工作的范围、工作区域等原因使部门主管无法确实掌握一些工作人员的行踪,例如在强调顾客服务的物流服务中,从业人员与顾客接触的过程中是否确实遵守规定,是物流部门考评的重点。

在配送中心信息系统的应用与发展下,考评的实施已经扩展到考核员工的能力发展趋势及工作状况的评价,工作绩效是由员工完成的、可衡量的目标程度来加以测定的,这就是所谓的"目标管理"。

在组织内部每一部门的目标皆应适当地加以设定,使其能相互吻合并与上下级连贯。因此,个人的工作绩效是由其对部门或组织的贡献度而定的。

(二) 提升

提升应包含晋升与调遣两项。

(1) 晋升。决定晋升的考虑要素有:服务年限、工作效绩、员工未来发展的评估与接班人计划等。晋升活动的正面效益是能有效利用人力资源,鼓励员工士气。配送中心的工作人员晋升的途径如图 7-12 所示。

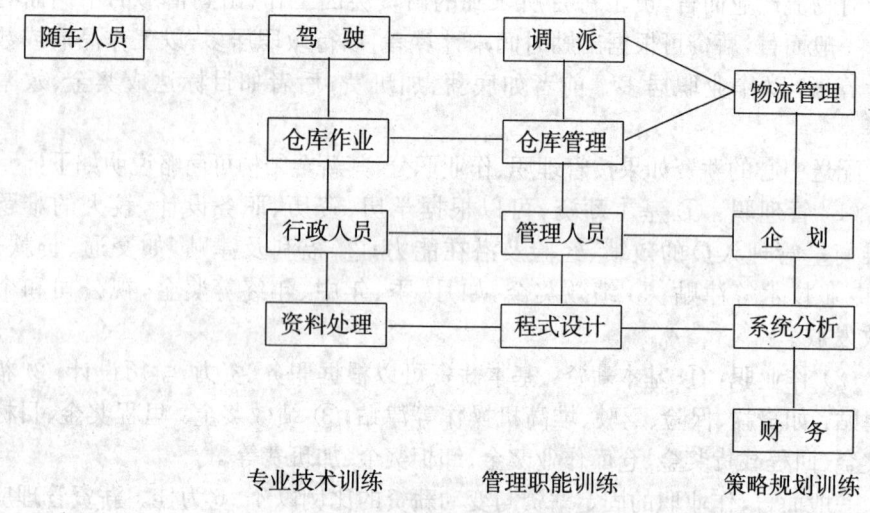

图 7-12 物流从业人员晋升渠道

(2) 调遣。公司应有计划地对员工进行轮调,培养员工各方面的工作能力。某位主管不喜欢某位人员在其部门任职,某工作人员表示对其他工作有兴趣而自动请求调职,或某工作人员在现职上工作效绩不理想,都有可能发生调遣现象。调遣在管理中的作用有:① 调整人事,完成组织目标;② 提高员工工作士气;③ 增进合作精神,解决人事纷争;④ 配合在职训练,增进历练与阅历;⑤ 创新与防弊。

配送中心职位升迁管理办法举例说明如下。

职位升迁管理办法

一、升迁合格考核表（必须同时符合下列要求）

职位＼考核项目	前期职位年限（年）	任职总年限（年）	教育训练时间（H）	学历（学校）	资力、在职工作经验记录（年）	调任记录（科长以上）	跨事业部调任次数（注1）	内外部考试考核
执行副总经理、副总经理由总经理聘任，资格不受本办法所限制								
协理	2	7	大学企业经理班结业，内外训180小时	高中以上	财管主管1年、行政主管4年、现场主管3年以上		2次以上	
处长	2	6	大学企业经理班结业，内外训160小时	高中以上	行政主管3年以上、现场主管3年以上		1次以上	
副处长	2	5	大学企业经理班结业，内外训140小时	高中以上	行政主管1年以上、现场主管3年以上		1次以上	
经理	1.5	4	内外训100小时	高中以上	现场主管3年以上	4次以上		
主任	2	3	内外训80小时	高中以上	现场主管2年以上	3次以上		
科长	1.5	2	内外训60小时	初中以上	现场或行政工作2年以上	2次以上		
副科长	1	1.5	内外训50小时	初中以上		1次以上		
组长	1	1	内外训40小时	初中以上		0		
税务副组长	0.5	0.5	内外训30小时	初中以上		0		仓业单位需领有堆高机执照
行政副组长	0.5	0.5	内外训30小时	初中以上		0		

注1：调任事业部的单位，（部）为考核基础，调任时间必须1年以上。

二、升迁资格考核项目说明

1. 前期职位年限：指该职位再降低一级的职位，任职年数。例如：科长的前期职位是指副科长。

2. 任职总年限：是指从员工到职日期算到考核时的年数。

3. 教育训练时间：是指经公司培训或内训输入电脑资料的在职教育训练受训时数。自行受训或自费受训请出示证明，交管理科考核判定。

4. 学历：是指所受正规教育的程度。

5. 资历、在职工作经验记录：在任职期间所担任的工作性质及职位的记录（注2）

注2：

（1）现场（主管）经验：是指仓管、仓业、堆高机作业、理货（助）员、调派、助理调派等性质的工作经验。〈主管：是指科长（含）以上的职位者〉

（2）行政（主管）经验：是指管理部、账管组、总经理室、绩效中心等部门工作性质的工作经验。〈主管：是指组长（含）以上的职位者〉

（3）财管经验：财会处内务管理、财务分析的工作经验。

6. 调任记录：任职期间内职务的调动情形，计算单位以（科）为基础。

7. 跨事业部调任次数：任职期间内职务的调任情形，计算单位以（部）为基础。

8. 内外部考试：

（1）由公司内部举行的晋升笔试或面试。

（2）由政府机关或公认的社会团体的认证文件或考试及格证书。

三、资格抵换办法（只适用于本办法考核参考用）

1. 大学（以上）毕业证书（法商学业）可抵换大学企业经理班结业证书。

2. 自考80个学分以上者，可抵换2.5专业学历。

3. 自考（商）专二年级以上肄业者，可抵换高、中学历。

4. 处长级两年主管经验两年可抵换行政主管经验一年。

5. 副处长级主管经验三年可抵换行政主管经验一年。

6. 大功（过）一次，抵换＋（－）1.5年

　　小功（过）一次，抵换＋（－）1年

　　嘉奖（惩罚）一次，抵换＋（－）0.5年

7. 考试成绩由总经理特评为优等（90分以上），一次可抵换0.5年。

四、职位晋升考核办法及程序

1. 该部门组织如果没有空缺职位，主管不得签呈提报擢升员工。

2. 原则上不同意高职低就，需以降级来处分（兼任情形不在此限）。

3. 签呈提报的程序（详见下图）。

五、升资格审核表成绩参考指标

审核项目	前期职位年限（年）	任职总年限（年）	教育训练时间（H）	学历（学校）	资力、在职工作经验记录（年）	调任记录（科长以上）	跨事业部调任次数	内外部考试考核	合计
分数	15	10	15	10	15	15	15	5	100

1. 审核项目通过时，就可以得到该项分数，没有通过该项得0分。如果该项目免审，可以完全给予该项分数。

2. 管理部审核参考意见指标。

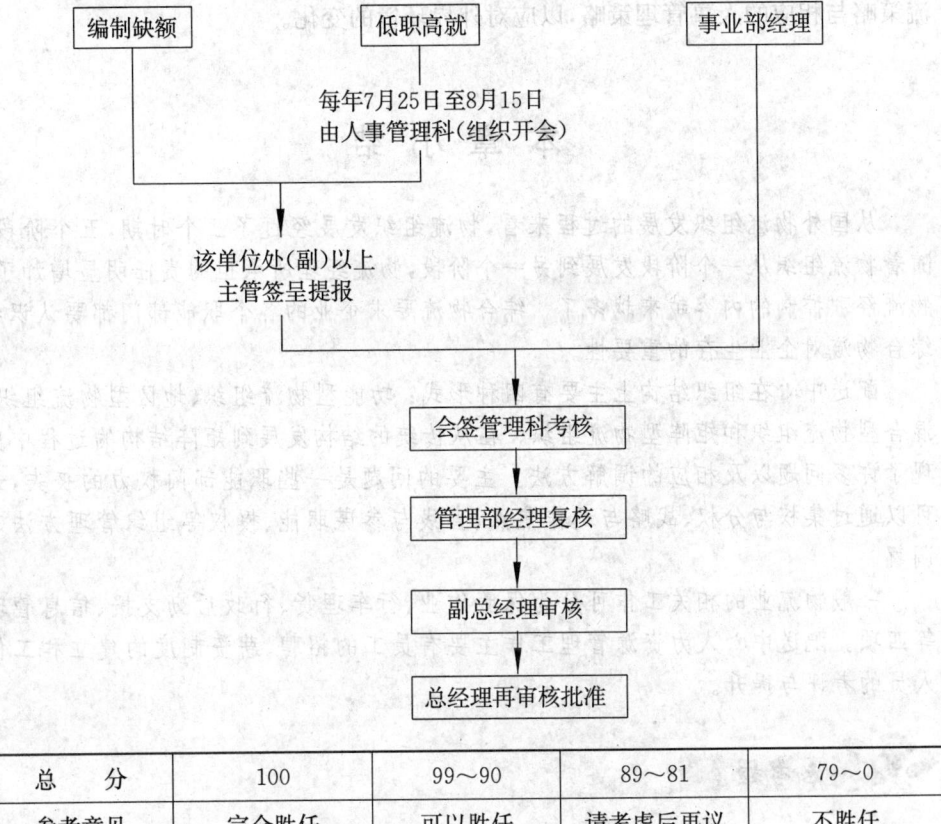

总　　分	100	99～90	89～81	79～0
参考意见	完全胜任	可以胜任	请考虑后再议	不胜任

　　人力资源管理在管理领域中是极为重要的一项内容。世界上许多著名公司之所以能成为所在行业的佼佼者,其中重要的原因就是非常重视人力资源的组织文化,使公司全体成员愿意为企业奉献,充分发挥个人潜能。

　　纵观企业发展史,可以看到能够留住人才、培养人才的公司,才能成为本行业的领先企业;而组织文化不良、人力资源管理不善的公司,虽然可能因技术创新或资金雄厚,短时间内称雄于世,但终究难以持久发展。

　　提高配送中心的组织效率、培训物流工作人员,对提升国内物流业的地位,增强其竞争能力是非常重要的。因为随着我国加入 WTO,物流业将面临的环境是:国外竞争者相对规模的优势产品和服务的介入;信息技术的大量应用;物流设计与技术的进步;营销目标与通路策略的改变;公司间的联盟与通路合作增加;交通状况恶化,物流效率下降;人力资源短缺及专业训练不足;相关法规不足或亟待修正;能源短缺等环境方面的趋势与问题。

　　因此,物流业在未来发展中,首先要明确物流企业的使命,然后确定合适的物流策略与相应的人事管理策略,以应对外界环境的变化。

本 章 小 结

　　从国外物流组织发展的过程来看,物流组织发展经过了三个时期,五个阶段。随着物流组织从一个阶段发展到另一个阶段,物流经理所承担的责任明显增加了,物流经理控制的内容越来越多了。综合物流要求企业的各个职能部门都要认识到综合物流对企业生存的重要性。

　　配送中心在组织结构上主要有四种形式:功能型物流组织、地区型物流组织、混合型物流组织和矩阵型物流组织。在从传统的结构发展到矩阵结构的过程中出现了许多问题以及相应的调解方法。主要的问题是一些职能部门权力的丧失,这可以通过集权与分权、战略与运作焦点、直线与参谋职能、授权等组织管理方法来调解。

　　一般物流业的相关工作可分为保管作业、行车理货、行政后勤支援、信息管理等四项。配送中心人力资源管理工作主要有员工的招聘、薪资制度的建立和工作人员的考评与提升。

　　1. 简述物流组织变革的背景。
　　2. 简述物流活动在各发展阶段的特点。
　　3. 简述物流人才市场特征。
　　4. 举例说明企业物流组织的发展过程。

　　模拟招聘,填写表7-8人力申请表和表7-9面谈记录表。

第八章 物流成本管理

 1. 阐述物流成本管理的意义

 2. 列举物流成本的计算方法

 3. 明确物流总成本与物流服务间的效益互换现象

 4. 概括如何利用物流成本管理来降低物流成本的方法

【引导案例】

沃尔玛的低物流配送成本

　　一般来说,物流成本占整个销售额的 10% 左右,有些食品行业甚至达到 20% 或者 30%。沃尔玛的配送成本占它销售额的 2%,是竞争对手的 50%(而对手只有 50% 货物是集中配送)。沃尔玛始终如一的思想就是要把最好的东西用最低的价格卖给消费者,这也是它成功的所在。另外,竞争对手一般只有 50% 的货物进行集中配送,而沃尔玛 90% 多是进行集中配送的,只有少数可以从加工厂直接送到店里去,这样成本与对手就相差很多了。

第一节 物流成本管理概述

一、物流成本管理的含义

　　现在许多配送中心不重视物流成本管理,对物流成本管理的理解上也存在很多误区。以至于一谈起物流成本管理,就认为是"管理物流成本"。

　　成本就其本身含义来说是用金额评价某种活动的结果。成本是可以计算的,但却不能从事管理等活动,能够成为管理对象的只能是具体的活动。所以在经营的过程中,能成为管理对象的,也就是物流活动本身。也就是说,物流成本管理不是管理物流成本,而是"通过成本的计算来管理物流"。

在这里之所以强调物流成本管理的含义,是因为如果不能从本质上理解物流成本管理的含义,配送中心掌握物流成本的意图和要求就不会很强烈。在多数情况下,配送中心花费了很大精力计算物流成本,也只是单纯地想了解物流费用多少而已,这样的物流成本计算对于企业没有什么用处。也许我们经常听到企业的抱怨:"虽然计算了物流成本,但不知道怎样利用。"原因就是把物流成本管理误解为管理物流成本。一味地注意"怎样计算",却忘了"为什么计算",可谓是本末倒置。

二、物流成本管理的目的

要把成本作为一种管理手段,使其在物流管理中发挥作用,就要明确它的地位,在物流成本计算之前,先要了解一下为什么要进行物流成本计算。目的不明确的成本计算,只不过是为了计算而计算,对配送中心的管理没有多大的作用,是时间和精力的浪费。

利用成本来进行成本管理是由成本本身具有的两个特性决定的。第一,成本能忠实地反映物流活动的实际情况。假如出现不合理现象,物流成本就会增大;相反,合理的活动,成本自然减少,这些都是实际情况的反映,如果管理人员能注意到成本的变化,就会及时发现问题,准确评估管理水平。同时,也可以通过成本来把握计划与实际活动的不一致性。成本的第二个特性是,成本能成为评价所有活动的共同尺度。即通过金额评价各项活动,得出不同的结果,从成本上反映出来就是成本有差异,所有的活动都可以用成本这个统一的尺度来掌握,能够在统一场合进行比较分析,为物流管理提供决策的依据,这也增加了成本管理的重要性。例如,想要了解运输活动发生变化时对其他活动产生的影响,就可以通过计算总成本的变化,得出结果。又如配送中心决定利用集装箱来简化包装,这是利用集装箱运输的好处;但是另一方面,包装强度下降,配送中心大仓内不能往高堆码,仓容不能充分利用,装卸作业时间也延长了,这是不利的方面。那么,要不要使用集装箱呢?这时,可以利用一个统一的尺度来计算衡量总的利害得失。这个统一尺度不是别的,就是成本。这只是说明了物流成本管理中的主要方法——总成本研究的一个例子,与此类似的例子还有很多。

总之,因为成本具有以上特征,所以所有的物流活动,都能够变成成本加以掌握。配送中心要重视利用成本进行物流管理。

企业或配送中心计算物流成本的目的在于:

(1) 把握正确的物流实际成本,以时间为基础进行比较,如对上月的比较,去年同月比较,同一企业内相同时间内不同配送中心的比较等。

（2）物流活动计划、执行、控制的数据计算和绩效考核。

（3）对高层经理提供正确的分析数据与报告,加强全公司对物流重要性的认识,促成物流革新的决心。

（4）指出应该由其他部门,如销售部门、采购部门等负责的不合理的物流活动,以图改进。

（5）测算、评价物流部门对企业经营绩效的贡献度。

（6）应用物流成本的数据来模拟、预测物流系统重新规划时产生的影响及可能取得的成果。

第二节 物流成本的计算

一、传统会计实践中的问题

在配送中心中主要使用两份财务报告,它们是资产负债表和利润表。资产负债表的目的在于总结资产和负债,并指明所有者的资产净值。利润表反映的是在一段特定的时期内,与特定作业相关的收入和成本。利润表的主要目的是表明企业的财务利润。配送中心物流成本是这两种报表的综合体现。然而,在确定和分析物流成本时,在确认、分类和报告方式等方面,使用标准会计成本的方法,会使企业无法充分了解物流的真实成本。这是因为常用的会计方法并不能完全满足物流成本的计算要求。其原因如下。

第一,在会计实践中,将各种费用记录在标准的费用项目下,例如发生的特定费用可以归集在工资、租金、折旧等项目中。这样归集的问题是不能确认和分配作业的责任,无法归纳哪些是属于物流成本中的内容。为了克服这方面的缺点,有的公司将报表细分为发生在管理责任领域的费用和发生在作业领域的费用,以获得配送中心中各个部门相关的财务信息。但这也只能有助于却不能根本满足分析物流总成本的需要。事实上,物流活动的许多费用,常常是跨部门发生的。例如,为了降低成本,减少商品的运输成本,会导致更多的延迟交货,最后使总的运输成本增加,没有达到预先的目的。可见,对于配送中心所强调的综合物流,仅靠常用的会计方法,是难以提供所需的数据的。

第二,物流的成本计算要求以活动为基础。虽然传统的会计方法也是以活动为基础,但是它们之间的要求是不同的。为了设计和评价物流作业,需要确认完成某项特定的物流活动所相关的所有成本。这意味着必须确认个别活动的物流成本,并把所发生的费用分配给这些活动。例如,为某个门店进行配送,就要将对这个门店配送所发生的所有的物流活动列出来,并记录相应的费用,这样就可以知道对这个特定的一家门店进行物流服务的成本是多少,但是这样计算常常以失败而告终。因为,尽管按物流功能将成本分类的数据,如整个的运输费、仓储费等在大多数会计系统中可以获得,但是物流成本计算所要求的针对个别的物流活动的数据却难以取得。例如,物流管理人员虽然知道总的运输费,但他无法知道对某一家门店的运输费是多少。

第三,许多配送中心在报告运输费时还使用传统的做法,将运费作为货物成本的一部分从总销售额中扣除,得到总的利润数。这种固定的会计程序已经保持了许多年。所以在实践中,许多商品的进价中已经包括了运输成本,即采购中的运输成本,这会给整个供应链的管理带来障碍,因为无法识别采购运输成本,就不能对供应链进行有效控制。所以应该在采购程序中将所有的服务费用,包括运输费,从进价中分离出去,以便于评估供应链的绩效,识别供应链中可以改善的部分。

第四,传统的会计实践在库存费用管理上也存在缺陷。在数据上没有包括与库存有关的全部费用。例如保险、税收等就未包含在内,造成库存成本低估或模糊,结果就会出现有些不对库存成本负责的物流管理人员有增大库存的倾向。

总之,在传统会计上,物流中的两大单项费用,运输和库存,在报告上通常是模糊的。所以需要对传统会计加以修正,以适应物流成本计算的要求。尽管做了很多努力,有了一定的进步,但以活动为基础的物流成本的报告离标准的实践还相距甚远。

二、物流成本的分类

对配送中心来说,物流成本可以有五种分类方法,在计算时可以根据需要选择不同的成本分类方法。

第一,按照领域来分,可以分成采购物流费、内部物流费和门店销售物流费三个领域。

第二,按照支付形态来分,可以分成内部物流费、支付外部物流费和其他公司支付物流费。其具体内容如表8-1所示。

表8-1　按支付形态对物流成本分类

项　　　目	包　括　的　费　用
内部物流费	人事费、车辆费、仓库费、仓库内部设备费、信息处理费、存货资金利息等
支付外部物流费	包装费、搬运费、保管费、运输费、委托外部物流中心处理费

第三，按照物流作业分，可以分成相应的物流费用。如表8－2所示。

表8－2　按物流作业对物流成本分类

作 业 项 目	费 用 项 目
接受订单 • 从客户端接收订单 • 把订单输入电脑,输出拣货单	订单事务处理费用
入库验收 • 检查供货商的送货单与配送中心的订货单是否一致 • 检查商品的品质、数量是否正确	入库验收费
入库作业 • 将验收好的商品移往库内 • 将商品放置在预先安排好的储存位置	入库作业费
库存管理 • 管理库存商品的存放位置、库存数量 • 根据库存量预测需求量,以形成订货单	保管管理费
拣货作业 • 根据拣货单,把商品从存放位置处取出规定的数量 • 把拣好的商品放入适当的容器	拣货作业费
出货检查、包装 • 对拣出的商品进行全数或抽样检查,以保证正确性 • 对拣出的商品根据需要进行重新包装 • 将包装好的商品贴上标签,以便于分货	出货检查费、包装费,设备折旧
分货、交货作业 • 为便于装车顺序,先进行分货 • 将商品按照排列顺序装入货车内	装车作业费
配送、交货作业 • 将商品运送至客户(门店或消费者)手中 • 交货并接受对方的验收	配送费
订货作业 • 根据库存管理的结果向供应商发出订单	订货作业费
流通加工 • 应客户的要求,进行诸如贴上零售价格标签、根据指定个数重新包装等加工作业	流通加工费

（续表）

作　业　项　目	费　用　项　目
退货处理 • 将回收的退货分类，以进行报废、退给供应商或放回库存位置等操作	退货处理费
补货作业 • 从保管位置移动到拣货位置，要控制补货时机与补货数量	补货作业费
其他物流作业 • 凭单的发行、回收的确认以及派车管理等	其他物流管理费

第四，按照物流机能来进行分类，可分为包装费、搬运费、保管费、配送费、信息处理费、设备折旧费和物流管理费等。

第五，按照归属来进行分类，可分为客户别、商品别、营业所别费用等。

三、以活动为基础计算物流成本

物流成本的计算，首先要认清对自己公司而言，哪些作业属于物流作业；其次要明白对于物流成本单据的收集，并非都像支付给外部的物流费那样容易从会计账中抽出，其原因已经在上面论述过了。例如，物流作业人员的工资、津贴等是包含在工资津贴等一般会计科目内的，公司自有仓库的营运维持费用，则分散在折旧、税金、水电、修缮、保险等科目中；因此，必须从有关部门，把相关的会计科目明细数据抽出后，进行统计。

物流成本在计算时要以活动为基础，即将所有的有关费用与完成物流服务的活动联系起来。例如，在对某一门店提供物流服务时，将与门店物流服务有关的所有物流活动的成本，无论时间和地点都要详细记录下来，综合起来就可以反映出配送中心在对这家门店服务时的物流成本是多少，从而可以清晰地辨别这家门店给企业带来的利润。有时一家门店的销售额好像很高，但实际它的物流成本却是其他门店的几倍，所以采用以活动为基础的物流成本计算，可以更准确地评估门店的绩效。

从以上的描述中可以看到，以活动为基础确定成本的基本概念在于将有关费用分配到消耗一定资源的活动而不是一个部门。例如，在同样一个配送中心配送两种不同的商品，可能会需要不同的配送流程，其中一种需要流通加工程序，这就需要附加的设备和劳动力。按照传统会计的做法，费用将记录在总工资和设备总折旧等项目下,那么不需要流通加工的商品也为附加装备和额外劳动力付出代价,这样就不合理地降低了使用简单操作程序的商品的利润率。所以在配送中,应确认每类商品的流程,将特定流程上的费用平均分摊给运用特定流程的商品。

尽管各个企业在运用这一方法进行物流成本的计算时,做法上有所不同,但都是以活动为基础确定成本的。在物流实践中,配送中心还会以批发商的身份与许多客户打交道,这时物流中关键的内容就是每一个客户的订单,以及由此产生的为完成订单所发生的一系列物流活动。此时,以活动为基础确定成本,就是要确定特定客户的物流成本,然后比较成本与收入,得出特定客户对企业利润的贡献情况。

有效的物流成本的确定首先要求对分析对象的特定费用作出确认;其次要关注成本的时间跨度;最后成本必须分配给与评价对象相关的各项活动。此外,为了完成有效的分析,还必须要了解配送中心决策的焦点,如果决策的焦点是改善内部物流绩效,就选服务对象为确定物流成本的对象;如果决策的焦点是改善外部物流绩效,就选整个供应链为确定物流成本的对象等。

实际上,以活动为基础确定成本不是什么困难的事情,关键在于确认、归组和分派成本的规则和程序,它们对物流系统的设计和运作都会产生重大影响。以活动为基础的计算物流成本,要求发生的成本与实际活动是相关的、一致的。相关是指到底哪些物流费用与物流活动相关,这对于物流管理人员了解影响物流费用的主要因素来讲是很重要的。一致是指当期发生的费用计入当期的活动项目下。

最后要说明的是,以活动为基础确定物流成本,仅对那些利用成本来指导决策的管理人员有意义。事实上,没有任何一项规章制度要求企业一定以活动为基础计算物流成本。

四、物流成本的确认

为了使物流成本报告具有代表性,要求在报告中包括所有与完成物流活动有关的成本类别。预测、订货管理、库存、仓库运作等有关的成本都要按要求分别列出来。典型的物流成本可以分成三大类:直接成本、间接成本和日常费用。

直接成本是为完成物流活动而引起的直接费用。这种成本不难确认。运输、仓库运作、订货处理及库存的直接费用都能从传统的会计记录中提取出来。

间接成本是为完成物流活动而引起的间接费用。例如,固定资产、仓库、仓储设备、运输车辆等的成本。间接成本较难分割。因为作为资源分配的结果,与间接因素有关的费用是在固定的基础上分摊的。对于特定的物流活动到底应该分摊多少固定资产成本,取决于领导的判断。有的公司采用的方法是在每个订货的平均成本上加间接成本。有些情况下,间接成本对于物流系统的设计很重要,但对于一般的物流运作影响不大。

除了直接成本与间接成本外,企业中所有的部门还都承担相当大的日常费用,如电话费、电费、暖气费等。为了准确计算物流成本,就要将这些费用分配到特定的物流活动中去。一种方法是直接将总的日常费用按统一标准分配到所有的运作单位上去;另一种方法是以直接成本为基础进行分摊。不过,也有一些企业对日常费用不进行分配,因为他们认为如果分配,就会影响对物流成本的衡量,使物流成本失真。这些不同的实践很难说哪一种更好,但有一点要注意,如果日常费用与实际的物流活动不相干,就不能将这些费用硬性摊派。

以上所讨论的是以活动为基础计算物流成本的概念。其中对于哪些成本应该包括在内,它们又是如何被分配的,则是最基本和最关键的问题。

总之,应该遵循的总规则是:只有与物流活动有关且管理人员可以控制的费用才能分配给相应的物流活动。由于在物流成本计算中,费用分配的主观性,使同一行业中不同企业计算出的物流成本差异很大。其实大多数情况下,这种差异与实际的物流运作效率是无关的,认识到这一点很重要。

五、物流成本的核算方式

以活动为基础确定物流成本的典型方法是将费用分摊到所管理的活动上去。例如,如果分析的对象是客户的订货,那么从订货到递送的整个完成周期的所有成本都可归结为各项活动成本。以活动为基础确定成本的分析对象可以是门店、供应链、客户等。由此可见,物流成本会随研究对象的不同而不同。

为了将物流成本形成易于测量和控制的财务报告,常使用按支付形态计算物流成本、按功能计算物流成本、按使用对象计算物流成本三种方法。

（一）按支付形态计算物流成本

把物流成本分别按运费、保管费、包装改装费、配送费、人事费、物流管理费、物流利息等支付形态记账,可以了解物流成本总额,也可以了解什么项目花费最多。这对于认识物流成本合理化的重要性,以及考虑在物流成本管理上应以什么为重点,十分有效。表8-3是一个按支付形态计算物流成本的计算表,从中可以看出物流成本中大概包括的项目,当然具体企业所选用的项目也有可能不同,但基本项目应该是一样的。

在计算物流成本之前,首先从会计记录中按照表上的项目,将有关销售、管理费用分离出来;然后针对不同的项目,选用不同的计算基准计算物流费。例如,在计算用于物流活动的工资津贴时,选用人数比率为计算基准,人数比率＝物流工作人员数÷全公司人数,再用销售费用栏中的总的工资津贴费用乘以该人数比率就可得到工资津贴在物流方面的分配。在计算光电水热费在物流方面的分配额时,使用面积比率。面积比率＝物流设施面积÷全公司面积。

表8-3 物流成本的支付形态别成本计算表

区分	编号	会 计 科 目	支付物流费	内 部 物 流 费			物流成本
				人事费	物件费	营运费	
制造成本	302	本期直接材料费购入额	×××				×××
	306	本期采购零件费购入额	×××				×××
	309	外包费	×××				×××
	313	间接材料费			×××		×××
	314	间接人工费		×××			×××
	315	福利、劳保费		×××			×××
	316	折旧费			×××		×××
	317	租赁费			×××		×××
	318	保险费			×××		×××
	319	修缮费				×××	×××
	320	水电费				×××	×××
	321	重油等燃料费			×××		×××
	322	其他制造费用				×××	×××
销售费	209	销售成本	×××				×××
	212	业务员薪资津贴		×××			×××
	213	旅费、交通费				×××	×××
	214	通信费				×××	×××
	215	支付运费	×××				×××
	216	包装费	×××				×××
	219	其他销售费用				×××	×××
管理费	221	主管薪资津贴		×××			×××
	222	事务员薪资津贴		×××			×××
	223	福利、劳保费		×××			×××
	224	支付利息、贴现金				×××	×××
	225	折旧费			×××		×××
	226	税金、规费				×××	×××
	229	其他管理费用				×××	×××
		物流成本合计	×××	×××	×××	×××	×××

注:本表是从制造成本、销售费、管理费内,将有关物流的各会计科目抽出,(×××)表示被抽出列计的金额。

（二）按功能计算物流成本

按功能计算成本，可以从功能的角度来掌握物流成本。这种方法是指分别按包装、配送、保管、搬运、信息等物流管理功能计算物流费用。为了能按功能归类形成成本，要求将一定的运作时间里完成的物流服务的所有的支出按总账和分类账的形式形成报告。这样企业就可以编制一个总成本报告，以便对一个或多个运作时期进行比较。但要注意的是没有可以用来适合所有企业需要的功能归组的标准形式。因此必须根据每个企业的独特环境对物流功能成本报告进行设计。重要的是要确认尽可能多的成本科目，并给这些科目进行编码。

按功能计算物流成本可以看出哪种功能更耗成本，比按形态计算成本的方法更容易进一步找出物流不合理的症结。而且可以计算出标准物流成本（单位个数、容器、重量的成本），进行作业管理，设定合理化目标，如表 8-4 与表 8-5 所示。

表 8-4　按功能计算的物流成本计算表　　　　　单位：千元

序号	项　　　目	物流费	功　　　　　能					
			包装费	配送费	保管费	搬运费	信息流通费	物流管理费
1	车辆租赁费							
2	包装改装费							
3	工资津贴							
4	光电水热费							
5	保险费							
6	修缮费							
7	减价损失费							
8	公用费							
9	通信费							
10	软件费							
11	支付利息							
12	杂费							
合计	金额							
	构成比							

表 8 - 5 销售物流费分析表

分类 费用项目	1. 本期预算		2. 前期实绩		3. 本期实绩		对预算增减		对前期增减		备注 (增减 原因)
	金额	率	金额	率	金额	率	金额	率	金额	率	
营业额											
运输费合计											
内部运输合计											
后勤人事费											
后勤车辆费											
固定运输费											
支付运输费合计											
保管费合计											
内部保管费合计											
后勤人事费											
后勤搬运费											
固定保管费											
支付保管费合计											
包装费合计											
内部包装费合计											
后勤人事费											
后勤资料费											
固定包装费											
支付包装费合计											
其他物流费合计											
流通加工费											
信息处理费											
物流管理费											
销售物流费合计											
销售物流费占营 业额比率(%)											

注：本表针对销售物流,分成运输、保管、包装、其他物流费等,又分内部的变动、固定费,与支付给外界的各项费用进行分析;而且将前期、本期的实绩相比较,对预算增减比较,占营业额百分比等进行分析。

在按功能计算物流成本时,首先要取得按形态划分时的物流成本的数据,然后对应于不同项目的物流费,再按照物流功能进行分配,其分配基准比例会由于行业和企业情况不同而不同。因此根据本企业的实际情况找出分配基准是很重要的。最后,还可以计算出各个功能物流成本的构成比例或金额与上一年度进行比较,弄清增减原因,研究制定整改方案。

（三）按输配送部门别的实际计算物流成本

按输配送部门别计算物流成本,可以分析出物流成本都用在哪些部门中。按输配送部门别计算物流成本(如表8-6所示),就是要算出各营业单位物流成本与销售金额或毛收入的对比,用来了解各营业单位物流成本中存在的问题,以加强管理。

表8-6　输送单位别实际物流计算表

分　类		序号	项　　目	计　　算	单　位	物量·金额
实际自行输送费	变动人事费	1	标准变动人事费单价		元	元
		2	实际输送时间		小时	小时
		3	实际变动人事费	1×2	元	元
	变动车辆费	4	标准变动车辆费单价		元	元
		5	实际输送吨千米		吨千米	吨千米
		6	实际固定输送费	4×5	元	元
	固定输送费	7	标准固定输送费单价		元	元
		8	实际换算容积单位		单位	单位
		9	实际固定输送费	7×8	元	元
	输送加成费	10	输送吨千米增加率		％	％
		11	多频率输送加成费	9×10	元	元
		12	输送时间增加率		％	％
		13	紧急输送加成费	9×12	元	元
		14	特别时间指定输送加成费	9×12	元	元
		15	容积单位增加率		％	％
		16	小批量输送加成费	(3+6)×15	元	元
		17	输送加成费小计		元	元
		18	自行输送费小计	3+6+9+17	元	元

（续表）

分　类	序号	项　　目	计　　算	单　位	物量·金额
支付输送费	19	支付运费		元	元
	20	物流中心使用费			
	21	其他支付额			
	22	合　计		元	元
实际输送费	23		18+22	元	元

注1：表中的10输送吨千米增加率＝（实际输送吨千米－标准输送吨千米）/实际输送吨千米；表中12输送时间增加率＝（实际输送时间－标准输送时间）/实际输送时间；表中15容积单位增加率＝（实际换算容积单位－标准容积单位）/实际换算容积单位。

注2：本表是在不同的输送单位下，提供合理的物流费用计算方式，以建立物流机能的供应者与需求者之间的"公平交易"秩序。

（四）物流成本的分析

物流成本核算之后，就要进入物流成本的分析阶段，只有经过分析才能确知物流需要改善的方面，具体分析方法包括物流成本的标准与实际差异分析、物流成本的预算与实际差异分析，分别如表8-7、表8-8所示。各事业部的物流成本可以通过事业部制定的物流利润表来分析，如表8-9所示。

表8-7　物流成本的标准与实际差异分析

机能	编号	费用科目	标　准　成　本			实　际　成　本			标　准　成　本　差　异			
			单价	物量	金额	单价	物量	金额	单价	物量	混合	合计
运输费	0111	变动人事费	1	2	3	4	5	6	7	8	9	10
	0112	变动车辆费	11	12	13	14	15	16	17	18	19	20
	0113	固定运输费			××	××	××	××				××
	0110	内部运输费			××			××				××
保管费	0211	变动人事费	1	2	3	4	5	6	7	8	9	10
	0212	变动搬运费	11	12	13	14	15	16	17	18	19	20
	0213	固定保管费			××	××	××	××				××
	0210	内部保管费			××			××				××
包装费	0311	变动人事费	1	2	3	4	5	6	7	8	9	10
	0312	变动资料费	11	12	13	14	15	16	17	18	19	20
	0313	固定包装费			××	××	××	××				××
	0310	内部包装费			××			××				××
	0350	支付包装费										

（续表）

机能	编号	费用科目	标准成本			实际成本			标准成本差异			
			单价	物量	金额	单价	物量	金额	单价	物量	混合	合计
其他	0500	流通加工费			××			××				××
	0600	信息处理费			××			××				××
	0700	物流管理费			××			××				××
1 000 或是 2 000		物流成本			××			××				××
								××				××
								××				××

表 8-8 物流成本的预算与实际差异分析

机能	编号	费用科目	标准成本			实际成本			标准成本差异			
			单价	物量	金额	单价	物量	金额	单价	物量	混合	合计
运输费	0110	内部运输费	1	2	3	4	5	6	7	8	9	10
	0150	支付运输费	—	—	××	—	—	××	—	—	—	××
	0100	运输费			××			××				××
保管费	0210	内部保管费	11	12	13	14	15	16	17	18	19	20
	0250	支付保管费	—	—	××	—	—	××	—	—	—	××
	0200	保管费			××			××				××
包装费	0310	内部包装费	21	22	23	24	25	26	27	28	29	30
	0350	支付包装费	—	—	××	—	—	××	—	—	—	××
	0300	包装费			××			××				××
其他	0500	流通加工费			××			××				××
	0600	信息处理费			××			××				××
	0700	物流管理费			××			××				××
1 000 或是 2 000		物流成本			××			××				××

表 8 - 9　事业部制定的物流利润表

科　　目		计　　算	输送部门	保管部门	包装部门	物流部门
物流收入	内部物流收入	0	0	0	0	××
	物流收入合计	1	1	1	1	××
变动物流费	支付物流费	2	2	2	2	××
	其他变动费	3	3	3	3	××
	变动物流费合计	4＝2＋3	4	4	4	××
物　流　差　异		5＝1－4	5	5	5	××
管理可能物流费	人事费	6	6	6	6	××
	政策费	7	7	7	7	××
	营运费	8	8	8	8	××
	管理可能费合计	9＝6＋7＋8	9	9	9	××
管理可能利益		10＝5－9	10	10	10	××
物流设备费		11	11	11	11	××
物流事业部利益		12＝10－11	12	12	12	××

第三节　物流总成本分析

在物流过程中,为了提高有关服务,开展各项业务活动,必然要占用和耗费一定量活劳动和物化劳动,这些活劳动和物化劳动的货币表现,即为物流成本,也称为物流费用。物流成本包括物流各项活动的成本,如商品包装、运输、储存、装卸搬运、流通加工、配送、信息处理等方面的成本与费用,这些成本与费用之和构成了物流总成本,也是物流系统的总投入。

一、物流各功能要素之间的"效益互换"

物流系统各要素之间存在着相互作用,这里用"效益互换"的概念来描述这种关系。"效益互换"就是指对于同一资源如成本的两个方面处于相互矛盾的关系之中,想要较多地达到其中一方面的目的,必然使另一方面的目的受到部分损失(如图 8 - 1 所示)。一个典型的例子,就是关于仓库运送货物至门店,运输成本的交替损益。流通成本与仓库的数量虽然无关,但是由于仓库数量的增加,也会引起仓库本身经营成本的增加。另外,运送速度的提高可以增加销售,但同时运输成本也在增加;库存成本的节约也会引起顾客不满,但是100%的供货满足率意味着难以接受的高库存成本,这种交替损益不仅在物流系统中,同时也发生在整个连锁链中。

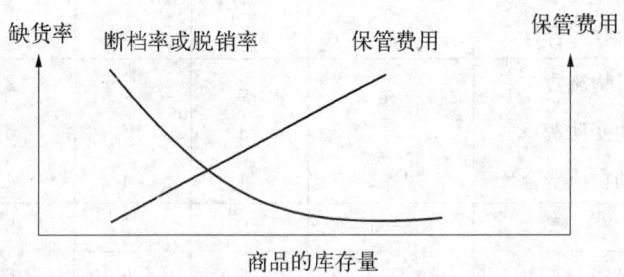

图8-1 断档库存量与仓储费用的效益互换

物流系统存在大量这样的例子。由于物流活动之间存在着效益互换的现象,因而有必要研究总体效益,使物流系统化。个别活动的最佳状态并不表明一定有总体的最佳表现,所以一定要通过分析个别子系统之间的互换利益,来实现物流的最终目的。

两种交易损益(Trade-off)成本之间的平衡,是物流合理化非常重要的一步,形成了成本最有效系统。因此,很显然,在物流合理化过程中,注意优化某一部分时还必须考虑对总成本的影响,从综合经济效益上衡量比较总的损益。

二、物流服务的成本—效益分析

在物流管理中要识别物流服务的成本—收益关系,这个关系可以通过服务水平与成本关系图8-2来说明。

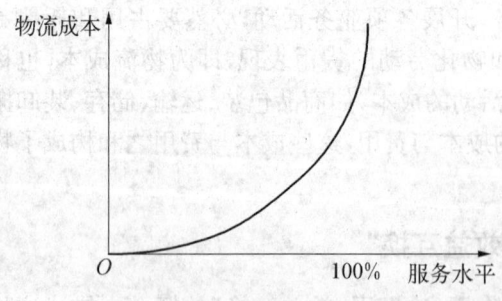

图8-2 服务水平与成本的关系

服务水平越高成本越多,出现这种现象的原因是为了满足高服务要求,不得不备足库存,所以增加了库存成本。但也可以找到其他的战略,不增加库存的情况下达到同样的服务要求,如加快有关物流信息流动,使用更快的递送方式。结果曲线向右移动(如图8-3所示)。

这就是以信息和响应速度来代替库存的战略。

所以投入物流成本时要考虑这样的投入所带来的服务利益是什么。如果服务成本高于所带来的收益,这样的成本投入是不合适的。

研究结果表明,物流服务水平对顾客购买行为的影响是一条 S 形的曲线。如图 8-4 所示。服务水平越高,销售收入也越多,但也要注意到,物流服务水平越高,物流服务成本也会相应提高,肯定会出现一个点,在这一点上利润开始减少。

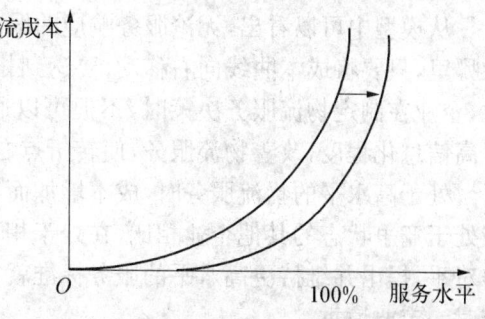

图 8-3　服务水平与成本的关系

现在来解释一下为什么服务响应曲线是 S 型的。首先,在大多数市场中,都维持一个被称为"服务开端"的最低基本物流服务水平,这是必然的。如果没有这样的服务水平,那么增加服务成本所带来的利润是微乎其微的。一旦服务的开端阶段度过了,在对物流服务敏感的市场中,改善服务会使收入明显增加。但是,考虑到利润,不可避免地遇到这样一点,在这一点上,再增加服务投入,也不会带来更多利润,而且由于成本的增加,所带来的销售收入提高的好处也被抵消了,甚至利润趋于减少。

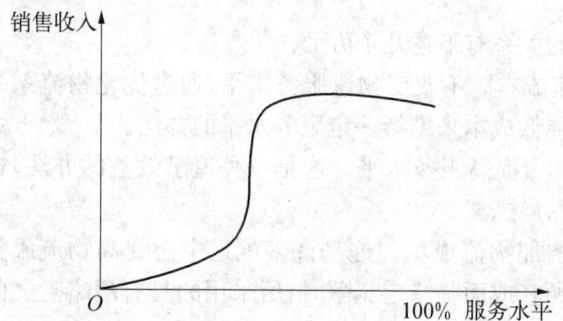

图 8-4　服务水平与销售收入关系曲线

把图 8-2 与图 8-4 合并在一起,就得到了图 8-5,能更好地说明在服务水平决策中,成本—效益的互换性质。

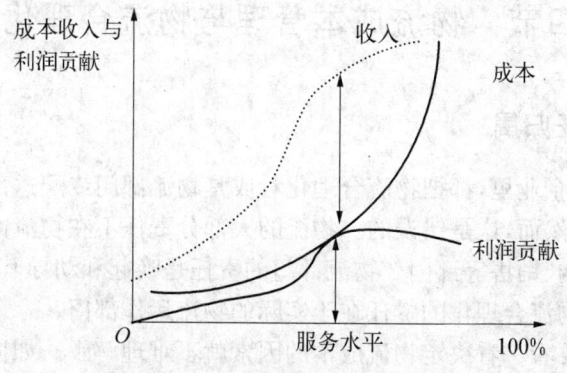

图 8-5　服务的成本—效益分析

从模型中可以看出,无论服务响应曲线的形状是什么样的,也无论利润转折点在哪里,只要将成本曲线向右移动,要达到相同利润的服务水平就会得到改善。因此,企业在制定物流服务决策时,不但可以通过增加投入来改善服务,还可以通过提高信息化程度,改善物流服务,使转折点右移。

处于高水平的物流服务时,成本增加而物流服务水平不能按比例相应地提高。与处于竞争状态的其他企业相比,在处于相当高的服务水平的情况下,想要超过竞争对手,提出并维持更高水平的服务标准就需要有更多的投入,所以企业在作出决定时一定要慎重。

以前,人们认为物流只是一种降低成本的手段,可是现在人们已经发现物流还可以作为一种战略工具,为企业带来竞争优势,所以不能简单地减少物流费用,要考虑到物流与服务之间的关系,在有些情况下,为了更好地占领市场,还要加大物流投入。

一般而言,物流服务与成本的关系有下述几个方面:

(1)物流服务不变,降低物流成本。不改变物流服务水平,通过优化物流系统来降低物流成本,这是一种尽量降低成本来维持一定服务水平的办法。

(2)在物流成本不变的前提下,提高服务水平。这是一种追求效益的办法,也是一种有效利用物流成本性能的办法。

(3)为提高物流服务,不惜增加物流成本。这是许多配送中心提高物流服务水平的做法,是企业在服务特定顾客或面临特定竞争时,所采用的具有战略意义的做法。

(4)用较低的物流成本,实现较高的物流服务。这是增加销售、增加效益,具有战略意义的方法。

第四节 物流成本管理与物流合理化

一、明确责任归属

在大多数连锁企业里,都把物流合理化看成是物流部门或配送部门的事,这似乎成了一种常识。然而,这是错误的。物流的大部分责任不在物流部门,而在发生物流的部门,如采购、销售等部门。物流部门的责任是唤起和劝导其他部门重视物流合理化,而实施物流合理化的责任在于实际的物流运作部门。

这个道理,只要看一看决定物流成本的因素就不难理解了。如前所述,物流成本是实际物流活动状态的反映,物流活动实际状态不同,成本的差别也就很大。物流总成本同样如此,决定物流成本大小的是物流活动的实际状态。在物流成本的计算中,除了要求以活动为基础,也需要从总成本的观点来理解整个物流系统。物流系统是一个综合的概念,涉及公司大多数部门。物流系统的构成方法,又能改变物流成本的大小。物流系统应由物流部门负责设计,在设计时要与其他部门联系,给出物流系统设计的前提条件,如财务部门能提供的资金,市场部门需要的服务水平,本公司现有的物流能力等。物流系统的规模取决于这些前提条件,物流成本的大小也自然取决于此。

对于物流部门来说,其他部门给出的对物流系统的要求,有时会与从物流部门对物流系统的要求相冲突。因为其他部门只是从本部门的利益考虑,而不顾及物流能力是否能达到,或在物流总成本上是否合理。例如,销售物流系统的设计,一般由销售部门决定,如何设计取决于销售政策。具体来讲,包括与交货期有关的问题,如"订货后几天内配送";与库存量有关的问题"一定商品的周转率下的库存是多少";与订货条件有关的问题"接受订货的最小批量是多少"等等。其实这些问题都是关于"顾客服务水平"的,只有先决定了这种服务水平,才能决定物流系统的应有状态。物流系统状态一旦决定,物流成本也基本上确定了。也就是说,这部分被决定下来的内容,除非以后要改变顾客服务水平和销售政策,否则是不变的。作为物流部门来讲,即便知道这种顾客服务水平从物流的角度来看,是不合理的,但种种原因使得物流部门无法干预。所以物流部门所能办到的,只是从物流合理化的观点出发去劝说,至于做不做是销售部门决定的事情。

那么,物流部门起什么作用呢? 一是提供能满足要求的所有前提条件;二是研究开发最合理的物流系统,并维持该系统的经济效益,即负责以最低的总成本,维持一定程度的顾客服务水平,图 8 - 6 就是对物流成本形成的组织分工。

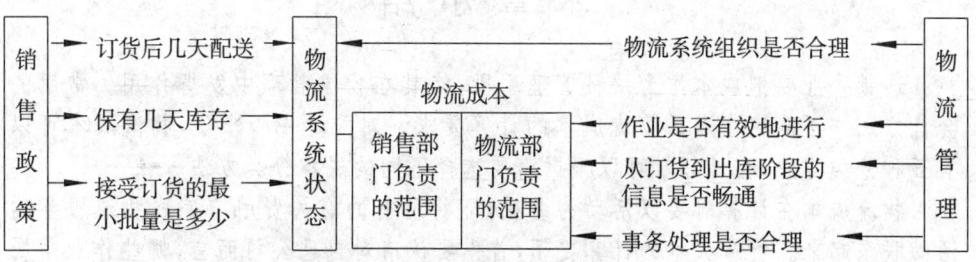

图 8 - 6 物流成本形成的组织分工

这种物流成本形成的组织分工,可以说是物流部门自我防卫所必备的知识。销售部门向物流部门推卸诸如物流合理化没得到系统地发展之类的责任,其原因就是因为物流部门缺少上述知识所致。举例来说,销售政策发生变化,把原来的订货后第三天配送,改为订货后第二天配送时,物流成本要相应地增大,这种成本上升已经超越了物流部门的责任范围,但现在却还算作是物流部门的责任。这个例子很能说明理解上述物流成本的责任范围是何等重要。

二、促进物流合理化的方法

通过上面的介绍,我们已经明白,物流合理化不单单是物流部门的事情,也是销售等发生物流的部门所应该负责的领域。所以,在物流合理化实施阶段,有必要明确了解物流合理化的责任范围有多大,是扩大到销售等部门,还是局限在物流部门本身范围之内。

前者,是从物流这种观点出发来改变销售结构的一种想法,即所谓后勤思想。后者的主导思想是不触及销售结构,把这些部门看做是客观给出的条件,通过物流系统化这一目的去寻求合理的物流形式,或通过对作业方法、合同运费标准、运输工具的利用、事务处理方法、信息流通手段等活动的评价研究,力求把物流合理地组织起来。

两种做法是明显不同的,实施的程序和方法等也有很大差别。从合理化效果这一点来说,前者的成果远比后者大,这是毫无疑问的。但是,从我国企业存在的销售优先和物流靠后这种公司内部的传统观念来看,其困难程度之大,也是不能否认的。因此,现实的做法是,物流部门先自己推进物流合理化,等到了极限阶段,再扩大到销售等领域中去也不难。实际上,从我国配送中心物流合理化的进展情况来看,现在正停留于物流部门单独合理化上。要想彻底实现物流合理化,不扩大到其他领域中去是不行的,这可以说是物流部门的重大课题之一。

本 章 小 结

连锁企业要把成本作为一种管理手段,使其在物流管理中发挥作用。常用的会计方法并不能完全满足物流成本的计算要求。对配送中心来说,物流成本可以有五种分类方法,在计算时可以根据需要选择不同的成本分类方法。

物流成本在计算时要以活动为基础,即将所有的有关费用与完成物流服务的活动联系起来。物流成本的计算要领,首先要认清对自己公司而言,哪些作业是属于物流作业,方可着手进行。其次,对于物流成本单据的收集后,进行统计。以活动为基础确定成本的基本概念在于将有关费用分配到消耗一定资源的活动而不是一个部门。

为了将物流成本形成易于测量和控制的财务报告,常使用按支付形态计算物流成本、按功能计算物流成本、按使用对象计算物流成本三种方法。

配送中心的物流管理强调综合物流,其中基本的概念就是以总成本的观点来考察物流绩效。这样做的好处就是,在以单个物流活动为基础,进行成本—效益分析时,认为是不合理的物流决策,但从总成本的角度出发时,却是可行的。

思考题

1. 简述物流成本管理的目的。
2. 说明传统会计实践计算物流成本中存在的问题。
3. 简述如何以活动为基础计算物流成本。
4. 举例说明物流成本的核算方式。
5. 举例说明物流各功能要素之间的"效益互换"现象。

实践应用

收集某物流中心的财务数据,将有关数据进行分配和确认,按功能计算物流成本(见表 8 - 4),并进行分析,提出改进建议,完成分析报告。

第九章 物流绩效评估

【引导案例】

李宁公司的高物流绩效

海尔物流的分拨时间是5天,国际著名品牌耐克在中国的物流分拨时间是7天,可是李宁公司只要4天半就够了。物流成本控制手册是李宁公司成功的重要因素,按照手册中的原则和措施去指导物流操作实践,使李宁公司的物流绩效达到了优秀水平。

李宁公司要求无论是承运还是物流代理公司都必须接受严格的绩效考核。公司共有5个考核指标,分别是:准时提货率、及时正点率、货损货差率、服务态度以及完美回单率(在要求时间内传回记载经销商、专卖店收货信息的单据)。针对专线承运商,李宁物流部会亲自监控每一个指标的完成,而对于代理公司,则作整体考评。

所有物流承运商都要把他们的信息管理系统与李宁公司物流部进行对接,并及时反馈有关运输监控的信息,必须每天报送报表,包括货单号、提货时间、发货时间、在途时间、长途运输中不同地点的报告和事故分析原因。与此同时,李宁公司物流部有运输追踪部,专门负责电话追踪经销商、专卖店,把自己得到的信息与承运商反馈数据统一做一个文件,形成承运商一个月的编程。

参照这些编程,李宁公司每个月都会给承运商打分,每个季度集中一次,把数据报表向承运商公布,针对其不足,限期整改。依靠这种严格的末位淘汰制度,承运商的服务水平不断提高,现在与李宁公司合作的承运商不仅有招标入围的,还有曾经被淘汰后又提高自身水平再次得到李宁公司认可的。而李宁公司的货物运输在业内也受到广泛的赞许,赢得了广大经销商的信赖:只要货款到账,货物就一定会安全、正点送到。

第一节　物流绩效评估的目的

一、物流绩效评估的作用

在今天竞争日益激烈的情况下,企业不得不将精力集中于高效率、高效益地开发第三利润源泉——物流。为了有效地对资源监督和配置,就要不断地衡量公司的物流绩效,对物流使用的资源、物流作业的效果与物流目标进行比较,从而为更好地实施物流战略提供数据基础。

许多研究表明,如果企业在开发和应用绩效评估时具有较高水平,必然会给企业带来卓越的绩效表现。而且,能够进行综合绩效评估的企业,可使总体生产率提高14%~22%。因此许多正在迅速发展的企业,都很重视绩效评估。

医生诊察病患时,首先必须使用听诊器检查身体,有必要时再做进一步的详细检查,如有病痛,则进行治疗或手术。而物流效果评估利用指标公式算出比率或金额,以此判断企业的经营状态,和医师使用听诊器诊察病患的情况,可说是同样道理。因此,对物流运作进行评估的主要目的是要确定物流系统目前的生产力趋势,找出病因或突显出企业较弱环节,以便进一步达到"经营合理化"的目标。

目前在物流运作中,电脑的运用已相当普遍,且高科技的自动化技术不断地发展,但是,如果没有正确有效率的系统规划配合,尽管有先进的设备,也无法发挥最大功效,这正是经营合理化的重点。事实上不论何种行业与规模,经营合理化都能阻止人员不断地增加及抑制固定费用的增大,尤其在物流业界,如今已进入强者生存、弱者淘汰的高竞争时期,企业不能像以往一样,一味地以扩大生产、增加销售来弥补人工费用的上涨与各项费用的增加,因此,必须施行能削减固定费用、提高附加价值,或提升作业效率的办法来降低公司的损益平衡点比率,才能独得先机。所以,对于物流运作效率的掌握、评估是不可忽视的问题。

二、物流绩效评估的三个目的

通过物流绩效评估,可实现以下目的:

第一,以各部门或各作业员为单位来评估营运作业的实绩,以促进其责任意识及目标达成意识,有利于提高公司整体的业绩。典型的指标是由服务水平指标和物流成本指标构成的。通过这样的衡量可以使管理者了解物流工作的实际情况。如果结果显示实际工作情况与所规定的标准只有很小的偏差,说明物流工作的目标达到了;如果偏差很大,管理者就应该利用这一信息制定新计划使其更加有效。同时,这种评估方法可以增强员工的积极性。因为人们希望获得关于对自己的评价信息,而评估正好能提供这样的信息。这种方法的缺点主要是考核在事后进行,管理者获得考核信息时有些损失已经造成了。但是在许多情况下,这是唯一可以用的手段。

第二,实施评估,可以衡量各部门员工的贡献程度,可以提高成本及利益意识,以便达到精兵简政的目的。控制主要是在活动进行之中进行考查和衡量。在工作进行之中予以控制,管理者可以在发生重大损失之前纠正错误,改进物流程序,将偏离正轨的物流营运活动带入正常状态。例如,在运输过程中,发现某种商品常有损坏的情况,物流管理人员就应该去查明原因,并根据需要调整包装或装货程序。

第三,通过公正的评估,可以整合公司目标与员工个人的目标,以便提高员工的干劲。例如,如果按绩效支付报酬,就可以激励仓库工作人员和运输人员去达到更高的生产率。但要注意,在评估时既要衡量生产率也要衡量工作的质量。如果负责拣选的工人,虽然在低于标准的时间内完成了任务,但是在工作中有很多错误和货损,这样的员工是不应该得到奖励的。

三、进行物流绩效评估的原则

为了改革企业内部体制,寻求提升生产力有效的营运作业方式,并积极着手改善,在进行评估时,要注意下列几个重要原则:

(1)引进评估制度时,首先须明确经营方针及计划目标,以便由公司的发展方向来判断生产力的好坏。

(2)要建立完善的评估制度,应确立公司内每一部门的评估体制,也就是要设定各部门生产力评估所考虑的评估项目或基准值;同时,应让员工了解对实绩资料以及评估结果的看法及分析方式。

(3)在实施评估制度前,要向有关人员说明制度的内容及目的,征询他们的意见,以建立上下层之间的信赖关系。如果不能建立信赖关系,评估制度将难以发挥成效。

(4) 为能不断提升生产力,应确实以评估值来检核实绩,并迅速采取对策。

第二节 有效评估系统的特征

一个有效的评估系统会给物流管理带来很多好处,效果差的评估系统不但不能为管理者提供有效的信息,还会造成许多无可挽回的损失。因为有些数据在当时没有正确收集,很有可能就永远丧失了,它对物流系统的潜在危害是巨大的。因此在进行评估前,甚至在物流系统运作前,就要详细规划一套适合本企业的有效的物流绩效评估系统。有效的评估系统的主要特征有:所选的指标能表明成本与服务的匹配性、评估是一个动态的过程、评估的结果强调异常事件。

一、成本与服务匹配性

在收集数据的过程中,由于种种原因,有些数据难以及时收集,或者数据受到相关的因果关系的影响,使得许多绩效报告只能显示一段时间的物流费用。例如,在运输过程中,往往是装运后的一段时间,才会收到运费清单,在这样的情况下,常会引起运费清单和发票混淆不清的问题。除了时间问题外,从数据上还很难区分与特定客户服务有关的额外费用,而物流上要求将这些费用分配给那些需要额外服务的顾客的订单中去。因为这样做能反映出成本—服务利益互换的实际情况,额外的服务到底能带来多少收益。确认和协调成本及收益的关系对于作出有意义的决策,是非常重要的。例如,有一家客户向配送中心订货,但由于铁路运输原因,货物不能准时送达,在紧急情况下,只好采用航空运输,以满足顾客的需求。但是这笔额外的成本要分配相应的顾客,以便在日后对它作出评估,这样的成本投入是否会产生应有的效益。如果不能做到这一点,管理层得到的将是一份扭曲了物流系统绩效的报告。因此,评估系统的特征之一就是物流活动水平是否与计划的成本水平相匹配。

二、动态性

物流绩效评估系统应该是动态的、而非静态的,反映的是在连续的时间里的运作绩效。但是,大多数的物流作业报告所提供的只是在一个单一报告期的重要活动状态,诸如,当今的库存位置、运输成本、仓库成本以及其他费用或物流服务水平。静态报告的缺陷在于不能对未来的趋势作出判断。物流经理要求的物流报告是能够在物流系统发生问题之前就能反映出隐患。理想的评估系统能够对物流数据进行询问,并从中提取相关的信息,以指导正确的管理行动。所以物流报告系统应该最好具有调查能力、预见运作趋势，以及提供合适建议的动态系统。

三、强调异常情况

由于管理层不可能控制所有的活动，因此他们的控制焦点应该集中在异常情况上。因此物流绩效衡量系统应该是以发现异常情况为基础的系统，即反映的是物流系统中的异常情况，而不是一般情况。物流数据具有涉及面广、数据数量大且复杂的性质，因此要求管理者的注意力从了解所有物流结果转移到了解异常的作业结果。如果有异常情况发生，说明物流系统有问题。因此，一个理想的绩效评估系统将会帮助经理从繁杂的事务中解脱出来，使经理能够集中精力解决重要的事情。所以经理可以用以异常情况为基础的衡量系统对特定流程或功能作出更具深度的评价。

从管理层的角度看，系统控制的机制是很重要的。评价和控制系统的存在，可使管理者保证总的运作是在正常的情况下进行的。如果有相当严重的异常情况出现，说明物流系统在其形成阶段就有问题。

这里以库存管理为例解释系统控制和异常情况之间的关系。假设在某个时间，有一种关键商品急需重新订货，但是根据资金预算，已经没有多余的资金安排采购，这时，系统中就会出现要求筹集资金准备新订单的指示，但是商品库存管理工作人员没有审批资金的权限。在这种情况下，商品库存控制人员就会把这种情况报告给有关经理，请他作出决定。

现在对出现以上情况的原因做进一步分析。按照预算，用预算资金采购的商品足以满足顾客需求，而现在出现关键商品因资金不足而无法采购的问题，很有可能是由于对资金的分配不当引起的。有的商品分配的资金过多，但实际上并不需要这么多，而另一些商品分配的资金少，甚至会造成上述关键商品因资金不足而无法采购的现象。这时，如果没有有效的控制，不对资金分配政策进行纠正，那么负责资金分配的人，就会继续按照原来的资金分配方法分配资金，原来不适当库存现象将更严重。这显然会对客户的服务产生不好的影响。现在有了绩效控制系统，管理层发现关键商品居然没有分配到资金，就会引起注意，然后进行检验，最后会采取措施，或者重新分配资金或者追加资金，以减少或消除缺货情况并降低可能出现的风险。否则，管理层只能在实际缺货时，才采取措施，显然这对物流服务承诺的履行是极其不利的。

从上面的讨论中可以发现，管理层愿意防患于未然，他所做的是要阻止错误的事情发生，而不是等到实际发生时再纠正。评价和控制系统的目的在于指出物流运作中的潜在缺陷，从而能使管理人员采取正确的行动来防止问题的发生。

第三节　物流绩效评估系统的层次

不同层次的管理者对评估内容的要求是不一样的,在物流绩效评估系统中存在几个不同的层次。一般而言,管理层的层次越高,数据和报告应越具选择性,因为高层管理者不会有很多时间去看大量的基础数据报告,他需要的是经过提炼的、重要的报告。

一、作业评估层

在作业评估层次,主要是评估具体的作业操作程序是否符合标准。在评估系统中,定义了各个流程的顺序。评估系统的任务,就是检查工作人员是否按照规定先后顺序进行操作。例如,在单据流程中收到订单时,首先检查客户信用,然后将订单分配到相应的配送中心,在那里依次执行拣货、出货和配送的操作。在配送后,根据合同规定,收取货款。在整个作业活动中,所有的作业和有关单据都被记录在状态报告中。这个状态报告就小结了参与作业的员工完成任务的情况。

作业评估具有两个特征:第一,信息来源于每天的物流作业活动,并根据事先规定的程序对数据或操作状态进行检验。换句话说,在这个层次上的信息流是按照事先规定的程序执行的。

第二个特征是通过积累记录,对其他的控制层形成一个基础数据库。数据库中的数据主要是记录的基础数据、发展趋势以及对异常情况的考察。虽然在作业层,员工可执行的处理权力是有限的,但是这一阶段的信息是其他评估层的基础。它的功能主要是判断操作是否符合规定要求,录入的数据是否准确,并对所有的作业数据进行记录。

二、功能评估层

对物流功能的评估是指对实际工作相对于计划偏离程度的衡量。就像前面所指出的那样,功能评估的目的在于识别隐患。然而,功能执行时的变化可能首先发生在基础数据的层次上,作为异常出现的。

首先,经理必须确定在工作中发现的问题不是一般的问题,而是一个会带来严重后果的问题。其次,经理必须确定他是否有权处理该问题,是否需要获得其他方面的帮助。最后,经理就可以根据判断,或者自己作出正确的指令来指导物流作业,或者要求来更高层的经理来解决问题。

三、决策评估层

决策评估是针对物流计划修正的,当评估结果表明运作效果不好,管理层就要对原运作计划进行重新评价。决策层所看到的信息是在前两层评估结果的基础上经过分类和有选择的物流报告。

物流计划修正常会涉及对资源的重新分配。但此时决策的内容不包括改变系统目标。也就是说,如果物流效果有缺陷,在决策层是不能修正顾客服务标准的,只能会授权增加更多的费用以达到物流系统的目标。决策层的管理活动主要是对总的物流系统效果进行评价。

四、政策评估层

政策的评估涉及改变服务目标。在这个层次上评估的是整个企业,包括了所有的管理层。在对物流系统的总成本作出评价的基础上才能形成新的物流政策。改变物流政策的原因是多方面的,有的是因为原来的物流计划不完善、在执行中有困难引起的,有的是由于其他部门要求物流部门提高服务水平而引起的。

图9-1显示了物流管理的四个评估层次。在每一个层次旁边列出了负责该绩效考核的组织等级。图形是金字塔形,反映出每一个评估层次所需的信息是不同的,越往上信息越具有选择性。每一个层次主要是提供异常情况的评估报告,当评估信息从作业层到政策层时,内容在量上减少了,但是信息的重要性却增加了。

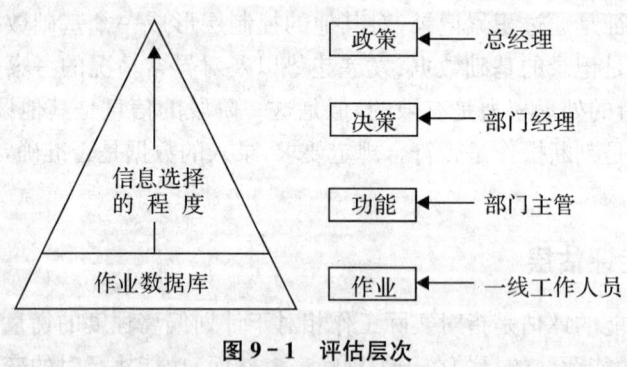

图9-1 评估层次

第四节 物流绩效评估的内容

物流绩效评估主要从三个方面来进行:内部绩效评估、外部绩效评估和供应链绩效评估。现在分别讨论如下。

一、内部绩效评估

内部绩效评估是指对企业内部物流绩效进行评价,主要将现在的物流作业结果与以前的作业结果或是本期的作业目标进行比较。例如,运送错误率可以与上一期的实绩比较,也可以与本期的目标比较。内部评估的数据比较容易收集,所以大多数配送中心企业都进行内部绩效评估。评估的内容一般包括以下方面:成本、顾客服务、生产率、管理、质量。

具体内容如表 9 - 1 所示。

表 9 - 1　物流内部绩效衡量内容

物流成本	物流顾客服务	物流生产率	物流资产管理	物流质量
总成本分析	填写单据速度	每个雇员发送的单位	存货周转率	损坏频率
单位成本	是否有现货	与以往的数据对比	库存成本	损坏的金额
销售量百分比	运送错误	目标实现的情况	存货水平,日供应量	顾客退货数
仓储费用	及时发送	生产率指标	过时存货	退货费用
采购运输费用	订货完成时间	投资报酬率		
配送运输费用	顾客反馈	净资产收益率		
行政管理费用	销售部门反馈			
订货处理费用	顾客调查			
劳动力成本				
实绩与预算的比较				
成本趋势分析				
商品的直接利润率				

(1)物流成本评估。物流绩效最直接的反应就是完成特定物流运作目标所发生的真实成本。物流成本绩效的代表性指标是以总金额表示的销售量的百分比或每个单位数量的成本。

(2)物流顾客服务评估。衡量物流顾客服务可以考察公司满足顾客需求的相对能力。

(3)物流生产率评估。生产率是系统用于配送该商品而投入的资源与产出服务之间的相对关系。通常用比率或指数表示。如果一个系统能清楚地评估产出和相应的投入,生产率的衡量就很简单。但是在下列情况下,评估生产率就会变得很困难：产出很难评估，且使用的投入难以与所定的时间段相匹配；投入与产出相混或类型经常变化；数据难以取得或数据不适用。

生产率指标有三种类型：静态的、动态的和替代性的。静态的是指在计算一个特定时期内的生产率，如 2006 年的产出与投入之比就是静态指标。

动态的是指将一个时期的生产率与另一个时期的生产率相比较，结果就是动态的生产率指标，如 2006 年的静态生产率与 2005 年的生产率相比就是动态指标。

替代指标是指用与生产率相关的指标来替代生产率，如顾客满意度、利润、质量、效率等。

（4）物流资产管理评估。物流资产评估的主要内容是为评估实现物流目标而投入的设施和设备的资本以及用于存货的流动资金的使用情况。资产评估着重对存货等流动资本周转，以及固定资产的投资报酬率等方面进行评估。

（5）物流质量评估。物流质量评估是指向全过程的最重要的评估内容，它用来确定一系列活动的效率而不是个别的活动。由于质量范围很广，所以很难评估。

当今在物流中最高质量就是"零缺陷服务"。它关注的是总体的整个物流的绩效，而非单个功能。它要求从订单进入、检查库存、拣选、装货、送货、开票、支付整个过程的每一个环节都不能出错。

二、外部绩效评估

虽然内部评估对改进企业物流绩效、激励员工很重要，但是从外部、从顾客、从优秀企业的角度对物流绩效评估也是非常重要的，它能使企业获得更多的新信息。外部绩效评估包括两部分内容：一是从顾客的角度，来评估本公司物流完成的情况。这种评估可以通过调研或订货系统追踪获得。评估的主要内容有：库存可得性、订货完成时间、提供的信息程度、问题解决的情况等。二是确定标杆，与其他优秀的企业进行比较。现在越来越多的企业应用标杆，将它作为企业运作与相关行业中的竞争对手或顶尖的企业相比较的一种技术。而且，一些企业在重要的战略决策中将标杆作为物流运作的工具。定基的领域有：资产管理、成本、顾客服务、生产率、质量、战略、技术、运输、仓储、订货处理等。

（1）绩效标杆法。绩效标杆法是建立在过程概念之下的，通过对先进的组织或者企业进行对比分析，了解竞争对手的长处和具体的行事方式，在此基础上，对比自己的行事方式，然后制定出有效的赶超对策来改进自己的产品服务以及系统的一种有效的改进方式或改进活动。

简而言之，绩效标杆法就是：① 研究竞争对手的物流战略战术；② 学习竞争对手先进的物流模式；③ 改进企业的物流流程及各种操作模式。

绩效标杆法就是找一个企业作为参照系，这个参照系与自己企业的水平不能相差太多,否则就没有意义了。所以要特别注意寻找比较合适的参照企业。

(2)绩效标杆法的实施步骤。

绩效标杆法一般由如下四个阶段组成:

第一阶段:识别什么可成为标杆;识别可作为对照或对比的企业;数据的收集。

第二阶段:确定当今的绩效水平;制定未来绩效水平计划;标杆的确认。

第三阶段:建立改进目标;制订行动计划。

第四阶段:执行行动计划和监督进程;修正绩效标杆。

一个绩效标杆作业往往需要 6~9 个月的实践才能达到目标。需要这么长时间,是因为绩效标杆既需要战略的,也包括战术或运作的因素。从战略上讲,绩效标杆涉及企业的经营战略和核心竞争力问题;从战术上讲,一个企业必须对其内部运作有充分的了解和洞察,才能将之与外部诸因素相对比。

(3)绩效标杆法的实践运作。绩效标杆法的实践运作主要包括以下三种类型:

第一种类型是工作任务标杆,如搬运装车、成组发运、排货出车的时间表等单个物流活动。

第二种类型是广泛的功能标杆,就是要同时评估物流功能中的所有任务,如改进仓储绩效的标杆(从储存、堆放、订货、挑选到运送等每一个作业)。

第三种类型是管理过程的标杆,即物流的各个功能综合起来,共同关注诸如物流的服务质量、配送中心的运作、库存管理系统、物流信息系统及物流操作人员的培训与薪酬制度等,这种类型的标杆更为复杂,因为它跨越了物流的各项功能。

运用绩效标杆法实际上可打破根深蒂固的不愿改进的传统思考模式,而将企业的经营目标与外部市场有机地联系起来,从而使企业的经营目标得到市场的确认而更趋合理化。例如,它建立了物流顾客服务标准,鼓励员工进行创造性和竞争性的思维,并时常提高员工物流运作成本和物流服务绩效的意识。

缺乏准备是绩效标杆法失败的最大原因。对别的企业做现场视察,首先要求物流经理能完全理解本企业内部的物流运行程序,这种理解有助于识别哪些是他们要去完成的,哪些是要从绩效标杆中寻求的信息。

三、供应链绩效评估

(1)现行的企业绩效衡量的特点。企业供应链管理是通过前馈的信息流和反馈的物流及信息流将供应商、制造商、零售商直到最终用户联系起来的一个整体的管理模式。因此,它与现行企业管理模式有着较大区别,在对企业运行绩效的评价上也有许多不同。

现行企业绩效评估侧重于单个企业,评价的对象是某个具体连锁企业的内部职能部门或者个人。其评价过程在有如下特点:① 现行企业绩效评估的数据来源于财务结果,在时间上略微滞后,不能反映供应链动态运营情况;② 现行企业绩效评价主要评价企业职能部门工作完成情况,不能对企业业务流程进行评价,更不能科学、客观地评价整个供应链的运营情况;③ 现行企业绩效评价指标不能对供应链的业务流程进行实时评价和分析,而是侧重于事后分析。因此,当发现偏差时,偏差已成为事实,其危害和损失已经造成,并往往很难补偿。

鉴于此,为衡量供应链整体运作绩效,以便决策者能够及时了解供应链整体状况,应该设计出更适合于度量供应链企业绩效的方法。

(2) 供应链绩效衡量的特点。根据供应链管理运行机制的基本特征和目标,供应链绩效衡量应该能够恰当地反映供应链整体运营状况以及上下节点企业之间的营运关系,而不是单独地评价某一供应商的营运情况。

例如,对于供应链上的某一供应商来说,该供应商所提供给零售商的商品价格很低,如果孤立地对这一供应商进行评价,就会认为该供应商的运行绩效较好。如果其下游节点企业仅仅考虑商品价格这一指标,而不考虑商品的其他性能,就会选择该供应商所提供的商品。而该供应商提供的这种价格较低的商品,性能不能满足该节点连锁企业销售的要求,势必增加库存成本,从而使这种低价格商品所节约的成本被增加的其他成本所抵消。所以,评价供应链运行绩效,不仅要评价该节点企业(或供应商)的营运绩效,而且还要考虑该节点企业(或供应商)的营运绩效对其上层节点企业或整个供应链的影响。

现行的绩效衡量主要是基于部门职能的绩效衡量,对供应链营运绩效的评价衡量不适用,供应链绩效衡量是基于业务流程的绩效衡量。

(3) 供应链绩效评价的原则。随着供应链管理理论的不断发展和供应链实践的不断深入,为了科学、客观地反映供应链的营运情况,应该考虑建立与之相适应的供应链绩效评价方法,并确定相应的绩效评价指标体系。

反映供应链绩效的评价指标有其自身的特点,其内容比现行的企业衡量更为广泛,它不仅仅代替会计数据,同时还提出一些方法来测定供应链的上游企业是否有能力及时满足下游企业或市场的需求。在实际操作上,为了能有效衡量供应链绩效,应遵循如下原则:① 应突出重点,要对关键绩效指标进行重点分析;② 应采用能反映供应链业务流程的绩效指标体系;③ 评价指标要能反映整个供应链的营运情况,而不是仅仅反映单个节点企业的营运情况;④ 应尽可能采用实时分析与评价的方法,要把绩效度量范围扩大到能反映供应链实时营运的信息上去,因为这要比仅做事后分析要有价值得多。

(4) 供应链绩效评价的主要指标。基于上述评价原则,在评价企业绩效时应综合考虑：客户满意与质量、时间、成本和资产四个方面,并分别为每个方面设定对应的评价指标。具体指标见表9-2所示。另外,企业绩效的评价和指标设定应根据具体的发展远景和战略进行,因而不同的企业供应链的评价侧重点和具体评价指标可以不同。

表9-2　整合供应链总体绩效衡量

结果	诊断
客户满意与质量	
完美订单 客户满意度 产品质量	按承诺日期发送 合理费用、退货和折扣 回应客户询问的时间
时　　　间	
备货时间	采购、制造周期时间 供应链反应时间 生产计划
成　　　本	
总供应链成本	增值生长率
资　　　产	
现金周转时间 供应存货天数 资产绩效	预测准确度 存货老化 能力利用率

第五节　物流关键业绩指标评估

一、关键业绩指标的定义与确定原则

关键业绩指标(Key Process Indication,简称 KPI),是通过对组织内部流程的输入端、输出端的关键参数进行设置、取样、计算、分析,衡量流程绩效的一种目标式量化管理指标,是把企业的战略目标分解为可操作的工作目标的工具,是企业绩效管理的基础。KPI可以使部门主管明确部门的主要责任,并以此为基础,明确部门人员的业绩衡量指标。KPI同样可以用于项目的管理,用于衡量的整体运行状况。建立明确的切实可行的KPI体系,是做好绩效管理的关键。本节以物流企业为例说明KPI指标法在物流管理中的应用。

确定KPI指标系统的一个重要原则是SMART原则。SMART是5个英文单词首字母的缩写:S代表具体(specific),指绩效考核要切中特定的工作指标,不能笼统;M代表可度量(measurable),指绩效指标是数量化或者行为化的,验证这些绩效指标的数据或者信息是可以获得的;A代表可实现(attainable),指绩效指标在付出努力的情况下可以实现,避免设立过高或过低的目标;R代表实现性(realistic),指绩效指标是实实在在的,可以证明和观察;T代表有时限(time bound),注重完成绩效指标的特定期限。

二、物流企业关键业绩指标的指标体系

可以将与物流企业物流项目运作相关的KPI绩效指标系统分为五大块:运输计划、运输过程、库存过程、客户服务、财务指标。各大部分下面又分几个小块。

(一)运输计划

需求满足率是指客户的物流需求(包括一些额外的物流需求,比如不常见路线的运输、零星的货物运输、增值服务要求等)能够及时满足的比率。

需求满足率=需求得到满足的次数/总的需求的次数

(二)运输过程

(1)货物及时发送率。可用一定时期内第三方物流企业接到客户订单后,及时将货物发送出去的次数与总订单次数的百分比来表示。设时段 T 内,及时发货次数为 N_i,总的订单次数为 N_t,则及时发货率为:$P_i = N_i/N_t$。

(2)货物准时送达率。准时送达率可用一定时期内准时送到次数与总送货次数的百分比来表示,所谓准时送达是指按照客户的要求在规定的时间内将产品安全准确地送达目的地。假设在时段 T 内,准时送达次数为 N_d,总的订单次数为 N_t,则准时送达率为:$P_d = N_d/N_t$。

(3)货物完好送达率。货物完好送达率可用一定时期内货物无损坏送到的次数与总送货次数的百分比来表示,所谓完好送达是指按照客户的要求在规定的时间内将客户订购的产品无损坏地送达客户手上。假设在时段 T 内,完好送达的次数为 N_w,总的订单次数为 N_t,则完好送达率为:$P_w = N_w/N_t$。这个指标应该是很高的,应该达到100%。

(4)运输信息及时跟踪率。运输信息及时跟踪率是指每一笔货物运输出去以后,第三方物流企业向客户反馈运输信息的比率。在物流服务中对信息的跟踪以

及反馈是很重要的,客户将物流业务交给了第三方物流企业,他对物流信息的掌握很大程度上就是依靠第三方物流企业来提供了。这样,他对运输信息反馈与跟踪的要求就高了。这个数据的计算可以根据在时段 T 内,跟踪了运输信息的次数为 N_n,总的订单次数为 N_t,则运输信息及时跟踪率为:$P_n = N_n/N_t$。这个指标要求也比较高,应该是 100%,长途运输的物流信息跟踪应该在每天的上下午各一次,对短途和市内配送的物流信息跟踪应该发生在预计物流业务完成时间之后。

(三)库存过程

(1)库存完好率。库存完好率是指某段时间内仓库货物保存完好的比率。具体计算为 T 时间内,完好库存为 n,总库存数为 N,则库存完好率 $= n/N \times 100\%$。

对库存完好率,客户要求是比较高的,一般为 100%。

(2)库存周报表准确率。每周的库存周报表的准确率也是物流服务绩效的 KPI 指标之一。对这个指标的具体计算为:在 T 时间段内,库存报告的准确次数除以总的库存报告次数就是库存周报表准确率。

(3)发货准确率。发货准确率也是库存过程的一个重要指标,是指仓管人员根据订单准确发货的百分数。具体计算为:

发货准确率 $= 1 -$ 在 T 时间段内错误的发货次数/在 T 时间段内的发货总数

(四)客户服务

(1)客户投诉率。这是指在 T 时间段内,没有收到货物的客户投诉第三方物流企业的比率。这是体现物流服务中客户服务的重要 KPI 指标。体现了第三方物流企业的物流服务质量的好坏。该指标的具体计算公式为:

客户投诉率 $=$ 客户投诉次数/总的送货总数

(2)客户投诉处理时间。这是指每一次客户投诉后,第三方物流企业作出及时反应的时间,即接到投诉到处理客户投诉的时间。该投诉时间一般为 2 小时。可以根据行业情形,适当调节。但如果客户重复投诉,则此权重应该加大。第三方物流企业还应保证以后此类问题不再出现。

(3)回单返回及时率。这是指在完成每笔运输业务后,运输单据返回客户的比率。一般客户每月要收回一次运输单据以备查。

(五)财务指标

(1)失去销售比率。该指标反映了客户未满足既定需求的情况。即使是由于第三方企业的原因导致客户的某些销售业务无法进行,也损害了客户的利益,这里用失去销售比率来表示。该指标可用失去销售额占总销售额的百分比来表示。

(2)企业利润率。这是指在 T 时间段内客户支付给第三方物流企业的物流费用减去第三方物流企业为完成这些物流业务所支出的成本的差与 T 时间段内客户支付给第三方物流企业的物流费用的比率。具体计算公式为:

第三方物流企业利润率＝（收入－成本支出）÷收入

（3）运输/库存破损赔偿率。这是指在 T 时间段内由于运输、仓储所造成的货物破损赔偿占在 T 时间段内的物流业务收入的比率。具体计算公式为：

运输/库存破损赔偿率＝货物破损赔偿费用÷业务收入

第六节　评估结果的分析

一、物流绩效评估基准

前面虽已介绍了许多物流绩效评估指标，但这些指标值说明了什么问题，要不要进行改善，必须要有一个基准。比较的基准有三种，如图 9-2 所示。

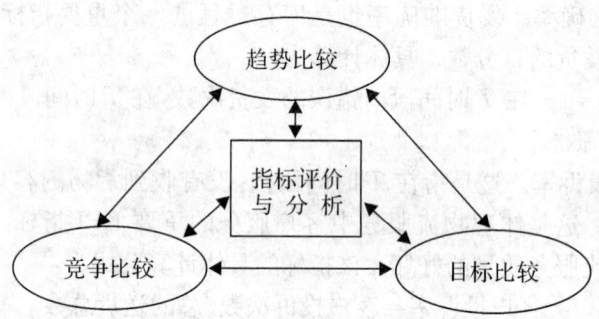

图 9-2　物流绩效评估基准

（一）同业其他公司的状况或同业的平均值

这是竞争比较。一般清楚竞争对手的企业，如能与同业其他公司的状况做比较，就能判断自己经营的好坏。企业经营原本就要面对企业间的竞争，因此是否优于竞争对手极为重要，各方面都无法胜过竞争者的企业，就别提如何获利了。而在物流业中，性质相仿的公司不少，即使不是直接竞争的公司，只要规模、作业性质差不多，都可作为比较学习的对象。但这种竞争性的比较资料较不易收集，除了一些属于一般性的财务资料可从相关刊物中获得外，较详细的资料很少。当然还可以通过参观、沟通来取得，但在国内目前各公司资料不全与极端保密的情形下，要做到这一点并不容易。

（二）企业过去的状况

这是趋势比较。除了与同业其他公司比较了解别人怎么做、做得如何外，将企业本身前后期的营运作业情况作比较,可清楚地知道企业如今是处于成长或衰退的状况。例如,本期算出人员生产力为 100 000,但比较过去该数据究竟变好还是变坏了,就必须经比较才能下结论,成长的 100 000 与衰退的 100 000 代表的意义完全不同。进行企业本身若干期资料的比较,还应注意其倾向趋势。

(三)目标或预算

这是对目标的比较。公司的自我分析,除注意趋势的变化外,如果公司已有针对营运状况设定好目标或预算值,则应进一步与目标或预算值比较,以了解公司运作水准是否达到预期的程度,其结果可作为管理者今后计划的方向或重新设定新目标值的参考。

二、指标的分析

在评估过程中,首先是获得营运作业所有的各项评估指标,然后选择比较基准判断指标数据的好坏,最后就是依照指标反映的状况进行分析。

所谓分析,是为了解事情真相并找出问题症结而对物流系统所作的详细探讨。因此,对评估指标的分析,是指对实际数据进行分析以发掘问题点,把应采取的行动整理出来,以决定改善对策。其分析步骤如图 9 - 3 所示。

对于问题的发掘,应不厌其烦地加以确认,找出真正的问题点。对于需要改善的问题点,应从其营运作业流程以及各种角度上探讨其发生原因,进而想出解决方案予以改善。

然而,有的问题点并非能从单一指标即可明显看出,必须配合二三个不同项目指标才能找出真正的问题,因而对于指标数据的分析,应从两方面进行:

(1)单一指标分析法:即以单一指标来评估营运生产力。

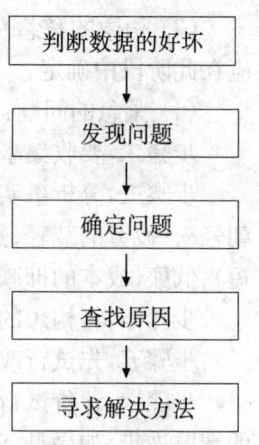

图 9 - 3 指标分析步骤

问题:有些指标在单独使用时,往往会忽略另一些重要的层面。

(2)多元指标分析法:找出互有关系的指标,从多个相关性指标分析公司现况及可能原因,即同时以多个指标来评估生产力。

问题:各种指标在评估过程中究竟应占多大比重?

多元指标相互间并不一定是周延的(所谓周延是指指标间的配合掌握,完全没有遗漏)。既然这两种方法都有片面性,那么究竟什么时候该使用何种方法分析就需要根据实际情况判断,以作出对公司最有益的分析。

三、改善的步骤及要点

改善就是要打破现状，使事情做得更好。因此，一旦把问题找出并加以检讨之后，必定会产生改善构想，而这种改善应以科学（客观）的观点配合企业所追求的目标，选取当时认为最佳的方式。现况改善是一种实务从事的工作，可由以往的或别人所采用的方法进行模仿，或根据改善构想要点作为改善基准，当然也有以新创意而获得良好改善成果的。不论是采用何种改善方式，都应依基本的改善步骤来进行现况改善。

步骤一，由问题点中决定亟待解决的问题。

在这一步中就是要进行问题的评估，也就是预测每一问题对公司未来营运绩效的影响程度，根据程度的不同安排先后解决的时机。问题经评估后，其重要性通常可区分为下列四级：

（1）错误的警示：对公司影响程度很小的问题，应予以摒弃。

（2）非紧急性：对将来可能会有影响的问题可延后，将来再解决。

（3）稍微的紧急性：必须在下一规划周期之前解决的问题，改善的计划及日期应在此阶段中确定。

（4）紧急的问题：必须立即处理的问题。

步骤二，要收集事实，调查比较各个事实之间的相互关系，确定改善目标。

步骤三，分析事实，检讨改善方法。这一步希望全体工作人员共同献计献策，朝轻松（疲劳的减轻、熟练的移转）、良好（品质的维持、提升）、迅速（作业时间的缩短）、低廉（成本的抑减）、安全（灾害事故的防止）的改善目标来寻求改善方案。

步骤四，将构想的改善方案提报检核，并做好实施的准备计划。

步骤五，先试行改善，且详细追踪记录实施结果。

步骤六，评价试行实施结果，并使之标准化。检讨改善效果是否确实比改善前的情况进步，如果是，就考虑将改善后的方式标准化，以作为以后的依据。最后，还要针对新的作业方式拟定日后的管理制度，以便追踪衡量，以确定长期的改善效果。

步骤七，设定管制标准，执行管理。

本 章 小 结

企业在开发和应用绩效评估时具有较高水平，必然会给企业带来卓越的绩效表现。通过物流绩效评估，可评估营运作业的实绩，提高公司整体的业绩；可以衡量各部门员工的贡献程度,可以提高成本及利益意识;可以整合公司目标与员工个人的目标,以便提高员工的干劲。

有效的评估系统的主要特征有:所选的指标能表明成本与服务的匹配性,评估是一个动态的过程,评估的结果强调异常事件。

物流效果评估系统分为作业评估层、功能评估层、决策评估层、政策评估层四个层次。物流绩效评估主要从三个方面来进行:内部绩效评估、外部绩效评估和供应链绩效评估。物流企业物流项目运作相关的KPI绩效指标系统分为五大块:运输计划、运输过程、库存过程、客户服务、财务指标。

物流绩效需要根据一定的标准进行分析和判断,从而提高绩效水平。

思考题

1. 简述物流绩效评估的目的。
2. 举例说明有效评估系统的特征。
3. 画图说明物流效果评估系统的层次。
4. 简述物流绩效评估的内容。
5. 举例说明物流企业KPI指标体系。
6. 说明评估结果的分析方法。

实践应用

项目名称	××公司营运绩效指标评估		班级	
指导老师				
项目完成时间	2周			
项目实践地点				
目　　的	1. 专业技能目标 使学生掌握物流绩效评估的主要内容及指标评估的方法。 2. 通用技能目标 • 规划安排的能力 • 对数字、事实分析判断的能力 • 团队合作的能力 • 与外界的沟通能力 • 口头表达能力			

（续表）

背景或任务	选择当地有一定影响力的配送中心或物流中心为研究对象,收集该公司的相关资料,以若干营运指针来衡量分析公司的作业绩效,并探讨作业流程是否有明显的改善或缺失,以提出具体的整体改善计划,供公司参考。
实施步骤	1. 了解项目目的 2. 每4~5人为一小组,选择当地配送中心或物流中心作为研究对象来探讨物流作业绩效的相关问题 3. 收集关于物流作业绩效相关文献,同时收集关于选定公司的营运情况的二手资料 4. 起草会谈和调研大纲,制作调研问卷,可以参考附件中的调查问卷 5. 以座谈法,了解这家公司物流作业概况,在描述中可以利用图表、照片、文字叙述等工具 6. 实际调研,对公司工作人员开展营运绩效问卷调查,并准备调查原始记录的复印件 7. 根据调研结果对该公司物流作业的问题仔细分析现况,并提出可能的改善方案 8. 完成总体报告,报告结构参见第一章实践题附件1
评分标准	该项目成绩占学期成绩的10%。 本项目的得分按照百分制记分,其中报告的创意30 %;使用图表分析的清楚度30 %;应用课程知识的能力40%。

附件

××公司营运绩效指标评估问卷调查

尊敬的××公司:

我们是××大学××系学生,目前正进行"物流公司营运绩效评估"的研究,为了解您对评估指标的看法,特进行本项问卷调查,以作为决定各项指标权重的依据。您的回答对我们是非常重要的,请拨冗填写。对于您的协助,谨致诚挚感谢。

××大学××系

主　旨

本问卷系是配合教学专题物流公司营运绩效所做的分析,首先将贵公司的营运绩效分成作业性、资源性及财务性三类指标,再针对此三类指标,拟出定量指标。本研究拟以"层级分析法(AHP)"来求得各项指标的相对权重,故需要各位专家学者就其相对重要性进行评比。评估指标说明如下,其评定尺度划分为五个标准(极重要、重要、同等重要、不重要、极不重要)。谢谢您的协助,不胜感激!

联络人:

电话:

传真:

评估指标公式与说明

一、××公司营运绩效的作业性指标

1. 进出货作业指标

$$每人处理进出货量＝进出货量/作业人数 \times 作业时间$$

应用目的：评估进出货人员的工作分摊及作业速率，以及目前的进出货时间是否合理。

2. 储存作业指标

$$配重式堆高机生产力＝处理货吨数/堆高机数$$

应用目的：评估每台进出货设备的工作效率。

3. 订单处理作业指标

$$客户抱怨率＝客户抱怨次数/处理笔数$$

应用目的：检测客户满意度。

二、××公司营运绩效的资源性指标

1. 人力资源指标

$$直接工比率＝直接人力/公司总人数—直接人力$$

应用目的：了解作业人员及管理人员的比率是否合理。

2. 机器配置指标

$$ETV 配置率＝ETV 数/作业区面积（ETV 指有轨升降输送车）$$

应用目的：用以判断机器设备的规划以及厂房空间的利用率是否恰当。

三、××公司营运绩效的财务性指标

1. 营运费用指标

$$每天营运金额＝营业额/工作天数$$

应用目的：衡量公司营运作业的稳定性。

2. 资产损益指标

$$市场占有率＝公司处理货运量/全省货运量$$

应用目的：衡量公司固定资产的运作绩效。

填 表 范 例

当您考虑到××公司营运绩效的资源性指针比较这一个项目时，假若其中有"人力资源指标"与"机器配置指标"两者让您比较其重要性，而您认为"人力资源指标"比"机器配置指标"重要，但未到达极重要(5：1)的程度，则请您在较靠近"人力资源指标"那一方的"重要"(3∶1)栏下方勾选,表格如下。

指标 名称	极重要 (5∶1)	重要 (3∶1)	同等重要 (1∶1)	不重要 (1∶3)	极不重要 (1∶5)	指标 名称
人力 资源						机器 配置

"××公司营运绩效评估的研究"指标重要性调查问卷

1. ××公司各项营运绩效指标比较:

指标 名称	极重要 (5∶1)	重要 (3∶1)	同等重要 (1∶1)	不重要 (1∶3)	极不重要 (1∶5)	指标 名称
作业性 指标						资源性 指标
资源性 指标						财务性 指标
财务性 指标						作业性 指标

2. ××公司营运绩效的作业性指标比较:

指标 名称	极重要 (5∶1)	重要 (3∶1)	同等重要 (1∶1)	不重要 (1∶3)	极不重要 (1∶5)	指标 名称
进出货 作业						储存 作业
储存作业						订单处 理作业
订单处 理作业						进出货 作业

3. ××公司营运绩效的资源性指标比较:

指标 名称	极重要 (5∶1)	重要 (3∶1)	同等重要 (1∶1)	不重要 (1∶3)	极不重要 (1∶5)	指标 名称
人力 资源						机器 配置

4. 公司营运绩效的财务性指标比较：

指标 名称	极重要 (5∶1)	重要 (3∶1)	同等重要 (1∶1)	不重要 (1∶3)	极不重要 (1∶5)	指标 名称
营运 费用						资产 损益

谢谢您的填写,问卷填答完毕后,请于　　月　　日前将本页传真至　　收。

第十章　物流信息技术

【引导案例】

沃尔玛的信息现代化

物流信息化使得众多分销商都将面对一个组织或中心。由于物流中心是一个高度信息化的机构,因此任何来自市场以及生产厂商的需求都将在这里通过信息系统的广泛应用而得到快速响应。沃尔玛成功的奥秘就是物流现代化。

沃尔玛是全球第一个发射物流通信卫星的企业,物流通信卫星使得沃尔玛产生了跳跃性的发展,很快就超过了美国零售业的龙头——凯玛特和西尔斯,沃尔玛从乡村起家,而凯玛特和西尔斯,在战略上以大中小城市为主。沃尔玛通过便捷的信息技术急起直追,终于获得了成功。

建立全球第一个物流数据的处理中心,沃尔玛在全球第一个实现集团内部 24 小时计算机物流网络化监控,使采购库存、订货、配送和销售一体化。例如,顾客到沃尔玛店里购物,然后通过 POS 机打印发票,与此同时负责生产计划、采购计划的人以及供应商的电脑上就会同时显示信息,各个环节就会通过信息及时完成本职工作,从而减少了很多不必要的时间浪费,加快了物流的循环。

20世纪70年代,沃尔玛建立了物流的信息系统(MIS),也称管理信息系统,这个系统负责处理系统报表,加快了运作速度。80年代与休斯公司合作发射物流通讯卫星,1983年的时候采用了销售始点数据系统(POS机)。1985年建立了电子数据交换系统(EDI),进行无纸化作业,所有信息全部在电脑上运作。1986年又建立了快速反应机制(QR),对市场快速拉动需求。凭借这些信息技术,沃尔玛如虎添翼,取得了长足的发展。

沃尔玛物流还应用了射频技术(RF),在日常的运作过程中可以跟条形码结合起来应用。此外,还是用了便携式数据终端设备(PDF)。传统的方式到货以后要打电话、发E-mail或者发报表,通过便携式数据终端设备可以直接查询货物情况。

第一节 及 时 制

一、及时制模式的产生

及时制(Just In Time,简称JIT),是由日本丰田汽车公司在20世纪60年代实行的一种生产方式,1973年以后,这种方式对丰田公司渡过第一次能源危机起到了突出的作用,后得到其他国家生产企业的重视,并逐渐在欧洲和美国的日资企业及当地企业中推行开来,现在这一方式与源自日本的其他生产、流通方式一起被西方企业称为"日本化模式",其中,日本生产、流通企业的物流模式对欧美的物流产生了重要影响,近年来,JIT不仅作为一种生产方式,也作为一种物流模式在欧美物流界得到推行。

JIT指的是,将必要的零件以必要的数量在必要的时间送到生产线,并且只将所需要的零件、以所需要的数量、在正好需要的时间送到。这是为适应20世纪60年代消费需要变得多样化、个性化而建立的一种生产体系及为此生产体系服务的物流体系。

在JIT生产方式倡导以前,世界汽车生产企业包括丰田公司均采取福特式的"总动员生产方式",即一半时间人员和设备、流水线等待零件,另一半时间等零件一运到,全体人员总动员,紧急生产产品。这种方式造成了生产过程中的物流不合理现象,尤以库存积压和短缺为特征,生产线要么不开机,要么一开机就大量生产,这种模式导致了严重的资源浪费。丰田公司的JIT在这种情况下就问世了,它采取的是多品种少批量、短周期的生产方式,大大消除了库存,优化了生产物流,减少了浪费。

二、及时制生产方式消除库存、改善物流的关键做法

JIT生产方式的主要目的是使生产过程中物品(零部件、半成品及制成品)有秩序地流动并且不产生物品库存积压、短缺和浪费,因此有几个关键的做法,即生产流程化、生产均衡化、看板管理,在这所有做法中,改进物流均是中心任务之一,现分述如下:

(1) 生产流程化。生产流程化,即按生产汽车所需的工序从最后一个工序开始往前推,确定前面一个工序的类别,并依次恰当地安排生产流程,根据流程与每个环节所需库存数量和时间先后来安排库存和组织物流,尽量减少物资在生产现场的停滞与搬运,让物资在生产流程上毫无阻碍地流动。

(2) 生产均衡化。生产均衡化,即将一周或一日的生产量按分秒时间进行平均,所有生产流程都按此来组织生产,这样一条流水线上每个作业环节上单位时间必须完成多少何种作业就有了标准定额,所在环节都按标准定额组织生产,因此要按此生产定额均衡地组织物资的供应、安排物品的流动。因为JIT生产方式的生产是按周或按日平均了的,所以与传统的大生产、按批量生产的方式不同,JIT的均衡化生产中无批次生产的概念。

(3) 看板管理。看板管理,即把工厂中潜在的问题或需要做的作业显现或写在一块显示板上,让任何人一看显示板就知道出现了何种问题或应采取何种措施。看板管理需借助一系列手段来进行,比如告示板、带颜色的灯、带颜色的标记等,不同的表示方法具有不同的含义,以下就看板管理中有助于使库存降低为零的表示方法加以说明:

红条:在物品上贴上红条表示该种物品在日常生产活动中不需要。

看板:是为了让每个人容易看出物品旋转地点而制成的表示板,该板标明什么物品在什么地方、库存数量是多少。

警示灯:是让现场管理者随时了解生产过程中何处出现异常情况、某个环节的作业进度、何处请示供应零件等的工具。

第二节 快速反应系统

一、快速反应系统的来源

从20世纪70年代后期开始,美国纺织服装的进口急剧增加,到80年代初期,

进口商品大约占到纺织服装行业总销售量的 40%。针对这种情况，美国纺织服装企业一方面要求政府和国会采取措施阻止纺织品的大量进口，另一方面进行设备投资来提高企业的生产率。但是，即使这样，价廉进口纺织品的市场占有率仍在不断上升，而本地生产的纺织品市场占有率却在连续下降。为此，一些主要的经销商成立了"用国货为荣委员会"，一方面通过媒体宣传国产纺织品的优点，采取共同的销售促进活动；另一方面委托零售业咨询公司 Kurt Salmon 从事提高竞争力的调查。Kurt Salmon 在经过了大量充分的调查后指出，纺织品产业供应链全体的效率并不高。为此，Kurt Salmon 公司建议零售业者和纺织服装生产厂家合作，共享信息资源，建立一个快速反应系统（Quick Response，简称 QR）来实现销售额增长。

二、快速反应系统的作用

快速反应关系到一个厂商是否能及时满足顾客的服务需求的能力。信息技术提高了在最近的可能时间内完成物流作业和尽快地交付所需存货的能力。这样就可减少传统上按预期的顾客需求过度地储备存货的情况。快速反应的能力把作业的重点从根据预测和对存货储备的预期，转移到以从装运到装运的方式对顾客需求作出反应方面上来。不过，由于在还不知道货主需求和尚未承担任务之前，存货实际上并没有发生移动，因此，必须仔细安排作业，不能存在任何缺陷。

这里需要指出的是虽然应用 QR 的初衷是为了对抗进口商品，但是实际上并没有出现这样的结果。相反，随着竞争的全球化和企业经营全球化，QR 系统管理迅速在各国企业界扩展。航空运输为国际间的快速供应提供了保证。现在，QR 方法成为零售商实现竞争优势的工具。同时随着零售商和供应商结成战略联盟，竞争方式也从企业与企业间的竞争转变为战略联盟与战略联盟之间的竞争。

第三节　物流通信网络

一、通信

信息传输，简单地说，就是指远距离相隔的双方互通信息。信息通信的要件包括收方、送方、通道及信息本身，如图 10-1 所示。其中通道就好似马路，货物要流通必须要先开马路，而有些马路宽广平整，如高速公路，可承载很高的交通流量，有些马路则狭小不平，必须减速慢行。同理，信息通信必须要建立通信通道，有些通信通道的资料传输量较大，速度较快，而有些资料传输量较小、速度较慢。

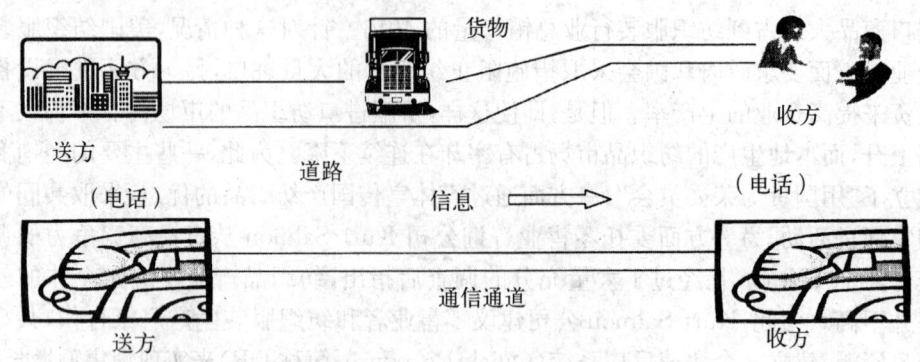

图 10 - 1   一般的信息传输方式

古老的资料通信方式,可能以书信、烟火,甚至是鼓声为通信通道,交换资料,传送信息,但是在现代,如果想交换信息,最常用,最直接的方式就是打电话。通过电话交换网络,利用电话连接,我们可以随时和地球上任何一个角落的人或企业进行通信,不论是问候、谈天、议价、订货,甚至是催收账款。

若收方和送方都有电脑设备时,则传统的资料通信就变成了电脑通信。由于电脑内部的资料是以数位的方式,也就是 0 和 1 的方式来储存及处理的,所以,电脑要利用电话网络进行资料的通信时,就必须加接数据线(MODEM),将数位信号转换为类比信号,再进入电话网络传送到远方,然后同样的,从另一端再利用数据线,将类比信号转化为数位信号,如图 10 - 2 所示。

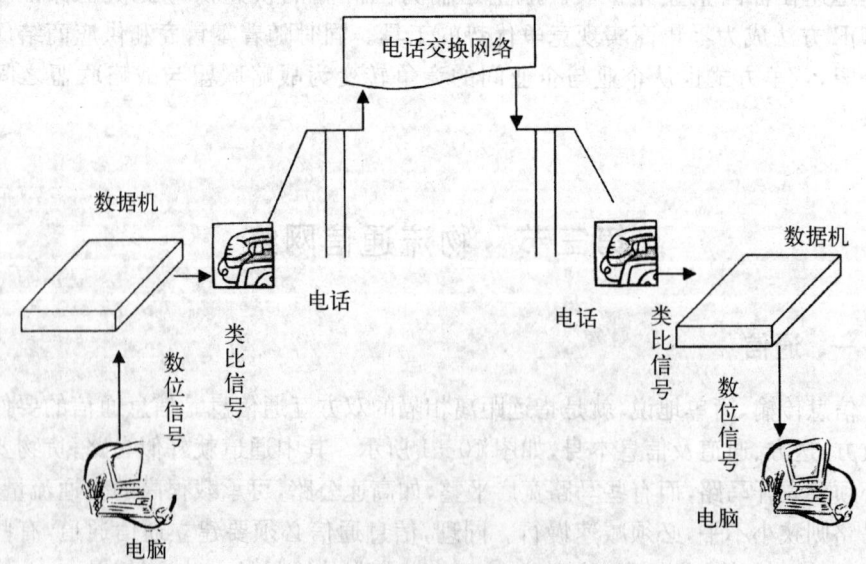

图 10 - 2   利用电脑的信息传输方式

　　在电脑化十分普及的今天,企业早已普遍利用电脑来处理内部的资料,利用电脑资料通信技术,将远端的电脑相联结,直接地互传订单、出货单、收款通知等资料,不但可以节省人工,提高工作效率,而且可以减少人为的错误,增进作业的时效性。

　　以客户对供应商订货为例,订货资料的传送,从书面文件传送的方式,进步到电话或传真机传送,再进一步到电脑对电脑,点对点的资料传送。不但传送及处理的速度越来越快,人工成本与人为错误也相对降低。

　　上述的电话交换网络,基本上是由电话公司,如中国电信或国外电信公司如AT&T、ITT等所提供的基础通信网络服务。基础通信网络主要是建立双绞线、同轴电缆、微波、光缆、人造卫星等传输通道,以及电话交换业务。但为了节省一般电话收接及等待时间,增加通信的速度,并改善通信的品质,电话公司除了一般的电话网络(Telephone Network)的通信服务外,往往也提供专线(Leased Data Circuit)服务。使用专线时,收送方的电脑只要处于开机状态,便可以随时传送资料,不必再经过收接手续,因而大大地提高电脑资料通信的方便性。但相对于电话网络而言,使用专线必须付出较昂贵的专线租用成本,并且只能针对特定的对象通信。使用电话收接和使用专线的优缺点比较如表10-1所示。

表 10-1　电话收接和使用专线的优缺点比较

电　话　收　接	专　　线
直接使用电话,不需另案申请	需另案申请专线
发号及等待时间等使用的前置时间较长,不可预测	可直接传送资料,及时性较高
资料通信对象广泛,不受限制	通信对象固定
若为外地,要以长途电话费率收费	不论资料传送多寡,按月固定付租费
较适用于通信对象多,但每一对象的通信次数不高的情况	比较适用通信对象固定,但通信次数及时性相对较高的情况下

二、增值网络

　　增值网络(Value Added Network,简称VAN),简单地说,就是利用基础通信网络所建立的设施及服务,进一步提供更多附加的服务,以增加网络使用的价值。增值网络所提供的服务就是一种商品,增值网络供应商(增值网络服务中心)提供各式各样的增值网络服务,而一般用户则利用增值网络提供的各项服务,可以方便、更有效地完成资料通信的工作；那么，增值网络提供哪些服务呢？一般而言，增值网络服务可以分为下述四个层级：

第一层：分封交换服务

第一层的增值网络服务是分封交换数据网络（Packet Switched Data Network，简称 PSDN），分封交换就是把资料切成一个一个的小包（Packet），利用现有的各种通信网络，如双绞线、电线、微波通信、人造卫星等，在传送资料的同时，以一个小包为单位，自动找出可用的、最有利的通信方式，将资料传到收件人手中。这就譬如某单位要把 1 000 个人从上海调到北京，请专业的旅行社安排火车、汽车、出租车、飞机等各种交通工具，旅行社则以个人为单位，寻找最佳的交通工具，并提供带购车票服务，以求能将 1 000 个人以最方便、最迅速的方式从上海送到北京。

这其中的公路、铁路、空运就好像基础建设，而代为安排选择交通工具并代购车票的旅行社所提供的服务，就类似增值网络的分封交换服务。由上例可知，分封交换服务本身虽然并不实际建立新的通信通道，但可更有效地利用现有的基础通信网络来增加通信的效率，因而提供更迅速、更便宜的通信服务，不但如此，分封交换服务还可提高资料通信的便利性、及时性及安全性。

第二层：信息管理服务

第二层的增值网络服务是对顾客提供的信息管理性的网络服务，让客户能够更方便地存放、阅读、检索资料，例如：电子邮件、电子布告栏、电子会议、资料库服务等。第二层的网络服务，或多或少都会对资料的收件人、送件人或资料内容本身等加以分类，并提供线索，如图 10－3 所示。以电子邮件为例，增值网络服务中心就好像一个传统的邮局，而每一个增值网络的用户，都可以在增值网络服务中心申请，并设定一个电子式的邮政信箱，当用户甲有一个信息要通知用户乙时（例如订单），便可以通过数据线及电话（或专线），将资料从甲方的电脑传送到乙方在增值网络中心的电子邮箱内，同样的道理，乙方可以在任何时间，利用乙方的电脑、数据线及电话通信网络，接电话到增值网络服务中心，查看在乙方电子邮箱内的那些信件（订单），并将这些信件通过电话通信网络及数据线，传回乙方的电脑磁碟内。

流通业，尤其是以经营范围较为广大的零售业、批发业或物流业，其客户、分店、连锁店、服务经销处、分公司等，可能遍布全国，而且彼此之间信息通信频繁，利用增值网络的电子邮件服务，可大大节省通信成本，加快通信的速度，如图 10－3 所示。各营业所利用电子邮件，将每日的营业资料在当日结束前，各自传送到增值网络服务中心的电子信箱内，而总公司则在晚间将各分公司当日资料，自增值网络服务中心传回总公司的主电脑，并在处理过后，将要分送各营业所的调发或送货通知等，同样利用电子邮件，送到各营业所的电子信箱内，以便各营业所在第二天开工时，可立即取阅。

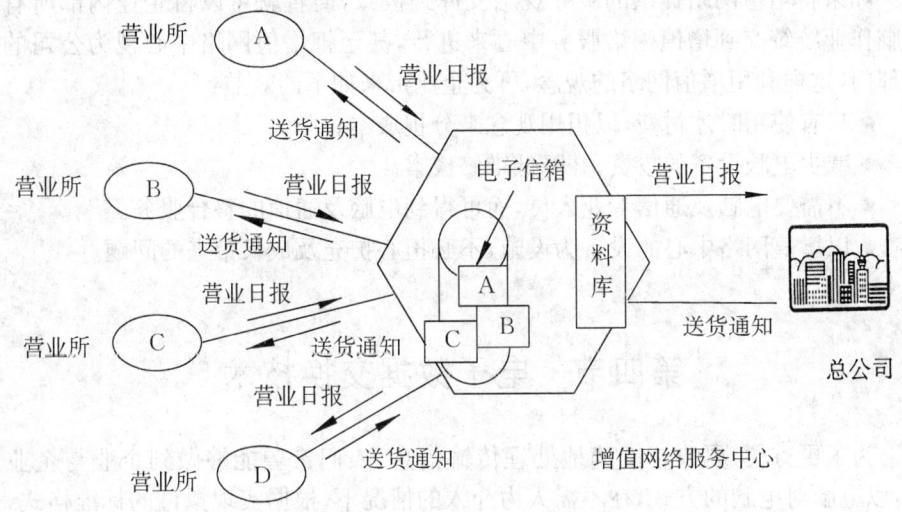

图 10 - 3　增值网络中心的信息管理服务

第三层：交易管理服务

第三层的增值网络服务不但为用户提供信息管理服务，而且进一步对资料的资格和格式及含义提供资料交换的标准。电子资料交换，简单的就是电子文件格式的标准化。一般商业文件都以表格的方式来传送，例如：采购单、发票、出货通知单等，电子资料交换（EDI）的基本精神就是将这些商业交易文件的电子资料格式给予标准化，以便于资料的交换与传送。

简单地说，通过增值网络 EDI 的服务，企业不仅可以很方便地进行公司内部，如总公司与分公司之间，或总部与连锁店、加盟店之间的电子资料的交换，同时对于公司之外，不同企业之间，例如，与客户及经销商之间，也因为资料格式的同一化与标准化，而使得资料的传送与处理更方便。

第四层：交易加强服务

第四层的增值网络服务可谓增值网络上所提供的最高层次的服务，与第一、二、三层级的增值网络服务最大的差别，在于第四层的增值网络服务不但涉及所传送的资料，而且进一步提供处理程式，将资料加以处理，例如：统计、分析、排序、计算等。

假设某企业所有的对外采购均通过增值网络进行，而增值网络服务中心除了提供服务，将该公司的采购资料传送到供应商手中，同时也提供了适当的统计分析程式，协助该公司进行采购批量（EOQ）计算、采购价格分析、采购金额统计等，则该增值网络不但提供了资料通信的服务，也提供了第四层的交易加强服务。

如果将增值网络提供的服务观念发挥到极致,简直就可以将企业内部所有的电脑作业统统交到增值网络服务中心来进行,甚至把增值网络中心视为公司的电脑部门,这样利用增值网络的观念,可为企业带来如下的效益:

- 只有使用时才付费,以租用观念来分担成本。
- 减少电脑设备的投资,并降低维修成本。
- 不需要电脑及通信专业人员,而可得到电脑及通信的整合服务。
- 以增值网络中心的设备为设施,不必担心扩充及成长带来的问题。

第四节　电子数据交换技术

为了更方便、更快速准确地处理传输信息,人们希望能够做到企业与企业之间,以电脑对电脑的方式,在不需人力介入的情况下,根据实现拟订的标准格式,自动传输资料、处理资料,于是产生了电子数据交换(Electronic Date Interchange,简称 EDI)这种技术。通过 EDI 的实施,不但可以解决企业与企业之间因为资料格式的不同而产生的混乱,还可以因为整个交易处理的过程自动化,使得日常商业交易的处理,在速度时效及正确性上都能有较大幅度的突破。

EDI 在电子资料的定义至今没有一个统一的规范,但有三个方面的内容是相同的:资料用统一标准;利用电信号传递信息;计算机系统之间的连接。

EDI 的数据格式必须是用统一标准编制的。这些数据包括订单、发票、货运票、收货通知和提单等商业资料。这些商业资料形成了标准格式的电子数据,就能在计算机系统之间传输。

一、EDI 中商业信息的流通方式

(一) 手工方式与 EDI 方式的比较

图 10-4 表现的是手工条件下,单据的传递方式。操作人员首先使用打印机将企业数据库中存放的数据打印出来,形成贸易单证。然后通过邮件或传真的方式发给贸易伙伴。贸易伙伴收到单据后,再由录入人员手工录入到数据库中,以便各个部门共享。传统商业贸易在单据流通过程中,买卖双方之间重复输入的数据较多,容易产生差错,准确率低,劳动力消耗多及延时增加。在 EDI 中这些问题都将得到良好的解决。

图 10-5 是 EDI 条件下单据的传递方式。数据库中的数据通过一个翻译器转换成字符型的标准单据,然后通过网络传递给贸易伙伴的计算机。该计算机再通过翻译器将标准单据转化成本企业内部的数据格式,存入数据库。由此比较不难

看出使用 EDI 的好处。但是,由于单据是通过数字方式传递的,缺乏验证的过程,因此加强安全性、保证单据的真实可靠成为了一个重要的问题。

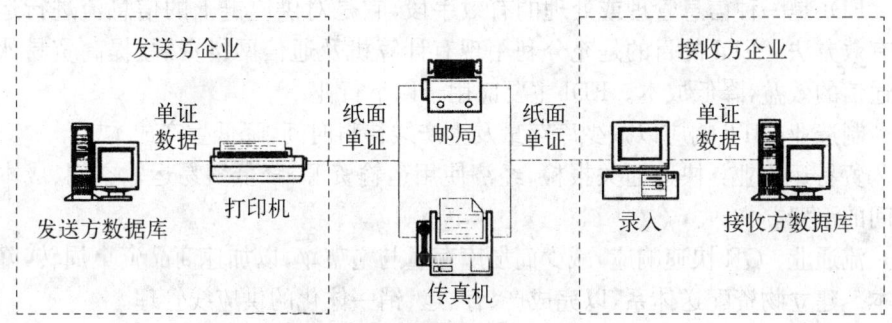

图 10 - 4　手工条件下单据的传递方式

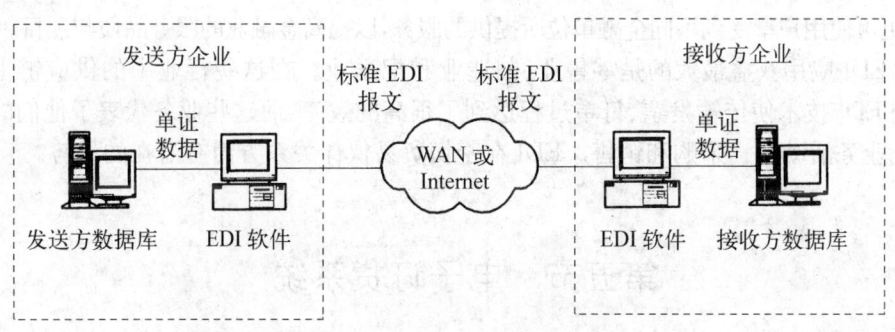

图 10 - 5　EDI 条件下单据的传递方式

（二）EDI 标准

EDI 标准是整个 EDI 最关键的部分,由于 EDI 是以事先商定的报文格式形式进行数据传输和信息交换的。因此,制定统一的 EDI 标准至关重要。世界各国开发 EDI 得出一条重要经验,就是必须把 EDI 标准放在首要位置。EDI 标准主要分为以下几个方面:基础标准,代码标准,报文标准,单证标准,管理标准,应用标准,通信标准,安全保密标准。

在这些标准中,最首要的是实现单证标准化,包括单证格式的标准化、所记载信息标准化以及信息描述的标准化。单证格式的标准化是指按照国际贸易基本单证格式设计各种商务往来的单证样式;在单证上利用代码表示信息时,代码应处位置的标准化。目前,我国已制定的单证标准有:中华人民共和国进出口许可证、原产地证书、装箱单、装运声明。

信息内容的标准化涉及单证上的哪些内容是必需的,哪些不一定是必需内容。例如在不同的业务领域,同样的单证上所记载的内容项目不完全一致。

二、EDI 在供应链管理过程中的应用

EDI 是一种信息管理或处理的有效手段,它是对供应链上的信息流进行运作的有效方法。EDI 的目的是充分利用现有计算机及通信网络资源,提高贸易伙伴间通信的效益,降低成本。EDI 主要应用于以下行业:

制造业:JIT 响应以减少库存量及生产线待料时间,降低生产成本。

贸易运输业:快速通关报检、经济使用运输资源,降低贸易运输空间、成本与时间的浪费。

流通业:QR 快速响应,减少商场库存量与空架率,以加速商品资金周转,降低成本。建立物资配送体系,以完成产、存、运、销一体化的供应线管理。

金融业:EFT 电子转账支付,减少金融单位与其用户间交通往返的时间与现金流动风险,并缩短资金流动所需的处理时间,提高用户资金调度的弹性,在跨行服务方面,更可使用户享受到不同金融单位所提供的服务,以提高金融业的服务品质与项目。

EDI 应用获益最大的是零售业、制造业和配送业。在这些行业中的供应链上应用 EDI 技术使传输发票、订单过程达到了很高的效率,而这些业务代表了他们的核心业务活动——采购和销售。EDI 在密切贸易伙伴关系方面有潜在的优势。

第五节　电子订货系统

配送中心在订货过程中可以利用电子信息通信、增值网络、EDI 等信息科技来改进订货简单的作业程序,降低作业成本,并提高作业的时效性及正确性。

向外部的供应商或配送中心订货,是一般商店日常必要的作业流程,良好的订货制度,必须从目前存量、平均销量、订货批量、商品性质等多方面做考虑,以决定适当的订货数量。一方面要降低存货成本、减少呆料发生;另一方面要避免缺货,提高服务水平。

在商店自动化的课题上,电子订货系统(Electronic Ordering System,简称 EOS)一直是十分吸引人的课题。利用掌上型终端线(Handy Terminal)来增进订货控制的标准性及方便性,不但可达到上述的要求,而且可以大幅度降低订货作业的人工成本,增加订货的频率。也因为订货频率的增加,导致商品可做到少量而多样,增加商品的种类,并且保持商品的新鲜度,从而增加商店销售的业绩。

但从配送中心的观点来说,面对企业内、外部各单位的订货能力与配送频率大幅度提高后,如何能正确、有效地接受并处理各单位的订货、提货、送货等资料,这也是配送中心管理作业中不可或缺的课题。图 10 - 6 以零售店与配送中心之间订货信息传送网络建立的方式为主,将电子订货系统演化分为四个阶段,说明如下。

一、书面文书阶段

各零售店用手工的方式填写订货单，或以电脑自动列印订单，并将订单以邮寄、快递或传真的方式送到配送中心，配送中心收到各店送来的订单之后，键入电脑内，以便提货、拣货及配送作业的进行。这样的订货及订单方式，容易遇到以下问题：

- 订货资料传送的时效性太差，无法应付商店高频率的订货要求。
- 订货资料的传送，需要大量的人力介入。
- 配送中心在收到订货单之后，仍需要反复键入电脑，不但浪费时间及人力，而且容易产生错误。

二、电脑点对点直接传送阶段

如果商店已使用电脑作业，则可将订货资料输入电脑后，利用电话连接或专线的方式，将订货资料以文档(Text File)的形式，直接传送到配送中心端的电脑系统内，这样不仅解决了配送中心端不需要重复的问题，也节省了部分的时间及人力，并减少错误，但仍存在下列问题：

- 电话连接仍需要大量人力的介入，甚至比传真更麻烦。
- 电话连接及等待的时间过长。
- 配送中心端为减少各商店电话拨号占线的时间，必须增设门号及通信设备，因而增加营运成本。
- 长途电话或国际电话收费高。
- 收送双方事先必须先订好文字文档的资料格式。

本阶段虽然已称得上电子订单时代，但事实上当往来的客户增加时，用电话连接来传送订单的问题很多，而专线则成本较高，故而可行程度较低。

三、电子邮件阶段

由增值网络所提供的电子邮件服务，可解决上述所遇到的大部分问题，大大地增加了电脑通信的可能性。在本阶段必须有提供增值网络服务的厂商，且各商店及配送中心均通过增值网络的电子邮件服务来传送及接受订单，如前面所述增值网络第一层及第二层的各项服务，本阶段与上一阶段相比，因为是增值网络电子邮件的服务，收方或接方可不必同步进行信息通信，因而减少连接等待的时间，且各商店电话拨号连接到增值网络服务中心，配送中心端也不必为应付各商店的电子订货而设置门号及通信设备。除此之外，通过增值网络分封交换的提供，可降低长途或国际长途通信的成本。虽然如此，但因外部因素，各零售商店或经销店的订单格式标准不一，再接到电子订单后，还需要进一步转换成公司内部的订单资料格式,否则只能用于公司内部(直营店、连锁店、营业所等)的订单资料传送。

第一阶段:

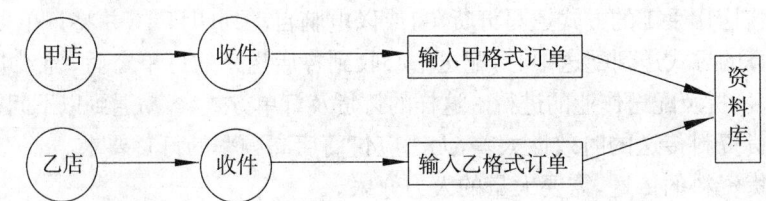

第二阶段:

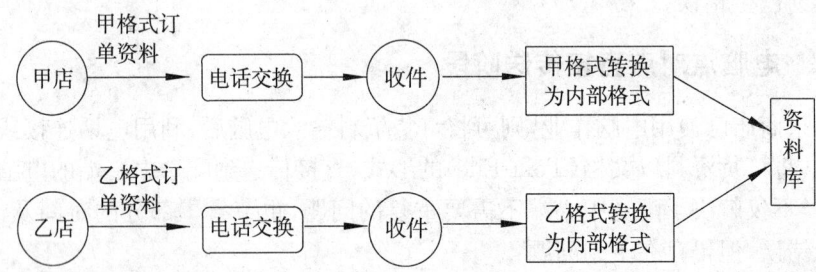

第三阶段:

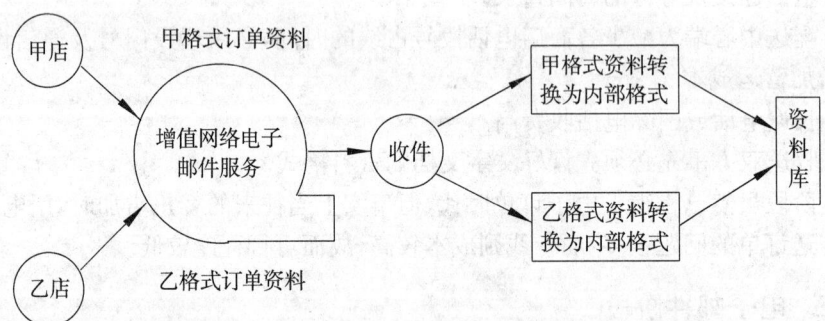

第四阶段:

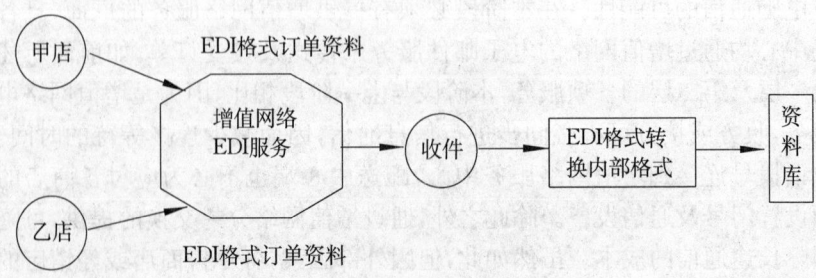

图 10-6　电子订货系统的四个阶段

四、使用 EDI 阶段

如果整个商业自动化环境足够成熟,例如 EDI 标准制定、电信自由化、上下游业者具有 EDI 的观念及共识等,就可以使用 EDI 来完成电子订货工作,这是较进步的、最彻底的解决方案。EDI 的标准资料交换格式,不仅解决了不同企业之间订单资料格式不统一的困扰,而且也由于格式的统一,甚至电子订货系统的处理逻辑也可由增值网络统一提供,而不需要各自发展,因而节省了系统开发的费用及电脑专业人员的需求。

第六节 自动识别与收集技术

自动辨识方法可采用磁卡、IC 卡、条形码等方式来实现。对配送中心而言,由于大多数的储存货品都备有条形码,所以用条形码做自动识别进行信息收集是最便宜、最方便的方式。商品上的条形码资料经条形码读取设备读取后,可迅速、正确、简单地将商品资料自动输入,从而达到自动化登录、控制、传递、沟通的目的。自动识别在储存管理的效益上有:

- 登录快速、节省人力。
- 物流作业效率提升。
- 减少管理成本。
- 降低错误率、提高作业品质。
- 更精确地控制储位的指派与货品拣取。
- 可方便有效地盘点货品,准确地掌握库存,控制存货。
- 可做到即时资料收集,即时显示,并经电脑快速处理而达到即时分析与即时控制的目的。

一、条形码技术

条形码技术(Bar Code)是在计算机的应用实践中产生和发展起来的一种自动识别技术。它是为实现对信息的自动扫描而设计的,是实现快速、准确而可靠地采集数据的有效手段。条形码技术的应用解决了数据录入和数据采集的“瓶颈”问题,为供应链管理提供了有利的技术支持。

(一)条形码的一般情况

条形码技术是现代物流系统中非常重要的大量、快速信息采集技术,能适应物流大量化和高速化要求,大幅度提高物流效率。条形码技术包括条形码的编码技术、条形符号设计技术、快速识别技术和计算机管理技术,是实现计算机管理和电子数据交换不可少的开端技术。条形码简称条形码,是由一组黑白相间、粗细不同的条状符号组成的信息,条形码隐含着数字信息、字母信息、标志信息、符号信息,主要用以表示商品的名称、产地、价格、种类等,是全世界通用的商品代码的表示方法。条形码是一组黑白相间的条纹,这种条纹由若干个黑白的"条"和白色的"空"

图 10-7　条形码

的单元所组成,其中,黑色条对光的反射率低而白色的空对光的反射率高,再加上条与空的宽度不同,就能使扫描光线产生不同的反射接收效果,在光电转换设备上转换成不同的电脉冲,形成了可以传输的电子信息。由于光的运动速度极快,所以,可以准确无误地对运动中的条形码予以识别。条形码的字符结构如图 10-7 所示。

目前,国际广泛使用的条形码种类有 EAN、UPC 码(商品条形码,用于在世界范围内唯一标识一种商品。我们在超市中最常见的就是 EAN 和 UPC 条形码)、Code39 码(可表示数字和字母,在管理领域应用最广)、ITF25 码(在物流管理中应用较多)、Codebar 码(可表示数字和字母信息,主要用于医疗卫生、图书情报、物资等领域)。其中,EAN 码是当今世界上广为使用的商品条形码,已成为电子数据交换(EDI)的基础;UPC 码主要为美国和加拿大使用;在各类条形码应用系统中,Code39 码因其可采用数字与字母共同组成的方式而在各行业内部管理上被广泛使用;在血库、图书馆和照相馆的业务中,Codebar 码也被广泛使用。另有 ISBN 码、ISSN 用于图书和期刊。

(二) 物流条形码的特点

物流条形码是物流过程中用以识别具体实物的一种特殊代码,它是由一组黑白相间的条、空组成的图形,可被识读设备自动识别,自动完成数据采集。商品条形码在当今已经有广泛的应用,而物流条形码则刚刚起步。物流条形码与通用商品条形码相比,有许多不同之处。

(1) 识别的对象不同。通用商品条形码的唯一标识是最终消费单位,而物流条形码的唯一标识是货运单位。消费单位是指最终用户通过零售渠道得到的商品包装单元,货运单位是若干消费单元组成的集合,这种货运单元主要应用在仓储、装卸、运输、收发货等物流业务中。

(2) 应用领域不同。通用商品条形码的应用主要在对零售业现代化管理上,而物流条形码主要用于物流现代化的管理,贯穿于物流的整个过程之中,包括包装、仓储、分拣、配送等环节。

(3) 采用的码制不同。通用商品的条形码采用的是 EAN/UPC 码制,而物流条形码主要采用 UCC/EAN-128 条形码。EAN/UPC 码的长度比较固定,信息量少。而 UCC/EAN-128 条形码的长度不固定,信息容量较大,容易制作与推广。

（三）条形码识别装置

条形码识别采用各种光电扫描设备,主要有以下几种:

（1）光笔扫描器。似笔形的手持小型扫描器。

（2）台式扫描器。固定的扫描装置,手持带有条形码的卡片或证件在扫描器上移动,完成扫描。

（3）手持式扫描器。能手持作用和移动使用的较大的扫描器,用于静态物品扫描。

（4）固定式光电及激光快速扫描器。它是由光学扫描器和光电转换器组成,是现在物流领域应用较多的固定式扫描设备,安装在物品运动的通道边,对物品进行逐个扫描。

各种扫描设备都和后续的电光转换、信息信号放大及与计算机联机形成完整的扫描阅读系统,完成了电子信息的采集。

（四）条形码在物流中的应用

条形码在物流中有较为广泛的应用,主要在以下几方面:

（1）销售信息系统（POS 系统）。在商品上贴上条形码就能快速、准确地利用计算机进行销售和配送管理。其过程为,对销售商品进行结算时,通过光电扫描读取并将信息输入计算机,然后输进收款机,收款后开出收据,同时,通过计算机处理,掌握进、销、存的数据。

（2）库存系统。在库存物资上应用条形码技术,尤其是规格包装、集装、托盘货物上,入库时自动扫描并输入计算机,由计算机处理后形成库存的信息,并输出入库区位、货架、货位的指令,出库程序则和 POS 系统条形码应用一样。

（3）分货拣选系统。在配送方式和仓库出货时,采用分货、拣选方式,需要快速处理大量的货物,利用条形码技术便可自动进行分货拣选,并实现有关的管理。其过程如下:

一个配送中心接到若干个配送订货要求,将若干订货汇总,每一品种汇总成批后,按批发出所在条形码的拣货标签,拣货人员到库中将标签贴于每件商品上并取出用自动分拣机分货,分货机始端的扫描器对处于运动状态分货机上货物扫描,一是确认所拣出货物是否正确,二是识读条形码上用户标记,指令商品在确定的分支分流,到达各用户的配送货位,完成分货拣选作业。

二、扫描技术

自动识别技术的另一个关键组件是扫描处理,这是条形码系统的"眼睛"。扫描仪从视觉上收集条形码数据,并把它们转换成可用的信息。现在较为流行的有两种扫描仪:手提的和定位的。每种类型都能使用接触和非接触技术。手提扫描仪既可以是激光枪(非接触式的),也可以是激光棒(接触式的)。定位扫描仪既可以是自动扫描仪(非接触式的),也可以是卡式阅读器(接触式的)。接触技术需用阅读装置实际接触条形码,这样可以减少扫描错误,但降低了灵活性。激光枪技术是当前最流行的,速度超过激光棒。

（一）扫描技术的作用

对托运人而言,可改进订货准备和处理,排除航运差错,减少劳动时间,改进记录保存,减少实际存货时间。

对承运人而言,运费账单信息完整,顾客能存取实时信息,改进顾客装运活动的记录保存,可跟踪装运活动,简化集装箱处理,监督车辆内的不相容产品,减少信息传输时间。

对仓储而言,可改进订货准备、处理和装置,提供精确的存货控制,顾客能存取实时信息,考虑安全存取信息,减少劳动成本,入库精确。

对批发商或零售商而言,单位存货精确,销售点价格精确,改进注册付款生产率,减少实际存货时间,增加系统灵活性。

（二）扫描技术在物流管理中的应用领域

第一种应用是零售商店的销售时点信息系统(Point of Sale,简称 POS)。除了在现金收入机上给顾客打印收据外,POS 应用可在商店层次上提供精确的存货控制。POS 可以精确地跟踪每一个库存单位(Stock Keeping Unit,简称 SKU)出售数,有助于补充订货,因为实际的单位销售数能够迅速地传输到供应商处。实际销售跟踪可以减少不确定性,并可缓冲存货。除了提供精确的再供给和营销调查数据外,POS 还能向所有的渠道内成员提供更及时的具有战略意义的利益。

第二种应用是针对物料搬运和跟踪的。通过扫描枪的使用,物料搬运人员能够跟踪产品的搬运,储存地点,装船和入库。虽然这种信息能够用手工跟踪,但却要耗费大量的时间,并容易出错。在物流应用中更广泛地使用扫描仪,将会提高生产率,减少差错。

第七节　地理信息系统

一、地理信息系统的概念

地理信息系统(Geographical Information System,简称 GIS)是多种学科交叉

的产物,它以地理空间数据为基础,采用地理模型分析方法,适时地提供多种空间和动态的地理信息,是一种为地理研究和地理决策服务的计算机技术系统。其基本功能是将表格型数据(无论它来自数据库、电子表格文件或直接在程序中输入)转换为地理图形显示,然后对显示结果浏览、操作和分析。其显示范围可以从洲际地图到非常详细的街区地图,显示对象包括人口、销售情况、运输线路以及其他内容。

二、GIS 技术的应用

GIS 应用于物流分析,主要是指利用 GIS 强大的地理数据功能来完善物流分析技术。国外公司已经开发出利用 GIS 为物流分析提供专门分析的工具软件。完整的 GIS 物流分析软件集成了车辆路线模型、网络物流模型、分配集合模型和设施定位模型等。

(1)车辆路线模型:用于解决一个起始点、多个终点的货物运输中如何降低物流作业费用,并保证服务质量的问题,包括决定使用多少辆车,每辆车的路线等。

(2)网络物流模型:用于解决寻求最有效的分配货物路径问题,也就是物流网点布局问题。例如,将货物从 N 个仓库运往到 M 个商店,每个商店都有固定的需求量,因此需要确定由哪个仓库提货送给哪个商店,所耗的运输代价最小。

(3)分配集合模型:可以根据各个要素的相似点把同一层上的所有或部分要素分为几个组,用以解决确定服务范围和销售市场范围等问题。例如,某一公司要设立 X 个分销点,要求这些分销点要覆盖某一地区,而且要使每个分销点的顾客数目大致相等。

(4)设施定位模型:用于确定一个或多个设施的位置。在物流系统中,仓库和运输线共同组成了物流网络,仓库处于网络的节点上,节点决定着线路,如何根据供求的实际需要并结合经济效益等原则,在既定区域内设立多少个仓库,每个仓库的位置,每个仓库的规模,以及仓库之间的物流关系等问题,运用此模型均能很容易地得到解决。

第八节　全球卫星定位系统

全球卫星定位系统(Global Positioning System,简称 GPS),是结合了卫星及无线技术的导航系统,具备全天候、全球覆盖、高精度的特征,能够实时、全天候为全球范围内的陆地、海上、空中的各类目标提供持续实时的三维定位、三维速度及精确时间信息。

一、GPS 概述

全球定位系统由美国从 20 世纪 70 年代开始研制,历时 20 年,耗资 200 亿美元,于 1994 年全面建成,是具有在海、陆、空进行全方位实时三维导航与定位能力的新一代卫星导航与定位系统。经近 10 年我国测绘等部门的使用表明,GPS 以全天候、高精度、自动化、高效益等显著特点,赢得广大测绘工作者的信赖,并成功地应用于大地测量、工程测量、航空摄影测量、运载工具导航和管制、地壳运动监测、工程变形监测、资源勘察、地球动力学等多种学科,从而给测绘领域带来一场深刻的技术革命。

随着全球定位系统的不断改进,硬件、软件的不断完善,应用领域正在不断地拓展,目前已遍及国民经济各种部门,并开始逐步深入人们的日常生活。

二、GPS 的物流功能

(1) 实时监控功能。在任意时刻通过发出指令查询运输工具所在的地理位置(经度、纬度、速度等信息)并在电子地图上直观地显示出来。

(2) 双向通讯功能。GPS 的用户可使用 GSM 的话音功能与司机进行通话或使用本系统安装在运输工具上的移动设备的汉字液晶显示终端进行汉字消息收发对话。

驾驶员通过按下相应的服务、动作键,将该信息反馈到网络 GPS,质量监督员可在网络 GPS 工作站的显示屏上确认其工作的正确性,了解并控制整个运输作业的准确性(发车时间、到货时间、卸货时间、返回时间等)。

(3) 动态调度功能。调度人员能在任意时刻通过调度中心发出文字调度指令,并得到确认信息。

可进行运输工具待命计划管理,操作人员通过在途信息的反馈,运输工具未返回车队前即做好待命计划,可提前下达运输任务,减少等待时间,加快运输工具周转速度。

可进行运能管理,将运输工具的运能信息、维修记录信息、车辆运行状况登记处理、司机人员信息、运输工具的在途信息等到多种信息提供调度部门决策,以提高重车率,尽量减少空车时间和空车距离,充分利用运输工具的运能。

(4) 数据存储、分析功能。实现路线规划及路线优化,事先规划车辆的运行路线、运行区域、何时应该到达什么地方等,并将该信息记录在数据库中,以备以后查询、分析使用。

可进行可靠性分析,通过汇报运输工具的运行状态,了解运输工具是否需要较大的修理,预先做好修理计划,计算运输工具平均每天差错时间,动态衡量该型号车辆的性能价格比。

可进行服务质量跟踪,在中心设立服务器,并将车辆的有关信息(运行状况,在途信息,运能信息,位置信息等用户关心的信息)让有该权限的用户能异地方便地获取自己需要的信息。同时还可对客户索取的信息中的位置信息用相对应的地图传送过去,并将运输工具的历史轨迹印在上面,使该信息更加形象化。

依据资料库储存的信息,可随时调阅每台运输工具的以前工作资料,并可根据各管理部门的不同要求制作各种不同形式的报表,使各管理部门能更快速、更准确地作出判断及提出新的指示。

三、GPS 在物流领域的应用

(1) 用于汽车自定位、跟踪调度。据丰田汽车公司的统计和预测,日本车载导航系统的市场在 1995～2000 年间将平均每年增长 35％以上,全世界在车辆导航上的投资将平均每年增长 60.8％,因此,车辆导航将成为未来全球卫星定位系统应用的主要领域之一。我国已有数十家公司在开发和销售车载导航系统。

(2) 用于铁路运输管理。我国铁路部门开发的基于 GPS 的计算机管理信息系统,可以通过 GPS 和计算机网络实时收集全路列车、机车、车辆、集装箱及所运货物的动态信息,可实现列车、货物追踪管理。只要知道货车的车种、车型、车号,就可以立即从近 10 万千米的铁路网上流动着的几十万辆货车中找到该货车,还能得知这辆货车现在何处运行或停在何处,以及所有的车载货物发货信息。铁路部门运用这项技术可大大提高其路网及其营运的透明度,为货主提供更高质量的服务。

(3) 用于军事物流。全球卫星定位系统首先是因为军事目的而建立的,在军事物流中,如后勤装备的保障等方面,应用相当普遍,尤其是在美国,其在世界各地驻扎的大量军队无论是在战时还是在平时都对后勤补给提出很高的需求。在战争中,如果不依赖 GPS,美军的后勤补给就会变得一团糟。

第九节　射　频　技　术

射频技术(Radio Frequency,简称 RF)的基本原理是电磁理论。射频系统的优点是不局限于视线,识别距离比光学系统远,射频识别卡可具有读写能力,可携带大量数据,难以伪造,且有智能。

近年来,便携式数据终端(Portabal Data Terminal,简称 PDT)的应用多了起来,PDT 可把那些采集到的有用数据存储起来或传送至一个管理信息系统。便携式数据终端一般包括一个扫描器、一个体积小但功能很强并带有存储器的计算机、一个显示器和供人工输入的键盘。在只读存储器中装有常驻内存的操作系统,用于控制数据的采集和传送。

PDT存储器中的数据可随时通过射频通信技术传送到主计算机。操作时先扫描位置标签,货架号码、产品数量就都输入到PDT,再通过RF技术把这些数据传送到计算机管理系统,可以得到客户产品清单、发票、发运标签、该地所存产品代码和数量等。

一、射频技术在物流管理中的应用

RF适用于物料跟踪、运载工具和货架识别等要求非接触数据采集和交换的场合,由于RF标签具有可读写能力,对于需要频繁改变数据内容的场合尤为适用。

我国RF的应用也已经开始,一些高速公路的收费站口使用RF可以不停车收费,我国铁路系统使用RF记录货车车厢编号的试点已运行了一段时间,一些物流公司也正在准备将RF用于物流管理中。

二、射频技术在军事物流中的应用

美国和北大西洋公约组织(North Atlantic Treaty Orgnization,简称NATO)在波斯尼亚的"联合作战行动中",不但建成了战争史上投入战场最复杂的通信网,还完善了识别跟踪军用物资的新型后勤系统,这是吸取了"沙漠风暴"军事行动中大量物资无法跟踪造成重复运输的教训,无论物资是在订购之中、运输途中、还是在某个仓库存储着,通过该系统,各级指挥人员都可以实时掌握所有的信息。该系统途中运输部分的功能就是靠贴在集装箱和装备上的射频识别标签实现的。RF接收转发装置通常安装在运输线的一些检查点上(如门柱上、桥墩旁等),以及仓库、车站、码头、机场等关键地点。接收装置收到RF标签信息后,连通接收地的位置信息,上传至通信卫星,再由卫星传送给运输调度中心,送入中心信息数据库中。

第十节　自动分拣系统

一、自动分拣系统作业描述

自动分拣系统(Automated Sorting System,简称ASS)是第二次世界大战后在美国、日本的物流中心中广泛采用的一种自动分拣系统,该系统目前已经成为发达国家大中型物流中心不可缺少的一部分。该系统的作业过程可以简单描述如下:

物流中心每天接收成百上千家供应商或货主通过各种运输工具送来的成千上万种商品,在最短的时间内将这些商品卸下并按商品品种、货主、储位或发送地点进行快速准确的分类,将这些商品运送到指定地点(如指定的货架、加工区域、出货站台等),同时,当供应商或货主通知物流中心按配送指示发货时,自动分拣系统在最短的时间内从庞大的高层货存架存储系统中准确找到要出库的商品所在位置,并按所需数量出库,将从不同储位上取出的不同数量的商品按配送地点的不同运送到不同的理货区域或配送站台集中,以便装车配送。

二、自动分拣系统的主要特点

(1) 能连续、大批量地分拣货物。由于采用大生产中使用的流水线自动作业方式,自动分拣系统不受气候、时间、人的体力等的限制,可以连续运行,同时由于自动分拣系统单位时间分拣件数多,因此自动分拣系统的分拣能力是人工分拣系统不能比的,它可以连续运行 100 个小时以上,每小时可分拣 7 000 件包装商品,如用人工则每小时只能分拣 150 件左右,同时分拣人员也不能在这种劳动强度下连续工作 8 小时。

(2) 分拣误差率极低。自动分拣系统的分拣误差率大小主要取决于所输入分拣信息的准确性大小,这又取决于分拣信息的输入机制,如果采用人工键盘或语音识别方式输入,则误差率在 3% 以上,如采用条形码扫描输入,除非条形码的印刷本身有差错,否则不会出错。因此,目前自动分拣系统主要采用条形码技术来识别货物。

(3) 分拣作业基本实现无人化。国外建立自动分拣系统的目的之一就是为了减少人员的使用,减轻员工的劳动强度,提高人员的使用效率,因此自动分拣系统能最大限度地减少人员的使用,基本做到无人化。分拣作业本身并不需要使用人员,人员的使用仅局限于送货车辆抵达自动分拣线的进货端时,由人工接货;由人工控制分拣系统的运行;分拣线末端由人工将分拣出来的货物进行集载、装车;自动分拣系统的经营、管理与维护。

如美国一公司配送中心面积为 10 万平方米左右,每天可分拣近 40 万件商品,仅使用 400 名左右员工,这其中部分人员都在从事上述第一项和后两项工作,自动分拣线做到了无人化作业。

三、自动分拣系统的组成

自动分拣系统一般由控制装置、分类装置、输送装置及分拣道口组成。

控制装置的作用是识别、接收和处理分拣信号,根据分拣信号的要求指示分类装置按商品品种、按商品送达地点或按货主的类别对商品进行自动分类。这些分拣需求可以通过不同方式,如可通过条形码扫描、色码扫描、键盘输入、重量检测、语音识别、高度检测及形状识别等方式,输入到分拣控制系统中去,根据对这些分拣信号判断,来决定某一种商品该进入哪一个分拣道口。

分类装置的作用是根据控制装置发出的分拣指示,当具有相同分拣信号的商品经过该装置时,该装置动作,使其改变在输送装置上的运行方向进入其他输送机或进入分拣道口。分类装置的种类很多,一般有推出式、浮出式、倾斜式和分支式几种,不同的装置对分拣货物的包装材料、包装重量、包装物底面的平滑程度等有不完全相同的要求。

输送装置的主要组成部分是传送带或输送机,其主要作用是使待分拣商品鱼贯通过控制装置、分类装置,并输送到装置的两侧,一般要连接若干分拣道口,使分好类的商品滑下主输送机(或主传送带)以便进行后续作业。

分拣道口是已分拣商品脱离主输送机(或主传送带)进入集货区域的通道,一般由钢带、皮带、滚筒等组成滑道,使商品从主输送装置滑向集货站台,在那里由工作人员将该道口的所有商品集中后或是入库储存,或是组配装车并进行配送作业。

以上四部分装置通过计算机网络联结在一起,配合人工控制及相应的人工处理环节构成一个完整的自动分拣系统。

四、自动分拣系统的适用条件

第二次世界大战以后,自动分拣系统逐渐开始在西方发达国家投入使用,成为发达国家先进的物流中心、配送中心或流通中心所必需的设施条件之一,但因其要求使用者必须具备一定的技术经济条件,因此,在发达国家,物流中心、配送中心或流通中心不用自动分拣系统的情况也很普遍。在引进和建设自动分拣系统时一定要考虑以下条件:

(1)一次性投资巨大。自动分拣系统本身需要建设短则 40～50 米,长则 150～200 米的机械传输线,还有配套的机电一体化控制系统、计算机网络及通信系统等,这一系统不仅占地面积大,动辄 2 万平方米以上,而且一般自动分拣系统都建在自动主体仓库中,这样就要建 3～4 层楼高的立体仓库,库内需要配备各种自动化的搬运设施,这丝毫不亚于建立一个现代化工厂所需要的硬件投资。这种巨额的先期投入要花 10～20 年才能收回,并要有可靠的货源作保证,因此,该系统大都由大型生产企业或大型专业物流公司投资,小企业无力进行此项投资。

(2)对商品外包装要求高。自动分拣机只适合分拣底部平坦且具有刚性包装规格的商品。袋装商品、包装底部柔软且凹凸不平、包装容易变形、易破损、超长、超薄、超重、超高、不能倾覆的商品不能使用普通的自动分拣机进行分拣,因此为了使大部分商品都能用机械进行自动分拣,可以采取两项措施:一是推行标准化包装,使大部分商品的包装符合国家标准;二是根据所分拣的大部分商品的统一包装特性定制特定的分拣机。但要让所有商品的供应商都执行国家的包装标准是很困难的,定制特定的分拣机又会使硬件成本上升,并且越是特别的其通用性就越差。因此公司要根据经营商品的包装情况来确定是否建或建什么样的自动分拣系统。

本 章 小 结

JIT 技术将必要的零件以必要的数量在必要的时间送到生产线,并且只将所需要的零件,只以所需要的数量,只在正好需要的时间送达。QR 方法目前成为零售商实现竞争优势的工具。

配送中心利用电脑资料通讯技术,将远端的电脑相联结,直接地互传订单、出货单、收款通知等资料,不但可以节省人工,提高工作效率,而且可以减少人为的错误,增进作业的时效性。此外,通过 EDI 的实施,不但可以解决企业与企业之间因为资料格式的不同而产生的混乱,还可以因为整个交易处理的过程自动化,使得日常商业交易的处理,在速度时效及正确性上都能有较大幅度的突破。

配送中心在订货过程中可以利用电子信息通讯,增值网络、EDI 等信息科技来改进订货简单的作业程序,降低作业成本,并提高作业的时效性及正确性。

配送中心正在广泛使用自动辨识方法,如磁卡、IC 卡、条形码等。在配送方面,配送中心还利用 GIS 强大的地理数据功能来完善物流分析技术。结合 GPS 的使用为配送中心提供持续实时的三维定位、三维速度及精确时间信息。

自动分拣系统也是物流中心中广泛采用的一种技术,该系统目前已经成为发达国家大中型物流中心不可缺少的一部分。

思考题

1. 列举物流现代化技术。
2. 简述明确 JIT 与 QR 的含义。
3. 说明增值网络服务的四个层次。
4. 说明 EDI 技术在供应链管理过程的作用。
5. 列举 GIS 与 GPS 技术在物流领域的应用。

6. 简述射频技术原理。

7. 说明 ASS 系统的特性和组成。

 实践应用

选择当地配送中心或物流中心,进行设备操作,并记录设备操作过程。

参 考 文 献

[1] 鲍尔索克斯,克劳斯,库珀. 供应链物流管理[M]. 马士华,译注. 2 版. 北京：机械工业出版社,2007.

[2] BOWERSOX D J. Supply Chain Logistics Management [M]. 英文影印版. 北京：机械工业出版社,2006.

[3] 姜阵剑,卢山,荆海鸥. Logistics and Supply Chain Management/现代物流与供应链管理概论(双语)[M]. 武汉：武汉理工大学出版社,2006.

[4] LONG D. 国际物流：全球供应链管理[M]. 北京：电子工业出版社,2006.

[5] CHRISTOPHER M. Logistics and Supply Chain Management Strategies for Reducing Costs and Improving Services [M]. 英文影印版. 北京：电子工业出版社,2003.

[6] CHRISTOPHER M. Logistics & Supply Chain Management：creating value-adding networks [M]. 3rd Edition. FT Press, February, 2005.

[7] BOWERSOX D J, CLOSS D J, COOPER M B. Supply Chain Logistics Management [M]. 2Rev Ed edition. McGraw Hill Higher Education, February 2006.

[8] BALLOU R H. Business Logistics/Supply Chain Management and Logware CD Package [M]. 5th edition. Prentice Hall, September 2003.

[9] BOWERSOX D J. 供应链物流管理[M]. 李习文,等,译. 中译版. 北京：机械工业出版社 2006.

[10] 唐纳德·鲍尔索克斯,戴维·克劳斯. 物流管理：供应链过程的一体化[M]. 林国龙,等,译. 北京：机械工业出版社,1999.

[11] 国家技术监督局,何明珂,等. 中华人民共和国标准·物流术语[S]. 北京：中国标准出版社,2001.

[12] 兰伯特,斯托克,埃拉姆. 物流管理——物流与供应链管理系列[M]. 张文杰,叶龙,刘秉镰,译. 北京：电子工业出版社,2006.

[13] CHRISTOPHER M. 物流竞争—后勤与供应链管理[M]. 马越,马月才,译. 北京：北京出版社,2001.

［14］ BALLOU R H. 企业物流管理—供应链的规划、组织和控制［M］. 王晓东，胡瑞娟，等，译. 北京：机械工业出版社，2004.

［15］ 科伊尔，巴蒂，兰利. 企业物流管理：供应链视角［M］. 文武，等，译. 7 版. 北京：电子工业出版社，2003.

［16］ 泰勒. 全球物流与供应链管理案例［M］. 胡克，等，译. 北京：中信出版社，2003.

［17］ 森尼尔·乔普瑞，彼得·梅因德尔. 供应链管理——战略、规划与运营［M］. 北京：社会科学文献出版社，2003.

［18］ 吴建. 电子商务物流［M］. 北京：清华大学出版社，2009.

［19］ 彭志忠. 现代物流与供应链管理［M］. 济南：山东大学出版社，2002.

［20］ 宋华，胡左浩. 现代物流与供应链管理［M］. 北京：经济管理出版社，2004.